デジタルアーカイブ・ベーシックス

④

アートシーンを支える

高野明彦 ［監修］

嘉村哲郎 ［責任編集］

勉誠出版

アートシーンのデジタルアーカイブ

高野明彦

　社会や文化の創造的継承には、先人が体験した出来事や創り出した事物を保存・記録して、それらを伝承・活用していくことが欠かせない。広い意味でのアーカイブとは、この創造的継承のために、現物の保全と関連する記録の蓄積によって集合的・社会的記憶を構築し、それらを現在から未来に渡って自由に活用可能な形で提供する活動である。「デジタルアーカイブとは、記録方法や活用手段にデジタル技術を利用するアーカイブである」と定義するならば、「現代のアーカイブは、すべてデジタルアーカイブだ」といってもよい。

　この「デジタルなアーカイブ」が従来のアーカイブから大きく変化した点をひとつ挙げるとすれば、それは現物の保全からの解放だろう。従来のアーカイブは、記憶の媒体としての現物（歴史的建造物、彫刻、絵画など）の保存を担ってきた寺社や博物館、美術館、あるいはそこへの自由なアクセスが認められた一握りの専門家によって行われてきた。しかし、デジタルなアーカイブでは、現物の保存は必須ではなくなり、対象となる記録の収集や整理だけを目的とするアーカイブの構築も自由に構想できる。現物を保存する代わりに、高精細画像や3D形状の計測データなど最新技術によるデジタル記録を収集することにより、美術館での現物展示とはまったく異なる新しい活用方法への可能性が広がる。ま

た、その活用の記録こそが新たな収集対象となって、そのアーカイブを育てるのだ。

　本書では、デジタルアーカイブのこの特性を生かして取り組むべきものとして、アート分野を取り上げている。すでに美術館や博物館のコレクションとしてアーカイブされている文化財やアート作品も多く、それらは通常の展覧会や図録制作などに活用されている。しかし、本書では、現物を保存する所蔵機関に捉われずにアート作品やアーティストを扱うアートプロジェクトや、演劇やオペラ、ダンスのパフォーマンスのように、そもそも現物保存が困難な舞台芸術など、より多様で広範なアート活動に注目した。責任編集者である嘉村哲郎さんの発案により、本書ではこれらを「アートシーン」と呼ぶことにした。それぞれ特徴あるアートシーンでデジタルアーカイブ構築に取り組んでおられる実践者の方々から15件の報告が集められている。そこでは、デジタルアーカイブはアートシーンを支える役割を担うと同時に、アートシーンそのものが記録すべき対象となってアーカイブを育てる原動力にもなっている。この関係性を心に置きながら本書を読み進んでいただければ幸いである。

　筆者は2004年に文化遺産オンラインの検討に加わって以来、いろいろなデジタルアーカイブ構築に参画してきたが、最近、アーカイブの意義と価値に改めて気づかされるプロジェクトを経験した。最後にこれについて紹介する。

　それは法隆寺金堂壁画のデジタルビューア公開である。世界最古の木造建築として知られる法隆寺金堂は、飛鳥時代に作られた建物自体が国宝であるが、その外陣には7世紀末〜8世紀初頭に描かれた全12面の色あざやかな壁画が残されていた。残念なことに1949年に焼損してしま

ったが、その美しさは和辻哲郎の『古寺巡礼』に活写されている。江戸時代以降、この壁画の美しさと迫力に魅せられた人々は何度か模写を行なっていて、それらは今も残っている。写真記録では、1935年に美術印刷会社の便利堂が当時の最先端技術で撮影した原寸大の写真ガラス原板363枚が残っている。この写真記録は、1968年の再現模写事業の下絵や各種資料集の印刷に使われてきた。

　撮影から80年目の2015年、この写真ガラス原板そのものが国の重要文化財に指定された。文化財の保存修理事業として、個々のガラス原板を高精細スキャナーでデジタル化して接合し、各壁面の白黒画像が巨大なデジタルデータとして利用可能になった（大壁3.1m×2.6mは300億画素）。2019年に筆者の研究室もこのプロジェクトに参加する機会を得て、これらの巨大画像群を3D空間内で自在に拡大縮小して閲覧するためのデジタルビューアの作成を担当した。同年12月に奈良国立博物館で開催された展覧会で公開したところ大変好評だった。その後、2020年春に開催予定だった東京国立博物館の特別展「法隆寺金堂壁画と百済観音」はコロナ禍の影響で中止となった。この展覧会を楽しみにしていた方々に何とか金堂壁画の世界を紹介できないかということで、急遽ビューアをウェブ上のサービスに改造して、聖徳太子の月命日である2020年7月22日に一般公開した[1]。このサイトには、中国、韓国、台湾など海外からも多くのアクセスがある。また、たまたま来日中だったバーミヤン大学の研究者グループに研究室の活動例として紹介すると、「この壁画と同じ絵がバーミヤンにもあります！」と3名の男女が興奮して一斉に歓声をあげた。その瞬間、我々のシステムが和辻の感動に通じる驚きを彼らに届けることができたと感じて嬉しかった。

　法隆寺金堂はおそらく、当時、大陸から輸入したばかりの仏教思想を記録して咀嚼するために建てられたアーカイブだった。そこに壁画とし

て記録された仏画の世界は、おそらくは長安にあったオリジナルの仏画の写本として機能して、1300年間に渡って日本の仏教者の学びを助けた。時が移り、壁画の美しさに魅せられた画家は、それを紙に模写する。写真家は、最新の機器を使ってその精緻な筆づかいの記録に挑戦した。不幸にも火事によって現物の壁画は永遠に失われたが、紙やガラス原板などの記録メディアに変換されて、別の場所に保管されていたものは生き残った。そして80年後、撮影時には思いもよらなかったデジタル画像という記録メディアに変換されたのだ。撮影当時は、ガラス原板の利用法は印画紙への転写に限られていて、それ以外の利用方法は想定されていなかっただろう。しかし、撮影の20年後に生まれたコンピュータという機械によって、さらに35年後に実用化されたデジタル画像という新しい記録メディアへと変換される。そして、我々が作ったビューアを使えば、世界中のどこからでもスマホやPCを使って、1300年前に描かれた法隆寺金堂壁画を隅々まで眺めることができるのだ。

　デジタルアーカイブという活動で我々が目指すべきことは、このような遠い過去からの記録をいまにつないで、新しい活用方法を提示することであるべきだろう。あるいは、過去の記録にいまの記録を追加して、遠い未来まで届く形に再整理して、いま生きる我々には想像もできないような未来の活用に役立ててもらうことだ。我々がつねに考えるべきなのは、過去の記録者との共同作業であり、未来の利用者との共同作業だ。その可能性をできるだけ広げられるように、想像力を豊かにして、記録すべき事柄や記録方法、できるだけ多角的に物事を記録する方法の検討が必要だ。

　こう考えると、デジタルアーカイブを構想することは、未来へのタイムカプセルをデザインすることに似ているかもしれない。過去から伝えられ、託されてきたいくつかのタイムカプセルを開けて、その記録を解

読して再編集し、必要に応じてメディア変換を行う。さらにその後の記録を追加して、新しいタイムカプセルに詰め替える。この詰め替え作業の一環として、デジタルアーカイブの現代的な活用を考えればよい。一方、未来に託す記録の選択は、現在見えている活用方法に縛られるべきではないだろう。現在利用できる情報技術の都合に遠慮して記録の方法や範囲を決めるべきではない。いまは具体的な活用法が思い浮かばないバラバラの記録であっても、それらが鑑賞者である私たちの感動や感情の動きに関係があるのならば、ぜひ記録を残しておくべきだろう。いまはバラバラに見える記録が、遠い将来には自動的に貼り合わせられて立体的な記録に生まれ変わるかもしれない。例えば、多視点から撮影された大量の画像や映像を組み合わせて、自由視点の3次元映像を合成したり、自分が舞台上の演者と入れ替わって、その演者目線での空間体験が可能になるかもしれない。舞台芸術のパフォーマンスのように、現在のデジタル技術では記録そのものが困難な分野のアーカイブを構想していく上で、この視点は特に重要だと思う。

　本書で取り上げられたように、さまざまなアートシーンでデジタルアーカイブが構築され、それが未来への希望を運ぶタイムカプセルとして託されていく社会の実現を夢みている。

　注
1)　法隆寺金堂壁画写真ガラス原板 デジタルビューア（https://horyuji-kondohekiga.jp/）（最終アクセス：2020年11月9日）

アートシーンを支える

アートシーンを支える

Digital Archive Basics ❹

アートシーンを支える

ゼロ地点のDA

第1章

アート×デジタルアーカイブの
これまでとこれから

インタビュー：青柳正規

デジタルアーカイブ黎明期を振り返る――東京大学総合研究博物館の取り組み

――青柳先生は、1993年から1996年まで東京大学総合研究博物館長、2005年から2009年まで国立西洋美術館長を務められ、アート×デジタルの問題にまさにパイオニアとして取り組まれてこられました。先生のこれまでのアート分野におけるデジタルアーカイブの取り組みについてお聞かせください。

青柳正規（以下、青柳）　私が館長に就任した頃は、東京大学総合研究資料館と言っていましたが、その資料館を博物館に名称変更しようということが、当時の資料館の悲願でした。名前の変更だけではなく、内容自体もガラッと変えて、魅力を感じるような変化を組織にもたらして、そのことが高等教育にある一定のインパクトを与えるようなものにしたいと考えていました。

　大学博物館というのは、一つは、大学の研究者にとっての、研究資料の集積しているところという意

味もありますが、もう一方で「開かれた大学」というのが、当時から言われ始めていたので、そのトップランナーというか、先端を走ってやろうということで、いろいろ考えました。

　当時、東京大学は日本全体の情報科学の中で先端を走っていました。理学部にはTRONプロジェクトを立ち上げた坂村健さんが助教授として慶應義塾大学から来ていましたし、工学部の月尾嘉男さんもインターネットの重要性を非常に早くから唱えていました。また、東京大学医学部の中央情報処理センターでは、カルテのデジタル化を進めようという検討を始めていました。

　そういうことで、大学全体として、デジタル化と、インターネットにつなぐということが話題になり出したころだったので、東京大学総合研究資料館でも、坂村さんと、月尾さんと、総合研究資料館の先生たちと懇談会を立ち上げました。そうしたら坂村さんが、ぜひデジタルミュージアムを謳い上げようとおっしゃいました。これさえやれば、研究にも役立つし、一般公開にも役立つ、と。そのころちょうど月尾さんが、デジタルアーカイブを提唱し始めていたので、アーカイビングにも役立つということでしたから、その方向での将来計画を作りました。だからこそ、東京大学総合研究資料館ではなくて、博物館にしなければならないのだという論法でやったわけです。

　1年目は駄目でしたが、2年目にようやく文部省がOKしてくれて、1996年5月に東京大学総合研究博物館が発足しました。体制面では、教授1人、助教授1人が純増されました。予算面では、デジタルミュージアムを実現するためにというので、初年度は5〜6,000万円、2年目からは3,000万円を、少なくとも5年間ぐらいは出しましょうと言ってくれました。博物館発足と同時に坂村さんが博物館付きの教授となり、また月尾さんを中心にデジタル化がどんどん進んで、その当時、東京大学総合研究博物館は恐らく日本でトップを走っていたと思います。

汎用システムを用いたバーチャルミュージアムの実現

—「民」のパワーとの関り

青柳　もちろん、その前から、大阪の国立民族学博物館では、ナショナルや IBM と組んだりして、いまで言うタブレットを入館者に持ってもらって、実際にいろいろな情報を取りながら見てもらおうとしていましたが、これは汎用品ではなく、特注品だったんです。だからタブレット 1 つでも恐らくかなりの金額がかかったでしょうね。バックヤードにはどでかい IBM の計算機がありました。当時は、みんなそうでした。汎用性のない、つまり特注した大型計算機を入れて、特注したタブレットというか端末を使って、データをやりとりしながら、一般の方々が展示品を見て、それで情報を得ていました。

　だけどこれをやってると、企業はもうかるけど、博物館の人間にとっては、それを更新するにはまたハードから買い直して、そしてハードが変わるとソフトも組み直して、ということで、当時デジタル化というと、パンドラの箱を開けることだ、というような常識が広まりつつありました。私はそれは絶対にやめてくれと坂村さんに頼んで、TRON も、見えないところで使うのは構わないけれども、表面的には OS もハードもすべて汎用品で、民生品の普通に出ているのを使ってくれということで進めました。

　そういうことがあって、その部分が日本で最先端を行っていたということです。だから、多額のお金をかけて、特注品を発注するというやり方でやるのは、もう既に国立民族博物館であるとか、いくつかのところで始まってはいましたが、汎用品を使ってやるということでは、トップを走り出したことになります。

　例えば、「マタイの法則」と言って『新約聖書』のマタイ伝に、「金持ちはより金持ちに、貧乏人はより貧乏人になる」という、有名な言葉があります。

—「マタイエフェクト」ですね。

青柳　そう、マタイ効果。そのころから私は、現代版のマタイ効果を考えて、インターネットにつながるかつながらないかで、より発展するか、より衰退

するかのどちらかだと思っていました。事実、全部そうなってきましたよね。

　あのころはちょうどまだ、NTT湘南の中央研究所というのが、世界でもデジタル化のかなり先端を行っていました。しかも光ファイバーでのデータ通信にかけては、世界のトップでした。しかし残念なことに、どんどん、どんどん日本の先端性が失われてきて、いまでは無残な状況です。つまりGAFA（Google, Apple, Facebook, Amazon）でも、あるいは中国のBAT（Baidu, Alibaba, Tencent）でも、これから日本がもうどんなにあがこうが何しようが、追いつくことができない。なぜ追いつくことができないかと言うと、民間事業者の回転をうまく使いながら巨大化しているので、日本の政府が予算をドカンと注ぎ込んでも、無理でしょう。

　だからGAFAとBATが存在しているということを前提に考えなくてはいけません。ちょうどSNSが出始めたころ、あるいはFacebookが台頭し始めたころ、私は大学を退職して、国立西洋美術館へ移りました。SNS活用の手始めに、まず館内のデジタル化を進めたいということで、特に来館者への対応として、坂村さんに頼んで、実験をやろうとしました。WELCOMEをもじって、WEL.COME MUSEUMという名称で、携帯電話で作品の情報を聞き取ったりすることを企画しました。NTTドコモにはそのころ、私の1年後輩で、後に社長になる中村（維夫）さんがいて、「なんでもやってやるよ」と言ってくれました。

　でも、あれだけの大きな企業でも、我々と接触してくれる一番末端の人たちは、儲けのことを真剣に考えて商売をやっているから、このような商売にならないことは、全然相手にしてくれませんでした。トップは大きな流れをつかんで、大きな方向に行くのであれば、ゴーサインを出しますが、下から上がってこない限りは、ゴーサインも何も出せないわけです。だけど下の人たちは、日夜、1円もうかるのか、5円もうけるのかどうかということばかりをやってるわけだから、協力は実現しなかった。

　仕方がないので、坂村さんと一緒に、私も少しお金を集めて、それでやりましたが、結局携帯電話が使えなかったので、坂村さんたちがもう既にやっ

ていた特注品を使わざるを得なかったのが心残りです。取り組み自体は話題になって、確かNHKのニュース等でも取り上げてくれたりしましたが、端末がネックでした。その特注の端末は、あとで聞いたら1個30万円から50万円していたそうです。あの時に携帯が使えれば、そのまま定着して、その実験の延長線上で、国立西洋美術館をデジタル化できたと思います。しかしその端末がネックで実現しませんでした。

「文化遺産オンライン」の試み

青柳　そういう紆余曲折があって、いまに至っているんですが、その途中でかなり力を入れてやろうとしたのが、文化庁の「文化遺産オンライン[1]」です。この時も、もちろん私も委員としていろいろ主張はしました。最初のうちは文化庁も積極的で、初年度は3億円、そのあと徐々に増やして5億円くらいで、美術を含めた文化遺産のプラットホームを日本に作っていこうということになりました。

　プロジェクト開始時には、結構世界からも注目されていました。ミュージアム側からは、クオリティやセキュリティを心配する声もありましたが、その当時、光ファイバーが普及し出したとはいえ、情報を伝達するのに、そんなに重い情報は普通の人は使えるはずがないので、最初はつながること、個別の文化財、建物などの不動産、動産など、いろいろあるものを、つなげて数を増やすことをとにかく先決にしなくちゃいけないということを主張して、結局、妥協案みたいなかたちで方向性が決まりました。そして実際の運営は、当時から優れたサーチエンジンを開発されていた、国立情報学研究所の高野明彦さんが担当してくれました。

　ところがそのあと、予算がどんどん尻つぼみになってしまい、運用体制も厳しいものだから、国立、公立、私立の美術館、博物館にとって文化遺産オンラインの位置付けが小さくなり、一生懸命情報をつなごうとする努力をしてくれなくなってしまいました。そのような中で、例えば福井健策さんがデ

ジタル著作権のこと関わっていらっしゃるように、いろいろな分野の専門家がデジタルアーカイブに関わってくれるようになり、その尽力もあって事業は続いていますが、文化財のプラットフォームとしての取り組みは、GAFAやBATの台頭に比べると、相対的に衰退に入ってしまいました。非常に残念なことです。

IoE時代の到来により、デジタル化の対象は「モノ」から「コト」へ

――これまでの経緯を踏まえ、今後の日本の文化財情報のデジタル化、そして発信について、ご示唆をいただけないでしょうか。

青柳　いま、IoT(Internet of Things)と言われる段階になりましたが、日本は、例えば有形文化遺産よりも無形文化遺産になる対象の方が多いです。ということは、実は「モノ」よりも「コト」の方が豊かなんですね。モノは、西洋に代表される石造りの文化のような、いわゆる蓄積型の文化系の方が強く、日本ではモノよりコトの方が強いのですが、コトをどうデジタル化して保存するのか。どういう局面を典型的なものとして捉えて、その特質を浮き彫りにさせるかいろいろ試行錯誤しているので、将来的にはそれが克服できると思いますけれども。こうしたことが非常に難しいんですね。

　現在は、IoTの次の段階である、IoE(Internet of Everything)の時代ですね。IoEのEはEverythingですが、私はこのEはEveryoneであり、Environmentでもあると考えていて、それを早く実現させるべきだと思います。

　いまやインターネットの覇権はアメリカや中国に握られてしまっていますが、細かな部分でのIoTをさらに汎用化させた、IoEを推進すると同時に、

そのことによって、それに関連した人たち、あるいはそれを活用する人たちの気持ちを変えてもらいたい。つまり文化財だったら、それを経由して、そのことによって文化財が大切だから、みんなで守らなければならないという、そういう気持ちにまで影響を与えることができるようになれば、デジタル化、あるいはインターネット化のクオリティの高さでは、日本が一番になるのではないかと思います。例えば奈良県には文化財がたくさんありますが、奈良県立橿原考古学研究所など、取り組みを始めているところもあります。

ソフト化する社会の中で、文化財とどう向き合うか

青柳　その一方で、文化財の喪失が問題となっています。例えばいまは、住職とか神主さんがいない神社・仏閣が非常に多いです。そもそもどんな文化財があるのか統計的にははっきりしていない中で、だんだん運び出されてしまって、ひどい場合には、四国などでは、お地蔵さんや道祖神までなくなっていく状況が生じ始めています。

　例えばそういうものに小さな振動計のセンサーを付けて、それをデジタル情報として携帯電話で確認できるようにしておくことで、それらがちょっとでも動いたら、すぐに感知できるようにするという取り組みが始まっています。これは、それぞれが得意の分野、例えば携帯、センサー、位置測量、GPSなどが得意というような人が集まって、社会のニーズに応えていくという取り組みの中で生み出されたものです。

　ほかの取り組みとしては、2016年の熊本地震の時に、熊本城の石垣が崩れました。そのあと、またどこかが崩れるかもしれないというので地震計を置こうとしました。しかしゼネコンだと巨額の費用がかかってしまう。そこで、自分たちで1台当たり2万円から3万円のセンサーを20台取り付けました。2年間観測して、膨張している石垣はなく、安定しているということで、最近はセンサーを外しています。

　そういうゲリラ的なものづくりが求められます。例えばドローンは、中国

の学生たちが、フレームの好きな人、モーターの好きな人、カメラの軽量化の好きな人とかが集まって、スピーディーに作られました。あの時日本では、大企業が開発チームを作ってやろうとしたんだけれども、とんでもない時間がかかっている。一方で中国では、どんどん試作品ができる。そしてドローンが商品化されて、市場は全部中国に取られてしまったころに、やっと日本の製品ができあがったので、もう見向きもされないという状況になっています。そういう時代の流れに、日本のものづくりがすべて奪われてしまいました。

　関連する話として、いまから20年ほど前に、工学分野から発信された言葉に「日本は災害先進国である」というのがあります。日本では、世界でも圧倒的な頻度で地震、火山、津波、台風に見舞われますが、それぞれに対して、いろいろ対応策を考えているので、日本は先進国であるという言葉が作り出されました。

　ところが、国連の統計でも出ていますが、災害の起こる頻度、それぞれの災害に対して、こういう備えがあるという抵抗力を引いても、日本はまだ自然災害に罹災するリスクは世界でも圧倒的にトップで、先進国と言える状況ではありませんが、それが理解されていません。これは非常に危険なことです。

　いま、世界のどこでも通じるキーワードというのが3つあります。1つ目はダイバーシティ、2つ目はサステナビリティ、そして3つ目はレジリエンシィです。どれもソフト系の言葉で、誰もが納得できます。そこには強靱化による、ハードな、例えば波止場を建設する、あるいは護岸工事をするなんてことは、一つも出てきません。むしろ日本のことを参考にしながら、世界はソフトの方向に進み出しています。なのに、日本で工学分野の人たちが災害先進国というようなことを言うのは、とんでもない過ちだと思います。
──確かに東北で、今までの2倍の大きさの防波堤を造ったり、高台を全部、木を伐って、あんなところにみんなを移して、生活ができなくなったり。おっしゃるとおりです。
青柳　そうですね。だから安藤忠雄さん（建築家・東京大学特別名誉教授）なんか

は、もうちょっと緩やかな、景観を大事にしながら、少しは波力を弱めるような、そういうものにすべきだ、なんてことをおっしゃっていますが、なかなかそれが実現にまで浸透していかないという状況です。

これからのアート×デジタルアーカイブ

青柳　それで、我々もアートや文化財というものを見ていった時に、良い方向での大きな流れがまだ生まれていませんが、まだ人々の気持ちの中には、インターネットにつなげることが大切だと考えている人がいますし、それから何よりも、文化財や美術を見ることを愛してくださっている方々がたくさんいるので、そういう段階で、より見やすくしたり、よりわかりやすくしたり、保存の大切さを理解してもらうために、デジタル技術というのを使っていかなくてはいけないと思います。

　例えば、東京大学のベンチャー企業で、ブロックチェーン技術を使って、一つひとつの作品に番号を付けて、その作品が誰かに買われて、その次にどこへ売られて、どこへ行ったというような所在をずっと追えるようにしているところがあります。こういう取り組みをみんなで支えていかないといけません。

　それから、もう大きなセンターや箱モノを作るのは予算的に厳しいですが、作品所在がわかるようなポータル、いわゆる情報アーカイブをちゃんと整備していく必要があります。そのためには、例えば美術大学であるとか、博物館、美術館でアーカイビングをやってくれるような人たちを育成し、そしてその人たちにインセンティブを与えるために、DAPCON（デジタルアーカイブ推進コンソーシアム。デジタルアーカイブ産業振興を目的とした産業団体）がやっているような、表彰や顕彰をしたりすることが有効でしょう。あるいは、そういった情報アーカイブが将来の日本にとって大切かという提言などを、責任ある組織から出してもらえれば、まだまだ、我々にとって将来の希望があるのではないかと考えています。

——ありがとうございます。青柳先生がおっしゃるように、これから日本全体として、デジタル技術を発揮する方向性にしなければいけない。一方で、ミュージアムにはお金も人も不足していて、なかなか取り組みが進まないといった声が聞かれます。そこが噛み合っていないのが課題と思われますが、そういった課題についてはどのようにお考えになりますか。

青柳　その点は組織論とかかわってくると思います。ボトムアップとトップダウンというのがうまく噛み合い、大きな広い接点を持ちながら、いろいろなことが先に進むのが理想的なんですが、そのためには、まず、小さい組織が必要です。大企業になってしまうと、それができなくなってしまいます。もう一つ、大企業になってもそれができるのは、大きな社会の流れ、動きが、例えば日本が高度経済成長の時代、あるいはバブル時代のように、同じ方角をみんなが見ていて、同じ方向に進んでいたということを、いちいち確認しなくても済むような、大きな状況がある時です。それがいまは両方ともなくなっています。

　そういった時にすぐ思い付くのは、物理学で昔よく言われていたことですが、フランスは流体力学というか、水の流れがつながるような物理学が非常に得意で、他方でイギリスの場合にはニュートンのように、リンゴと地面は離れていて、両方には何の関係もないものごとを考察することが得意とされています。日本はそこをつなぐのがうまいと言われています。そういう、いろいろな地域によって特性があるんですが、日本人の特性は何かと言ったら、モノを冷たく客観的に見るのではなくて、モノとかコトに対して、「情感」を持てることです。いわゆる、日本人のウェットな感性かもしれませんが、この愛情とか情感によって、離れたものをつなげるということは、非常に重要じゃないかと思います。だから、これからデジタル化やインターネット化、情報化の社会の中で、日本の強みを活かし、情感で欠落部分を充填していく。そういうことをすれば、また世界でも非常に特徴のある、情報社会を創れるのではないかと、私は期待しています。

　そのためにこそ、いろいろ感動とか、刺激とか、そういうものを与えてく

れる美術や文化財というものが、非常に重要になってくるのではないかと思っています。

——『アーカイブ立国宣言』(ポット出版、2014年)に収められた鼎談の中で、現代美術と過去の文化財的なものの間に、乖離があると指摘されていました。そこをつないだり、充填したりといったアプローチが期待されているのですね。

青柳　そう思います。特にいま、平面の社会と言いますか、シンクロニックな社会を輪切りにした時、この輪切りの状態がどんどん膨らんできます。それはいま現在、インターネット上にある情報量が、エクタバイトまで広がっているようなものです。そうすると、同一時点での、周囲を見渡してどうなっているかということを認識するだけで、とんでもない努力と時間、あるいは自分が持っている、頭脳のコンピューターを作動させている時間が、水平的な世界の認識でもういっぱいいっぱいになっています。その一歩手前や、それを利用しての一歩先を見通すことにまで、なかなか至らない状況になっています。

　ということは何かと言えば、人間がこれまで生きてきた英知とか知恵とか、そういうものが非常に生まれにくくなっているのではないか。現状認識のためには、縦の、クロニカルな認識というのが、どんどん短距離化というか、短時間化しているのではないかと思われます。

　だから、あるところではもう、欠落があってもいいから、現代認識に重要な点だけを選んで認識して、それで余った時間を、なるべく時間軸の長い過去にまで遡り、なるべく時間軸の長い将来を見通すことに、あるいは心配することに使うようにしていかないと、これからのいろいろな国際的な競争などがあったとしても、生き残れないんじゃないかと思います。

——デジタルアーカイブは、その点で、長期的な情報の蓄積により、思索を助けることが期待されるかもしれません。

青柳　アーカイブは、釈迦に説法かもしれませんが、いわゆるデータベースの長時間化のものです。アーカイブ構築するには、どうしても時間軸を長時間化しなくてはいけない。そうすると、自ずと逆の方向への、つまり将来へ

の見通しができてくるだろうと思います。

　我々がアーカイブを作る中で、10年遡ったら10年先を、20年遡ったら20年先を見るようになれば、自分たちの足場が現代、つまり「0」地点というものを、もう1回認識するのではないか。そうすると現代自体に対しても、あるクリティカルな、あるいは、あるシンパシーを持ちながら、向かい合うことができるのではないか。それほど、アーカイブを作るということは、いまの我々の欠けているところを補ってくれることになるのではないかと期待しています。

　──最後に、社会を写す鏡としてのデジタルアーカイブに期待が高まる中で、今後、アート分野のデジタルアーカイブの普及・活用を進めていく上で、誰に、どのように届けて行けばよいのか、お考えをお聞かせください。

青柳　実例を一つ挙げます。この多摩美術大学に、深澤直人さんという、「無印良品」のデザインを全部統轄しているプロダクトデザイナーがいます。1点1点はそれぞれのデザイナーがデザインしていますが、深澤さんは無印良品としてのクオリティを見ています。その中で、数少ない、彼自身が作った、木製の椅子で「ヒロシマ」という作品がありますが、Appleが3年前に本社ビルを新しく造った時、この椅子を4,000脚注文してきたんです。あわてて、広島にある木工所が工場を増築して、対応したと言います。

　その彼が実は、三宅一生さんに頼まれて、日本工芸館の館長をやっています。なぜそうなったのかと言えば、まだデザインという概念があまり意識されない中で、そして生活の中で、より良いものをどう生み出してきたかという証拠が民芸だと、深澤さんはいつも言っています。だから民芸はいまでも、自分たちが見れば、いろいろなヒントがある。それからもう一つは、自然だと言うんですね。

　世界的にも有名な、この深澤さんが言っている言葉の中に、アーカイブというものが持っているポテンシャルが秘められているんじゃないかなと思います。つまり、これまで作られたものをどう見るかということで、そこからヒントにも創作の刺激にもなる。そのためにも、アーカイブというものが、

もう絶対的に必要なんだと。これからその価値は大きくなることは絶対に間違いなくて、少しも小さくはならないだろうと思います。

（インタビュアー：中川紗央里）

注
1）　https://bunka.nii.ac.jp/（最終アクセス：2020年9月18日）

アートシーンにおける
デジタル対応の現況

第2章

デジタルアーカイブはどのようにしてアートの振興に貢献するか？

太下義之

1　はじめに

　アート分野の文化資源（作品等）は、それらが美術館や博物館にて適切に収蔵・保管されていたとしても、時間の経過による劣化や退色等の損失が避けられない運命にある。そして、これらの作品（実物）を展示・公開することは、損失をさらに促進する懸念がある。一方で、これらの文化資源は国民ひいては人類の共有財産であることから、これらを見たり触れたりすることができるのが、当該美術館の関係者や一部の研究者だけに限定されることはけっして望ましい状況ではない。ここに、文化資源の保存と活用のジレンマという大きな課題がある。

　これらの文化資源をデジタル（アーカイブ）化することにより、原理的には時間が経過しても劣化や退色等の損失なく、データを保存・活用することができる。また、多言語化した上でインターネット等によって配信すれば、当該ミュージアムを訪問しなくても、世界中の人々が文化資源を鑑賞することができるようになる。すなわち、文化資源のデジタルアーカイブ化は、時間および空間の制約を超越することになるのである。特に、当該ミュージアムに直接来館することが困難な高齢者や障害者、または時間的、空間的、経済的等のさまざまな要因で来館が困難な人々も、自宅等のパソコンや携帯電話

から文化資源にアクセスできるようになる。換言すると、デジタルアーカイブ化することによって文化資源は誰もが容易にアクセスできる、文字通りの公共財となるのである。

　日本でも、アート関連で複数のデジタルアーカイブが既に開設されている。ここではその一部を紹介したい。

　「ジャパンサーチ」は、さまざまな分野のデジタルアーカイブが連携して、日本が保有する多様なコンテンツのメタデータをまとめて検索できる国の分野横断統合ポータルである。ジャパンサーチ(正式版)[1]の運用は2020年8月から開始されている。試験版では、21,285,425件のデータを111データベースから検索することができる(2020年9月中旬時点)。この試験版はデジタルアーカイブジャパン推進委員会・実務者検討委員会の方針のもと、さまざまな分野の機関の連携・協力により、国立国会図書館がシステムを運用している。

　また、「文化遺産オンライン」[2]は、全国の博物館・美術館等から提供された作品や国宝・重要文化財等、さまざまな情報を閲覧することができる、日本の文化遺産についてのポータルサイトである。この文化遺産オンラインは、1996年3月に文化庁によって構築された「文化財情報システム・美術情報システム」を継承するかたちで、2008年3月に正式公開された[3]。また、この文化遺産オンラインに収録されたすべてのデータを検索・閲覧できる「文化遺産データベース」が2010年12月に公開された。これらは、国立情報学研究所(NII)の技術的協力を得ながら文化庁が運営している。ただし、言語は日本語のみの対応である。

　そして、「e国宝」[4]は、国立文化財機構の4つの国立博物館 (東京国立博物館、京都国立博物館、奈良国立博物館、九州国立博物館)が所蔵する約1,000点の国宝・重要文化財の高精細画像を、多言語(日本語、英語、フランス語、中国語、韓国語)による解説とともに鑑賞することができるデジタルアーカイブである。作品の高精細画像を拡大縮小して表示することができるほか、一部の絵巻や経巻では巻頭から巻末まで連続した画像を掲載しており、スク

ロールしながら鑑賞する絵巻本来の楽しみ方を体験することができる。

　次に、美術館に関連するデジタルアーカイブに目を向けてみたい。「所蔵作品総合目録検索システム」5)は、独立行政法人国立美術館の4つの美術館、すなわち東京国立近代美術館(美術館、工芸館)、京都国立近代美術館、国立西洋美術館、国立国際美術館が収蔵した所蔵作品の総合目録を検索するシステムである。2020年4月現在での4館総計の掲載作品数は、画像を伴う掲載作品が28,263件、メタデータのみの作品を含むと44,468件となっている。画像を掲載している作品が全体の63.6%にとどまっているが、この背景にはいわゆる「孤児作品(orphan works)」の問題がある。こうしたデジタルアーカイブを構築するにあたっては、当然のことであるが、著作権者の承諾が必要となる。独立行政法人国立美術館では、「所蔵作品総合目録」における画像掲載の許諾を郵送で著作権者に依頼しており、その状況をまとめているが、2015年12月時点のデータによると、宛先不明返送と無回答を合わせると18.8%に達しているのである6)。

　また、美術図書館連絡会(The Art Library Consortium；ALC)では、加盟館の蔵書を横断的に検索できる美術図書館横断検索システム7)を公開している。ALCとは、美術および関連分野の調査研究を支援するため、日本国内に所在する研究資源へのアクセス向上を図る図書館コンソーシアムである。2004年3月に、東京国立近代美術館、東京都現代美術館、横浜美術館の3館によってALCは結成され、同じタイミングで横断検索システムも公開された。その後、2018年10月にはウェブサイトをバイリンガル化している。2019年4月1日現在で、加盟館は国立美術館を中心に12館となっている。

　その他、全国394の国公私立美術館が加盟する全国美術館会議(正会員：394館、個人会員：24名、賛助会員：50団体で構成)では、「美術関係アーカイブズ資料所在調査」を実施中であり、2020年5月末までに集計結果がweb上に公開される予定とのことであったが、コロナウィルスの影響等もあり、2020年9月現在、まだ公開されていない8)。

　以上、日本を代表するアート分野のデジタルアーカイブを概観したが、海

外の先進国と比較すると取り組みがまだあまり進んでいないのが実情である。こうした実態の背景には、アート関係者の間でデジタルアーカイブの意義や利点が未だ十分に認識されていないためではないか、という問題意識を筆者は抱いている。そこで本章では、デジタルアーカイブがアートの振興にどのように貢献できるのか、という視点から、デジタルアーカイブの先進事例について考察していきたい。

2　デジタルアーカイブを活用した新しい鑑賞体験

　デジタルアーカイブは、テクノロジーを活用して鑑賞者に新しい体験や感動を提供することができる。例えば、現物では「見ることができない」、または「見ることが困難な」画像に関しても、デジタル情報であれば提供が可能である。

　具体的な事例としては、ヴァーチャル美術館「IJC MUSEUM」を挙げることができる。同ミュージアムでは、日本を代表する計7組のアーティストによるアートワークを3Dスキャンして、実際に建築家の監修のもとに設計された仮想空間上に再現している。鑑賞者は360度すべての方向から自由な角度で作品を楽しむことができるとともに、超高精細な画像データを使用しているので、実際に近づいて見る以上に細部まで拡大して鑑賞することが可能である。この「IJC MUSEUM」は、ANAがマネジメントする訪日外国人向けのプロモーションサイト「IS JAPAN COOL?」において、2016年に開設された[9]。

　また、東京富士美術館（東京都八王子市）が開催した「MAKI-E 蒔絵・美の万華鏡展」（2017年4月〜7月）は、日本国内の美術館の企画展におけるVR技術の活用としては初の事例とのことである。同展は、東京富士美術館が所蔵する蒔絵工芸作品から123点を精選して展覧したものであるが、中でも硯箱のVR鑑賞が好評であったようだ。これは、鑑賞者はヘッドマウントディスプレイを通して、あたかも硯箱の中に入って内側を鑑賞するかのようなヴァーチャルな体験をすることができるというものであった[10]（図1）。

図1 「MAKI-E 蒔絵・美の万華鏡展」で硯箱のVR鑑賞をする観客[11]）

　海外に目を転じると、Google Cultural Institute（以下、GCI）が事例の筆頭に挙げられる。GCI の Web サイトは 2012 年 10 月に開始され、2020 年 9 月現在で 70 か国の 1,400 か所以上の文化施設を支援しており、20 万件以上のオリジナルの芸術作品の高解像度デジタル画像、700 万件の作品のアーカイブ情報、1,800 件以上の美術館のストリートビュー画像、専門家が企画した 3,000 件以上のオンライン展示をサポートしている[12]。この GCI では、2015 年 4 月から、ギリシャ・ローマの彫刻をはじめとする文化財の高精度な 3D モデルの展示を開始した[13]。

　もう一つの事例は、アメリカのワシントン DC にあるスミソニアン博物館である。スミソニアン博物館は、毎年 3,000 万人以上が訪問する世界最大規模の博物館群であるが、今後 5 年で年間 10 億人が博物館のコレクションにリーチするという目標を掲げている。この野心的なゴールを達成するためには、リアルな博物館だけでは不可能であり、24 時間・365 日提供可能なデジタルアーカイブが必要不可欠となる。複合施設のうちの一つ、スミソニア

ン・アメリカ美術館(Smithsonian American Art Museum；SAAM)では、この目標を支援するために、半導体メーカーのインテルとのパートナーシップを提携した。今後、インテルの技術を活用してSAAMの収蔵品のデジタル化が進展すると期待される。このパートナーシップの第一弾は、SAAMの別館レンウィック・ギャラリーで2018年に開催された「No Spectators：The Art of Burning Man」展であった。この展覧会は、米国ネバダ州の砂漠で毎年開催されている音楽とアートの祭典Burning Manの会場を仮想的に歩き回ることができるというVRシステムで、Webで世界の視聴者にも提供された[14](図2)。

図2 「No Spectators：The Art of Burning Man」展でVR鑑賞をする観客[15]

　さらにもう一つ、オランダのアムステルダム国立美術館(Rijksmuseum Amsterdam)の事例も紹介したい。同美術館はAdobe Stockとパートナーを組み、厳選した28点の作品を3Dモデルに変換して、2018年から無料で公開している。また、3名のアーティストがこれらのアセットを用いた二次創作の参考作品を作成している。一般ユーザーも無料でダウンロードし、自由に二

次創作をすることができる[16]。

　以上のように、海外のミュージアムの先進的なデジタル化の事例では、いずれもデジタル関連企業とミュージアムとのパートナーシップが特徴となっている。このような民間企業とのパートナーシップは、日本のミュージアムにおいても参考にすべき戦略となるのではないか。

　なお、これらの3Dのデジタル・データは、デジタル・コレクションではあっても、デジタルアーカイブではないと見なされるかもしれない。ただし、こうした事例から、デジタルアーカイブが「ボーン・デジタル」の問題に向き合う必要が示唆される。これらボーン・デジタルのアート作品における収集や保存は、アナログな作品のそれとはさまざまな面で異なる。例えば、デジタル・データは複製が容易であるため、作品のオリジナル性の問題が表出してくる。最近では3Dプリンタによって立体物の複製も可能になっていることから、これからも多くの課題が生じるものと予想される。

3　デジタルアーカイブを活用したアートの新しい享受

　近年、海外のデジタルアーカイブでは、パブリック・ドメインのデジタル複製物に関してはCC0の表示（著作権法上認められるすべての権利を、法令上認められる最大限の範囲で放棄する意思表示）が推奨されており、実際、多くのアーカイブで非常に大規模にCC0の表示を採用する例が増加している。

　近時では、2020年1月にフランス・パリ市内の14のミュージアムを運営する「パリ・ミュゼ（Paris Musées）」[17]が、所蔵する作品15万点のアート作品のデジタル画像を商業目的であってもなくても、企業でも個人でも高解像度の画像をダウンロードでき、さらに二次利用も可能である、と公表して日本でも話題となった。

　以下では、こうした取り組みの最大規模の先進事例として、アムステルダム国立美術館の事例を紹介したい。アムステルダム国立美術館は、オランダの首都アムステルダムにある美術館で、17世紀オランダ絵画が充実して

いる。同美術館では2004年より大規模な改修が行われ、同年にリニューアル・オープンした。このオープンに先立ち、2013年から新しいWebサイトと"Rijksstudio"[18]という名称のデジタルアーカイブを公開した。

　このRijksstudioでは、美術館の総コレクション約110万点のうち、約69万件の高精細画像データをパブリックドメイン（CC0）で公開している。このデジタルアーカイブが画期的な点は、ユーザーはアカウントを作成すれば、画像のダウンロード、保存、SNSでのシェアができるほか、改変や加工等も自由にできるのである。

　2013年のリニューアル・オープンにあたり、デジタル担当のマネジャーは、"culture snacker"という概念を提案し、この層をRijksstudioの主要なターゲットに設定した。このculture snackerとは、Pinterestを利用し、動画を視聴し、写真を共有する今日の典型的なインターネットユーザーである。そしてこのculture snackerは、アート、デザイン、旅行に興味があるが、美術愛好家そのものではない[19]。

　また、Rijksstudioでは"Master Matcher"というサービスも提供している。このMaster Matcherでは、ユーザーが「休日、何をして過ごしたい？」等の5つの質問に回答することによって、22.5万点のコレクションの中から自分に合った作品を提供してもらえる機能である[20]。

　そして、アムステルダム国立美術館では、Rijksstudioのスタートアップのキャンペーンとして、老舗デパートのDe Bijenkorfのアムステルダム店およびアイントホーフェン店とパートナーシップを組み、著名なファッションデザイナーのAlexander van Slobbeが同美術館のコレクションからのインスピレーションをもとにデザインした特別なスカーフ等を販売した[21]。

　Rijksstudioでは、美術館のデジタルアーカイブのコレクションをもとにしてユーザーが自らのインスピレーションで何かを制作することを奨励するため、特別なページも開設している。作るものは、テーブルウエアからシャツ、スクーターから壁紙、何でも可能であり、「あなただけの傑作を作りましょう」と推奨している[22]。

さらに、Rijksstudioではユーザーの二次創作を振興するために、Rijksstudio Awardを2014年から毎年開催している。同アワードには、21歳以下が対象のRijksstudioヤングタレント賞と、一般対象のRijksstudioデザイン賞の2つのカテゴリーがある。Rijksstudioデザイン賞の勝者は7,500ユーロの賞金をもらえるほか、アーティスト／デザイナーのIrma Boom、またはChristian Borstlapからのフィードバックをもらい、それがアムステルダム国立美術館のミュージアムショップで商品化され、販売される可能性もあるとのことである [23]。

4　デジタルアーカイブを活用したデジタル・ヒューマニティーズの進展

　従来のアーカイブ(図書館、美術館・博物館等)が研究活動において不可欠かつ基本的役割を担っていることは言うまでもないことである。さらに、これらのアーカイブがデジタル化されることによって、「デジタル・ヒューマニティーズ(digital humanities)」、すなわちデジタル人文学が進展することが期待される。このデジタル・ヒューマニティーズとは、コンピューティングと人文科学(humanities)諸分野と間の接点に関して調査、研究、教育、および考案を行う学問分野のことである。デジタルアーカイブの文化資源を研究することによって、新しい発見がなされたり、国や地域を横断した新しい美術潮流の研究が行われたり、新しい美術理論が提唱されたりする可能性がある。

　アート分野のデジタルアーカイブは、情報をオープンデータで公開することにより、アートに関する研究やアート作品の流通にも貢献する。特に米国のゲティ学術研究所 (Getty Research Institute；GRI)が運営する4つの用語データベース、"Getty Vocabularies"はアート関係者にとって欠かせないものとなりつつある。

　Getty Vocabulariesとは、アート、建築、装飾芸術、アーカイブ資料、視覚資料、保存修復、書誌資料に関する構造化された用語を整理している語彙

集で、2015年から公開・提供開始されている。このGetty Vocabulariesは、以下の4つのデータベースから構成される。すなわち、The Art & Architecture Thesaurus（AAT）（アートと建築のシソーラス）、The Getty Thesaurus of Geographic Names（TGN）（地理的名称のシソーラス）、The Cultural Objects Name Authority（CONA）（文化財の名称典拠）、そしてThe Union List of Artist Names（ULAN）（アーティストの人名録）の4つである[24]。

　このうち、アートと建築のシソーラスであるAATは、2017年7月時点で375,000の単語を含んでおり[25]、世界のアート関係者が作品情報を記述する際に参照されている。このAATは、もともとは「初版（全3冊）および第2版（全10冊）までは印刷物の形態で刊行されていたが、現在は次々と追加される新しい用語や変更を順次正確に反映させることのできるインターネット版のみが公表されている」[26]とのことである。

　また、アーティスト人名録であるULANは、2017年7月時点で720,600件の名前を含んでいる[27]。こうしたデジタル人名録を活用して、過去の人物の「ソーシャルネットワーク」を構築する取り組みが、"Social Networks and Archival Context（SNAC）"である。このSNACは2010年から開始され、米国のバージニア大学図書館を中心に運営されている。こうした取り組みから、著名人同士がいつ・どこで会ったのかの記録について、思わぬ発見ができるかもしれない。

　また、別の事例として、人文学オープンデータ共同利用センターのプロジェクト「顔貌コレクション（顔コレ）」[28]を紹介したい。「顔貌コレクション」は、国文学研究資料館、慶應義塾大学、京都大学附属図書館が公開する画像から、美術作品に出現する顔の部分を切り取って集め、それを美術史研究（特に様式研究）に活用するプロジェクトで、2018年から公開を開始している。従来から「顔貌」表現は描き方から作者や工房の特徴を読み取りやすいため、様式研究の重要な素材の一つであった。そこで、「顔貌コレクション」では、日本の絵巻物を中心として古今東西の美術作品から顔貌を切り取って収集し、顔の描き方を比較検討することで、例えば絵師や工房の異同を推定

したり、影響関係を見出したりすることが可能になると期待されている。同コレクションのユニークな試みとして、写真画像のタグ付けのために開発されたOpen Images Dataset V2というデータセットを学習した、ディープラーニングベースの分類アルゴリズムを活用し、画像の自動タグ付けを導入している。AIは人間が気づかないパターンも読み取ることができるため、予期しない新たな発見(セレンディピティ)につながる可能性も期待される。

5　デジタルアーカイブを活用した映画の制作

　本項では、デジタルアーカイブを活用した二次創作の事例として、英国の帝国戦争博物館(Imperial War Museum、略称IWM)[29]の事例を紹介したい。保管されたコンテンツを活用して、新たな創造が行われることもデジタルアーカイブの大きな意義の一つである。

　IWMは、第一次世界大戦(1914年〜1918年)から現在までの戦争と紛争を扱った5つの博物館および史跡の総称である。博物館としては、IWMロンドン、マンチェスターのIWMノース、ケンブリッジシャーのIWMダックスフォードの3館があり、史跡としては、ロンドンの官庁街ホワイトホールにあるチャーチル戦争室と、テムズ川に恒久的に係留されている英国海軍の巡洋艦HMSベルファストの2つがある。

　IWMのコレクションは、期間は第一次世界大戦から現在まで、現在の英国、その元である大英帝国、そして英連邦を含む地理的範囲の、戦争と紛争のあらゆる側面を網羅している。また、車両、航空機、船舶等のコレクションだけでなく、アート、映像、写真、印刷物、文書、音声まで、さまざまなメディアが含まれている。

　このうち本項で取り上げるのは、映像のコレクションである。本章執筆(2020年2月)時点で、IWMの映像コレクションは、25,000時間以上に成長している。コレクションのハイライトには、第一次世界大戦で最大の会戦となったソムの戦いを記録したドキュメンタリー映像"The Battle of the

Somme(ソンムの戦い)"(1916年)が含まれている。この映像は、IWMが最初期に所蔵した映画フィルムであり、2005年にはユネスコの世界の記憶(Memory of the World)に登録された。その他、映像コレクションには公開された映画のほか、ドキュメンタリー映像、戦闘を撮影した未編集の映像、公式ニュース映画、アマチュア映画等が含まれている。

　これらの映像コレクションは、古いものは35mmフィルムマスターからデジタル化が進められており、オンラインで検索し視聴することが可能である。また、シーケンス(ひと続きのシーン)を選択してHDデジタルファイルとして注文することもできる。また、これらの映像コレクションは私的な利用はもちろんのこと、商業利用も可能である。そのため、IWMでは、映像キュレーターの専門家チームを設置しており、コレクションの内容に関する専門的なアドバイスを提供しているほか、映像素材の供給とライセンス供与に関する質問にも対応している[30]。

　コレクションの検索画面は、「リスト一覧表示(LIST VIEW)」と「画像一覧表示(IMAGE VIEW)」が選択でき、「検索対象の分類(OBJECT CATEGORY)」と「関連する期間(RELATED PERIOD)」で絞り込むことができるようになっている。ユニークなのは、「検索対象の分類」で、検索が容易となるようにあらかじめ複数のタグが用意されている。それらのタグは、対象の表現内容を示す「車両、航空機、船舶」、「武器と弾薬」、「制服と記章」、「装飾と賞」、「機材」、「通貨」、「地図」等のほか、対象のメディア形態を示す「アート」、「本」、「映画」、「行政記録」、「新聞と雑誌」、「写真」、「ポスター」、「論文」、「音」等がある[31]。

　特筆すべきは、IWMが主催してIWM短編映画祭(IWM Short Film Festival)が毎年開催されていることである。この映画祭は、IWMとそのコレクションからインスピレーションを受けた短編映像の公募展である。応募する映像は必ずしもIWMの映像コレクションを使用する必要はないが、コレクションの利用が推奨されている。なお、IWMのアーカイブ映像を最大限に活用した映画には特別な賞が授与されることとなっている[32]。

そして、このIWMの映像コレクションを活用して制作された映画が『彼らは生きていた』（2018年公開）である。この映画の原題は"THEY SHALL NOT GROW OLD"、すなわち「彼らは歳をとらない」。本作は、IWMと「14-18 NOW」との共同制作映画である。

　この「14-18 NOW」とは、第一次世界大戦の終戦から100年を迎え、英国で実施されたアート・プログラムである。同プログラムでは、1914年から18年の期間にインスパイアされた新しいアートワークが、420人の現代のアーティスト、ミュージシャン、映画製作者、デザイナー、パフォーマーに委嘱された。結果として、英国の220か所以上の場所で107件のプロジェクトが展開され、2014年から2018年の間に芸術体験プログラムに3,500万人もの人々が参加し、うち800万人は若者であった[33]。

　さて、この「14-18 NOW」とIWMとの共同で制作された映画『彼らは生きていた』は、IWMがアーカイブする、少なくとも2,200時間にわたる第一次世界大戦時の映像をもとに制作された。これら映像は、最新の映像修復のデジタル技術により、あまりに生々しい映像として蘇ったため、観客はまるでタイム・マシーンに乗って1916年に戻り、ソンムの戦いの現場に立ち会って、戦争をリアルタイムで目撃しているかのような体験を味わうことになる（図3）。この『彼らは生きていた』の監督は、ピーター・ジャクソン。J・R・R・トールキン作の『指輪物語』を原作とする『ロード・オブ・ザ・リング（The Lord of the Rings）』（2001年）でアカデミー賞13部門にノミネートされ、そのうち撮影賞、作曲賞、メイクアップ賞、視覚効果賞の4部門で受賞した名監督である。『彼らは生きていた』も英国アカデミー賞でベスト・ドキュメンタリー映画にノミネートされた[34]。

　この傑作ドキュメンタリー映画が製作されたことにより、才能あるアーティストにとってアーカイブが文字通り「宝の山」となることが確認され、アーカイブされたフィルム・コレクションに新たな光を当てることとなった。従来は美術館や博物館の収蔵庫に埋もれていた文化資源に、アーティストを含む多くの人々がアクセス可能になることによって、意外なコンテンツが人

図3 『彼らは生きていた』オフィシャルサイトより。向かって右側が第一次世界大戦時の映像、左側がデジタル技術で修復された映像[35]

気となることもあり得るのである。

6　デジタルアーカイブを活用した舞踏（BUTOH）の継承

　アートシーンにおけるデジタル対応と言うと、いわゆる美術分野がまず想起されると思うが、美術以外のアート分野においてもデジタルアーカイブは重要な役割を果たしている。本項では舞踏（BUTOH）分野のアーカイブとその取り組みについて紹介したい。

①　土方巽アーカイヴ[36]

　「土方巽アーカイヴ」は、慶應義塾大学アート・センターによって1998年4月に設立された。同アーカイブは、1960年代に前衛芸術家として「舞踏」という新しいダンスのジャンルを創造した土方巽（1928年〜1986年）に関する数多くの一次資料を、土方巽記念資料館（アスベスト館／東京・目黒）から寄託を受けることで活動を開始された。その後、資料のデジタルアーカイブ化が積極的に行われている。

図4　土方巽による『なだれ飴』の舞踏譜（1972年／ヴィレム・デ・クーニングの絵画作品の切り抜きを含む）[37]

　「BUTOH」という日本発のオリジナルな舞踊形式とその用語は世界的に定着しており、実際、本アーカイヴでの調査・研究をもとに生まれた研究成果についても、外国人によるものが日本人によるものをすでに上回っているとのことである。こうしたことから、同アーカイブも世界における舞踏研究と舞踏理解に寄与するという役割を目指している。

　土方は自らの振り付けや動きや型を再現できるように、『舞踏譜』と呼ばれるダンス・ノーテーション（舞踊記譜法）を残している（図4）。土方に師事した舞踏家・和栗由紀夫（1952年〜2017年）は、土方独自の振付法「舞踏譜」を現代に継承するため、「舞踏譜」を自ら踊ることでイメージを身体化し、これを「動きのアーカイヴ」としてデジタルコンテンツ『舞踏花伝』にまとめている。そして、この「舞踏譜」を活用して、世界各地でさまざまな舞踏の新作が創造されている。

② 特定非営利活動法人ダンスアーカイヴ構想
　特定非営利活動法人ダンスアーカイヴ構想は、大野一雄舞踏研究所を母

体とし、そのアーカイヴ活動を引き継ぐ法人である。大野一雄舞踏研究所を創設した大野一雄(1906年〜2010年)は、前述した土方巽等とともに「舞踏(BUTOH)」と呼ばれる新たな舞踊形式を1960年代に創出した。ダンスアーカイヴ構想では、「舞踏」に関するチラシやプログラム等の公演資料、写真、映像、創作メモ等、大野一雄・大野慶人(大野一雄の次男である舞踏家。1938年〜2020年)の資料約25,000点を収集・保存している。今後は、舞踏の源流であるモダンダンスにも視野を広げた資料収集・データ整備を進めていく予定とのことである。

　また、ダンスアーカイヴ構想は、これまで資料室として扱われてきたアーカイヴから拡張し、ダンスアーカイブを活用した舞踏の研究や創作、発表の事業主体として活動する運動体を目指している。そのキックオフイベントとして、2018年2月に、「土方巽に影響を受けた」と自身が考える作品を7分以内で上演するという公募型のオールナイト上演を行った。

③　室伏鴻アーカイブ "Where is Ko?"[38]
　室伏鴻アーカイブカフェ "Shy" は、舞踏家・室伏鴻(1947年〜2015年)の蔵書、資料等を納めたスペースとして2016年1月、東京都新宿区に開設された。このアーカイブカフェでは室伏の蔵書3,000冊、チラシ2,000枚、新聞記事等2,000枚、写真10,000枚、CD 1,700枚、映像資料150本を広く一般に公開している。そして、このカフェを拠点として、室伏鴻の47年にわたる活動に関して、さまざまな情報をウェブ上で閲覧可能な状態にすることを目的として、ダンサー個人としては世界最大の規模となるウェブアーカイブ "Where is Ko?" が運営されている。

　同アーカイブの主催により、舞踏プロジェクト "Responding to Ko Muro-bushi" が、2018年3月30日から同年8月31日まで6か月間にわたり公演、室伏鴻のビデオ上映会、および公開討論会等が断続的に開催された。このプロジェクトは、室伏の死により完成を見なかった振付作品『真夜中のニジンスキー』に出演を予定していた若手ダンサー7名など、計11人のダンサーに

よって展開されたリサーチ・プロジェクトであった。ダンサーたちは公演に先立って、アーカイブで室伏鴻のテキストや映像等をリサーチしたほか、研究者との対話を2週間にわたって行い、同時にワークインプログレスの発表を行った。このように、本プロジェクトは、ダンサーとアーカイブとの共同作業を通じて、アーカイブのあり方と「継承」の新たな意味を考えるという企画であった。

④ 日本のおけるダンスアーカイブの意義と課題

　舞踊は実演芸術であるため、舞踏公演の後に作品自体は形あるものとしては残らない。こうした特性から、ある舞踏家が活動を休止したり死去したりした場合、ほかの芸術分野と比較して風化・忘却がより早く到来すると危惧される。一方で、舞踏作品に関連する多くの資料は公演後も残ることとなる。こうした残された資料を整理しつつ、研究していくことが必要であり、それらをデジタルアーカイブ化することで、資料の保存・公開・活用の利便性はより高まる。このようなアーカイブの存在は、舞踏の振付を表層的に模倣するのではなく、舞踏の思想そのものを未来に継承し、舞踏作品を再創造していくためにも必要であると言えよう。

　欧米では、ダンスアーカイブは大学や公共文化施設が運営している事例が多いが、日本では、そもそも舞踊学科を置く大学は非常に少なく、また文化施設においても現代舞踊の歴史資料保存公開に取り組む公的機関はほとんどないのが実態である。こうした状況の中で、傑出した舞踏家個人の資料をもとにしたアーカイブが構築されている点が日本のダンスアーカイブの特徴である。これは一種の「家元制」によるデジタル保存のようなものであると言えよう。日本では、現状においてはこれらのアーカイブは個別に構築・運営されているが、今後は相互に連携して、「舞踏」の全体像を研究・提示していくことが求められる。

7　デジタルアーカイブを活用した新しいマーケットの創造[39]

　現状では、アート関連のデジタルアーカイブは、アート作品の流通やマーケットの活性化とはほとんど関連を持っていない。ただし、デジタル・テクノロジーを活用することで、アート作品および関連情報の流通のプラットフォームを構築することは可能である。実際、2014年に設立されたスタートバーン株式会社[40]では、アート作品の証明書発行や来歴管理、売買履歴や規約をブロックチェーン[41]で管理し、アーティスト本人が還元金を受け取ることも可能な、アート作品流通基盤の構築を目指している。

　本項では、一つの思考実験として、ブロックチェーンを活用した若手アーティストの育成施策としてのデジタルアーカイブについて検討したい。

　プロジェクトの手始めとして、アーティスト支援のためのファンドを組成する。そして、このファンドの運用は、ブロックチェーンに基づく通貨(例えば、ビットコイン)に限定して行うことを前提とする。

　そして、日本を代表する芸術系の大学(教授)の推薦により、当該年度に大学を卒業・修了する学生のうち複数名を対象として、卒業・修了から複数年度にわたって、毎年、ある程度の金額で作品を買い上げていく。

　一般に芸術系大学を卒業・修了したとしても、すぐにアーティストとして十分な収入を得られるわけではないので、上記のような作品の買い上げは、若手のアーティストにとって得難い支援になる。なお、作品の買い上げ、およびその後の売買にあたっては、上述したブロックチェーンで決済を行うことをアーティストも了解の上購入する。

　このように支援したアーティストのうち、相応の数のアーティストは、その後に日本を代表する中堅アーティストとして活躍していき、その作品の市場価値も相当に増加していることが期待される。

　一定期間の後に作品の価値が相応に増加した場合、ファンドは当該作品を売却することとする。この取引もブロックチェーンで行い、その条件は二次取引以降の購入者にも課せられるものとする。

なお、従来の仕組みであれば、作品の価値の増加分の利益は、作品の所有者が独占していた。ただし、現在、ヨーロッパでは「追及権(Resale Royalty Right)」という課題が生じている。これは、アーティストの作品が転売される場合に、作品の売価の一部をアーティストが得ることができる権利のことである。

　本提案では、作品の売買をブロックチェーンで行うことを前提としているため、二次取引だけでなく、それ以降のn次売買に関しても、取引の事実および取引価格の情報の把握が可能となる。つまり、売買価格に基づいて一定額を徴収し、それをアーティストに還元することが可能となるのである。

　さらに、このようにブロックチェーンを通じて、多くの作品の売買が行われるようになると、それに付加して、展覧会等への作品の貸し出しや出展の記録も、同じブロックチェーンで管理できるようになるが、このデータはそのまま公正な取引のプラットフォームともなるので、コレクターや美術館にとっても有益な存在となる。

8　おわりに

　以上、本章では、アート分野におけるデジタルアーカイブの先進的な取り組みを「どのようにアートの振興に貢献するのか」という視点から概観してきたが、最後にこれらの事例を横断する3つの検討課題を導出してみたい。

①　パフォーマンスアートのデジタルアーカイブ

　近年、アートの概念が拡張・多様化していく中で、デジタルアーカイブにおけるパフォーマンスアートの取り扱いも今後の課題となっていくであろう。パフォーマンスアートの起源を20世紀初頭の前衛芸術に遡って考えることもできるが、美術館におけるパフォーマンスアートの展示の歴史は1960年代からとなる。ただし、美術館におけるパフォーマンスアートのアーカイブは、これまでは記録された状態の資料(写真、映像等)が主であった。海外

では、英国のテート・モダンが2004年にスロバキア出身のローマン・オンダックの "Good Feelings in Good Times"（2003）を購入したことが、美術館におけるパフォーマンス作品のアーカイブの最初の事例とされている。日本では、2016年に国立国際美術館がアローラ＆カルサディーラの "Lifespan" を収蔵したことが、国立美術館では初めての試みであった。

　ところで、これらのパフォーマンスアートの「購入」および「収蔵」とは、具体的にはどのようにして行われているのであろうか。国立国際美術館の事例では、パフォーマンスの上演にあたっての指示書およびパフォーマンスに使用する小道具類が現物として収蔵されており、それらの収蔵品によって作品の再現性を担保している。このように、パフォーマンス作品の美術館でのコレクションとしての歴史はまだ始まったばかりと言わざるを得ない。パフォーマンス作品の収蔵、保管、展示のプロセスや考え方は、伝統的な絵画や彫刻とは異なる要素があるため、美術館等において専門家を育成・雇用した上で、詳細な研究が必要となろう。

②　プロジェクトのデジタルアーカイブ

　上述した「パフォーマンスアート」と同じように、アート作品のみならず、アートプロジェクトや芸術家の制作の行為そのものを残していくアーカイブも必要である。アートプロジェクトの実施に伴って、さまざまな文書や関連する写真および映像等が制作されることになる。ただし、プロジェクトが終了すると、これらの資料を保存する機関や場所の保障がないことから、多くが散逸してしまう懸念がある。

　具体的な事例としては、NPO法人アート＆ソサイエティ研究センターとアーツカウンシル東京（旧・東京文化発信プロジェクト）の共催事業『P+ARCHIVE（ピープラスアーカイブ）』の活動を挙げることができる。2010年6月から開始された同プロジェクトは、日本全国で開催されている「地域・社会と関わるアート活動」の記録集や、関連書籍・カタログ・資料などを収集・整理・公開している。また、寄託されたアート・プロジェクト資料を

アーカイブ化している。そして、そこからプロジェクト型のアート活動に適するアーカイブ手法を開発するとともに、その成果を全国のアートプロジェクト団体に発信し、プロジェクトのプロセスや参加者の関わりを記録し残していく支援を行っている[42]。

　実は、こうしたプロジェクトのアーカイブの課題は、組織の記録を保存・整理する「機関アーカイブ」と共通する。「機関アーカイブ」がしっかりと確立されていれば、その応用ができるはずであるが、日本では、美術館や博物館等のアーカイブ組織においては、自らの組織に関する資料の「機関アーカイブ」が存在しない、またはあったとしても極めてお粗末なものであるケースが多いのではないか。

③　テクノロジーの進化がもたらす弊害

　前述した通り、ブロックチェーン等のテクノロジーの進化はデジタルアーカイブに対しても大きな恩恵をもたらすことが期待される。しかしその一方で、テクノロジーの進化はデジタルアーカイブに甚大な弊害を及ぼす懸念もある。

　米国におけるサイバー法の第一人者でもあるローレンス・レッシグ氏は、『CODE──インターネットの違法・合法・プライバシー』の中で、人の行為をコントロールする要素として、法（Law）、社会の規範（Norm）、市場（Market）、アーキテクチャ（Architecture）の4つを挙げている[43]。このうち、法による規制は、完全な施行ができないけれども、かえってそのことが社会のための自由なコモンズを生んできたと、レッシグは考えた。一方、サイバー空間（インターネット）においては、アーキテクチャによる規制によって完璧な規制が技術的に可能となる、とレッシグは指摘している。レッシグはこれを「コードによるコントロール」と名付けたが、このことは実は社会のコモンズを阻害すると懸念している。

　この「コードによるコントロール」によって、実はデジタルアーカイブにおいて最も効率的で確実な「検閲」が実現することになるのである。例えば、デ

ジタルアーカイブにおいて、アート作品における幼児の裸、文学作品における差別語などが一切表示されなくなってしまうかもしれない。このようなアーキテクチャによる、新しいかたちの検閲は、表現の自由にとって極めて大きな脅威となりうる。

　現在、日本のアーカイブ政策はヨーロッパ等と比較して周回遅れの感が否めないが、逆にもはや伝統的なアーカイブ政策から思い切り遠い地点から発想して、新たにクリエイティブなチャレンジを展開していくことが期待される。本章がそのためのささやかなヒントになれば幸いである。

注
1)　ジャパンサーチ（https://jpsearch.go.jp/）（最終アクセス：2020年9月20日）
2)　文化遺産オンライン（https://bunka.nii.ac.jp/about/index.html）（最終アクセス：2020年9月20日）
3)　文化遺産データベース（https://bunka.nii.ac.jp/db/）（最終アクセス：2020年9月20日）
4)　e国宝（http://www.emuseum.jp/help/ja）（最終アクセス：2020年9月20日）
5)　所蔵作品総合目録検索システム（http://search.artmuseums.go.jp/）（最終アクセス：2020年9月20日）
6)　水谷長志（2016）「国立美術館の所蔵作家とは誰なのか」（https://www.momat.go.jp/ge/wp-content/uploads/sites/2/2015/01/20_pp.55-69.pdf）（最終アクセス：2020年9月20日）
7)　美術図書館連絡会（https://alc.opac.jp/search/help/about.html）（最終アクセス：2020年9月20日）
8)　全国美術館会議（http://www.zenbi.jp/data_list.php?g=87&d=120）（最終アクセス：2020年9月20日）
9)　ANA（https://www.ana-cooljapan.com/contents/art/）（最終アクセス：2020年9月20日）
10)　東京富士美術館（https://www.fujibi.or.jp/exhibitions/profile-of-exhibitions/?exhibit_id=4201704011）（最終アクセス：2020年9月20日）
11)　「MAKI-E・美の万華鏡展」展ムービーより（https://www.youtube.com/watch?v=_-Qt1uh-6aM）（最終アクセス：2020年9月20日）
12)　Google Cultural Institute（www.google.com/culturalinstitute）（最終アクセス：2020年9

月20日）

13）　「Google Cultural Institute で博物館・美術館（6館）との提携により、3D オブジェクトの展示開始」『カレントアウェアネス・ポータル』2015年4月13日（https://current.ndl.go.jp/node/28316）（最終アクセス：2020年9月20日）

14）　Smithsonian American Art Museum and Renwick Gallery（https://americanart.si.edu/exhibitions/burning-man）（最終アクセス：2020年9月20日）

15）　"No Spectators: The Art of Burning Man" at the Renwick Gallery（https://www.youtube.com/watch?v=S3knnUHdVfM）（最終アクセス：2020年9月20日）

16）　Adobe Blog（https://blogs.adobe.com/japan/adobe-stock-buyer-t-column-rijksmuseum-the-beauty-of-art-in-3d/）（最終アクセス：2020年9月20日）

17）　Paris Musées（http://www.parismusees.paris.fr/en/actualite/open-content-150000-works-from-the-museum-collections-of-the-city-of-paris-freely）（最終アクセス：2020年9月20日）

18）　Rijksmuseum Amsterdam（https://www.rijksmuseum.nl/en/rijksstudio）（最終アクセス：2020年9月20日）

19）　Maria Engberg（2016）"Digital Archives, the Museum and the Culture Snacker"（https://medium.com/the-politics-practices-and-poetics-of-openness/digital-archives-the-museum-and-the-culture-snacker-3103b767bce7）（最終アクセス：2020年9月20日）

20）　Rijksstudio（https://www.rijksmuseum.nl/en/mastermatcher）（最終アクセス：2020年9月20日）

21）　Rijksstudio（https://www.rijksmuseum.nl/en/rijksstudio/rijksstudio-at-the-bijenkorf）（最終アクセス：2020年9月20日）

22）Rijksstudio（https://www.rijksmuseum.nl/en/rijksstudio-inspiration）（最終アクセス：2020年9月20日）

23）　Rijksstudio（https://www.rijksmuseum.nl/en/rijksstudioaward）（最終アクセス：2020年9月20日）

24）　Getty Research Institute（https://www.getty.edu/research/tools/）（最終アクセス：2020年9月20日）

25）　Getty Research Institute（https://www.getty.edu/research/tools/vocabularies/aat/aat_faq.html（p.13））（最終アクセス：2020年9月20日）

26）　宮崎幹子（2004）「アメリカの美術館・博物館における情報資源の構築と活用　現地での実体調査を通して」『アート・ドキュメンテーション研究』11, 38（https://www.jstage.jst.go.jp/article/jads/11/0/11_KJ00003734773/_pdf）（最終アクセス：2020年9月20日）

27) Getty Research Institute（https://www.getty.edu/research/tools/vocabularies/ulan/faq.html（p.13））（最終アクセス：2020年9月20日）

28) 人文学オープンデータ共同利用センター「顔貌コレクション（顔コレ）」（http://codh.rois.ac.jp/face/）（最終アクセス：2020年9月20日）

29) Imperial War Museum（https://www.iwm.org.uk/about）（最終アクセス：2020年9月20日）

30) Imperial War Museum（https://www.iwm.org.uk/collections/film）（最終アクセス：2020年9月20日）

31) Imperial War Museum（https://www.iwm.org.uk/collections/search）（最終アクセス：2020年9月20日）

32) Imperial War Museum（https://www.iwm.org.uk/partnerships/iwm-short-film-festival）（最終アクセス：2020年9月20日）

33) 14-18 NOW（https://www.1418now.org.uk/）（最終アクセス：2020年9月20日）

34) 『彼らは生きていた』オフィシャルサイト（http://kareraha.com/introduction/）（最終アクセス：2020年9月20日）

35) 前掲注(34)より

36) 慶應義塾大学アート・センター「土方巽アーカイヴについて」（http://www.art-c.keio.ac.jp/old-website/archive/hijikata/）（最終アクセス：2020年9月20日）

37) 国際交流基金 "Performing Arts Network Japan"（https://performingarts.jp/J/art_interview/1008/1.html）（最終アクセス：2020年9月20日）

38) 室伏鴻アーカイブ（https://ko-murobushi.com/response/about/archive）（最終アクセス：2020年9月20日）

39) 本項は、太下義之(2017)「文化政策としてのアーカイブ——周回遅れからの逆転のために」『REAR』(39)をもとに執筆。詳細は、同文献を参照。

40) スタートバーン（https://startbahn.jp/about/）（最終アクセス：2020年9月20日）

41) 「ブロックチェーン」とは、暗号資産試算（仮想通貨）であるビットコインの中核技術として考案されたものである。取引の履歴を多数の分散型の台帳（コンピューター）で記録していく仕組みであり、新しい記録を追加する際に、既存の記録の「ブロック」にチェーン上にデータを追加していくことから、この名称で呼ばれている。

42) NPO法人アート＆ソサイエティ研究センター（https://www.art-society.com/parchive/history）（最終アクセス：2020年9月20日）

43) ローレンス・レッシグ著, 山形浩生・柏木亮二訳(1999)『CODE——インターネットの合法・違法・プライバシー』翔泳社, 157.

第3章

デジタルアーカイブ・ビオトープ
相互関与し複層化する、作品環世界

田尾圭一郎

1　はじめに

　デジタル技術の加速度的な発展により、美術作品のデジタルアーカイブが近年増えている。公共の美術館や民間企業、海外の各所から新しい事例が聞こえ、その取り組みも多様になりつつある。特に、2020年初頭に世界を襲った新型コロナウイルスの感染拡大は人々を外出自粛に追い込んだが、それは結果的にアート作品のデジタルアーカイブを急速に進めることとなった。これまで主だった「保管」から「利活用」による二次的創造へと、さらには作品をめぐる交流といった対話的創造へと、アーカイブとその派生的な取り組みは対象を広げた。デジタルアーカイブされた作品がまた次代の作品の素材となり、人に語られ、継がれながら多様化していく様子は、さながら種を増やしながら自生し育まれる「生態系（ビオトープ）」のようでもある。

　そこで本章では、デジタルアーカイブがいまどのように上記に記した多様な事例を有しているのかを、整理し俯瞰することを目的にしたい。第2項では「保管」を、第3項では「利活用」を目的とするデジタルアーカイブを紹介する。第4項で近年事例を増やしている立体作品のデジタルアーカイブを、第5項でコロナ禍に見られる対話型の取り組みを紹介し、第6項を総括としたい。

2 保管のためのデジタルアーカイブ

　世界的に見て、今日のデジタルアーカイブの対象となっている美術作品は、その大半が平面作品であり、広く一般に名画とされている近代までの作品である。アートファンでなくても一度は見たことのある、モネやフェルメール、ゴッホ……といった著名な画家の作品は、需要が高く著作権のハードルも低く、デジタルアーカイブしやすい。日本では、それら海外作家の作品群に加え、国宝級の日本美術 [1]――作品の価値が客観的に認められ、日本が優先的にアーカイブすべきとされるもの――を扱う事例が多い。後世に継ぐべきとされる作品を対象としたこのような「保管のためのデジタルアーカイブ」は、公共機関(主に美術館と博物館)に多く見られる。

2-1 非営利的な公共機関の取り組み

　西洋美術作品を中心に保管する日本の公共機関・国立西洋美術館はその所蔵作品をデジタルアーカイブしており、作品情報(作品名、作家名、制作年、素材、寸法、来歴や展覧会歴、文献歴など)と一部の作品図版を管理している [2]。これらはウェブサイト上の検索エンジンによって見つけ出すことが可能で、画像の解像度が追求されていないことと合わせ、「国立西洋美術館所蔵作品データベース」というサービス名称が示す通り、(アーカイブによる利活用よりも)デジタルによる記録保存を主旨としている、と考えられる。

　東京国立博物館の「研究情報アーカイブズ」[3]でも、所蔵作品の情報と画像を管理している。絵画、彫刻、刀剣などの幅広いジャンルを保管し、立体作品は複数の角度から、平面作品においても全体図と拡大図版など、一作品につき複数の画像をアーカイブしている。

　一方、地方自治体の公共施設の例としては、東京都歴史文化財団が挙げられる。江戸東京博物館、東京都写真美術館、東京都現代美術館、江戸東京たてもの園を所属している同財団は、「TOKYO DIGITAL MUSEUM」とし

てウェブサイト上で検索データベースを提供している⁴⁾[4]。このサービスも国立西洋美術館と同様、各館所蔵作品の情報(作品名、作家名、制作年、素材、寸法など)と一部の作品図版をアーカイブしており、記録保管を主旨としている、と言及できるだろう。

2-2 キヤノン「綴プロジェクト」

キヤノンが2007年より取り組んでいるデジタルアーカイブ活動「綴プロジェクト」は、企業メセナ協議会が主宰している「メセナアワード」において、特別賞「文化庁長官賞」を2019年度に受賞した[5]。10年以上続いているこのプロジェクトが、どのような発展を見せ受賞に至ったのか。デジタルアーカイブの先端的な事例の一つとして紹介したい。

文化財の保存と公開の両立を目的に始まったCSR活動「綴プロジェクト」は、キヤノンとNPO京都文化協会の協働事業として、これまでに51作品の国宝・重要文化財クラスの襖や屏風を原寸大で複製制作している。「海外に渡った日本の文化財」、「教科書に記載の多い文化財」であることを選定基準に据え、最終的には寺院や博物館、美術館、地方自治体などに寄贈される。

文化財のデジタル化は、キヤノンが製造するカメラの入力技術(画像データ取得)とプリンタの出力技術(複製制作)、京都の伝統工芸職人による加工技術によって実現される。施設外に持ち出すことなく保管されている現地で、デジタル一眼レフカメラで作品を分割撮影した後、画像処理しプリンタで出力。空気や調光が同条件となるその場で色合わせを行うことで、カラーマッチングの精度を上げている。

平面資料を中心とした綴プロジェクトのデジタルアーカイブは、さまざまな技術と工夫によってその高精細化を実現させている。その特徴は以下の通りである。

① 大型の機材ではなくデジタル一眼レフカメラを活用することで、撮影場所を選ばず(一般的にスキャニングに必要とされる)強い光を当

てずに撮影する。

②　文化財と撮影機材の距離を保ち、万が一倒れても影響が出ない距離
　　で撮影する。

③　保管されている施設から文化財を出さずに撮影から色合わせまでを
　　一元化することで、収蔵庫から出し入れする回数を極力減らす。

　本プロジェクトは、これらの特徴によりオリジナル作品への負荷を最小限
にしている。本プロジェクトが対象とする作品の多くは制作後に複製を寄贈
しているため、デジタルアーカイブされたデータは和紙に12色の顔料イン
クで原寸プリントされ、さらには職人によって金箔や表装・表具の加工が行
われて複製作品が完成する。

　この10年間において、2017年に撮影解像度が300dpiから600dpiに改善し、
デジタル化の精度が大きく向上した。これにより、スマートフォン（観察距
離15センチ）やタブレット端末の使用に求められる近距離の鑑賞にも対応で
きるようになった。キヤノン映像事務機事業本部で本プロジェクトの画像技
術開発を担当する蒔田剛氏は、解像度が600dpiになったことで「スタート地
点が定まった」と語る。つまり、オリジナル作品に対する複製精度が上がっ
たため、（中途な複製品を流布させることなく）和紙への出力やスクリーンへ
の投影など、用途に応じたデジタルデータの活用ができるようになったと言
う。

　例えば、キヤノンが2017年に東京国立博物館と協働した展示企画「びょう
ぶとあそぶ——高精細複製によるあたらしい日本美術体験」では、デジタル
データを大型スクリーンに投影し、作品のモチーフがインタラクティブに動
く体験型展示が行われた[6]。

　また、2018年10月には国立文化財機構 文化財活用センターとの共同研究
プロジェクトが発足。5作品[7]をデジタルアーカイブし、複製品の制作と活
用を行っていく。その一環として複製文化財の貸し出しサービスがあり、商
業施設のウィンドウ、ディスプレイや映画・ドラマなどの撮影小道具、空港

や貴賓室の調度品など、屋内に限り一般に貸し出している[8]。

　先に触れた文化庁長官賞受賞は、こういった技術向上やほかの組織との連携による取り組みが評価されてのことだ。綴プロジェクトの発展を経てキヤノンが目指す次の課題には、表面凹凸といった立体の再現やマネタイズが挙げられる。微細なマチエール（平面作品の表面テクスチャー）の表情は、光の入射角の違いによってさまざまな表情の変化を見せる。多角的な撮影によりデジタルデータ化はできたとしても、作品保護の観点から短時間でデジタルアーカイブ化を実現することがまだ現在の技術力では困難だとキヤノンの蒔田は言う。また、民間企業として継続的に活動を行っていくためには、マネタイズも検討していかなければならないのが現実だろう。

　まさに綴プロジェクトは、保管のためのアーカイブから利活用のためのアーカイブにまたがり、その用途を拡張しようとしている。

3　利活用のためのデジタルアーカイブ

　綴プロジェクトに限らず、近年、保管のためだけではなく、利活用を想定したデジタルアーカイブが増えている。アーティストの制作活動が先人の作品やクリエイティビティを礎にされるのだとすれば、利活用されることによってデジタルアーカイブはその意義をさらに大きくするだろう。そこで本項では、デジタルアーカイブが利活用されるためにどのような工夫がなされているのか。さらには利活用された結果どのようなサービスが広がっているのかを紹介したい。

3-1　利活用を促す機能

　2018年にリニューアル・オープンした愛知県美術館のウェブサイト[9]では、グスタフ・クリムトやエドヴァルド・ムンク、恩地孝四郎などの1,200点以上のパブリック・ドメインのコレクションを、デジタルアーカイブとして公開している。サイトでは、画像の拡大や（作品の色彩把握を助けてくれ

る）背景色の変更、ダウンロードといった機能が付与されており、デジタルデータの利活用を促している。この数は国内では最大規模となり、優れた好事例と言える。

　アムステルダム国立美術館のウェブサイト[10]では58万点以上の作品が「Creative Commons Zero（CC0）」[11]として公開されており、ポスターやキャンバスへの出力、細部の出力、ダウンロードを通してのプロダクト製作などへの転用を促している。関連する動向では、2017年にメトロポリタン美術館[12]がパブリック・ドメインの約375,000作品を、2018年にはシカゴ美術館[13]が、ウェブサイトのリニューアルに合わせて約4万点のパブリック・ドメインを開放した。どの美術館も基本的な作品情報と図版が記録されているのに加え、FacebookやTwitter、PinterestといったSNSへのシェアやダウンロードといったユーザビリティが優れている。

　また、2020年1月に約15万点の作品画像を無料開放したパリ・ミュゼ[14]は、著作権が残っている作品についても低解像度での利用を可能にした。上記にあるようなユーザビリティに加え、関連作品や同時代の作品も紹介しており、関心に沿って、作品の鑑賞や利活用が枝葉のように広がっていくことが誘起されている。これらから見られるように、ここ数年でデジタルアーカイブの取り組みが広がり、その目的が「アーカイブ」自体のみでなく、「利活用」にまで設計されるようになってきた。

3-2　利活用によるマネタイズ

　マネタイズの重視されることがより多い民間企業は、汎用性の高いサービスを提供している。スキャン（撮影あるいは印刷）技術を持った先に挙げたキヤノンや大日本印刷、凸版印刷といった企業が、その主な例である。以下にそれぞれの取り組みを簡単に紹介する。

　大日本印刷グループによる高精細複製画ECサイト「DNP Art Mall[15]」は、印刷事業に裏打ちされた出力技術、技術者による色調補正によって、西洋の中世から近代までの絵画作品、日本の近現代絵画作品を中心に販売している。

作家別、時代別、所蔵美術館別、モチーフ別といった複数の視点から作品選択が可能で、幅広い人に選択・購入しやすいサービスとなっている。

　複製プリントの販売やレンタルといったマネタイズには、さまざまな企業が取り組んでいる。これらの活動もデジタルアーカイブの一つとして、アートの裾野を広げ日常や生活へと浸透させることに一役を担っている。

　そのほかには、病院内のデジタルサイネージに印象派絵画を活用する医療機関や、絵画作品をスライドショー形式で壁掛けのモニターで見せる配信サービス業など、先陣を切った印刷関連の企業を追うかたちで、様々な業種がデジタルアーカイブへの参入を試みている。

3-3　平面作品を立体へと拡張する凸版印刷

　凸版印刷は独自開発したデジタルアーカイブ・システム「ETOKI システム」、「トッパンVR」をもとに、アーカイブに取り組んでいる。「ETOKI システム」は、屏風絵や日本画などの平面作品をデジタルアーカイブし、各細部のズームや詳細の解説といったETOKI（絵解き）を楽しむものである。代表的なコンテンツの一つである「大阪冬の陣図屏風」では、奈良大学文学部・千田嘉博教授のコメントとともにコンテンツを制作した。また、「トッパンVR」では城郭、寺社、遺跡などの貴重な建造物をCG技術によってVRとして再現し、スクリーンやモニターで上映している。東京国立博物館など国内18か所でトッパンVRのデジタルアーカイブが活用されており、元離宮二条城や熊本城、さらには現存しない江戸城や安土城などもコンテンツ化している。

　さらに、2018年に凸版印刷が発表した、フェルメールの《牛乳を注ぐ女》を360度の角度から鑑賞するインタラクション「ViewPaint フェルメール《牛乳を注ぐ女》」[16]は、絵画作品の鑑賞に新しい楽しみ方を提示している点で興味深い。同システムは透視図法を逆算して三次元空間として再現。絵画には実際に描かれていない部分にフェルメールのタッチや色彩を補足構築し、女性の頭上や背面を覗き込むなど、コントローラーを用いて自由に作品内の仮想空間を操作・鑑賞することができる。同社は「ViewPaint」を、同時期に

開催された「フェルメール展」(2018年、上野の森美術館)に合わせて印刷博物館で展示。企業CMでも紹介し、広報としても有効活用した。

3-4　多様なGoogle Arts & Cultureのサービス

　利活用の発展形として、ユニークなサービスを多彩に展開している事例として、「Google Arts & Culture」[17)]を取り上げたい。2011年にGoogleが、メトロポリタン美術館、ウフィツィ美術館、テートなど17の世界の美術館と連携して始めたデジタルアーカイブ・プロジェクトだ。徐々に機能が拡充され、作品画像のアーカイブにとどまらない、さまざまなサービスが用意されている。そのいくつかを紹介する。

①　オンライン展覧会

　Google Arts & Culture上では、さまざまなオンライン展覧会が開催されている。「モネはここにいた」では、Googleが持つ多彩なデジタルアーカイブと紐付けながらモネ作品を紹介。「モネのロンドン」、「モネのベニス」といったモネが訪れ作品を描いた場所を、歴史や現在のストリートビューとともに解説する5篇と、《睡蓮》や《サン・ラザール駅》といった代表作を、ナショナ

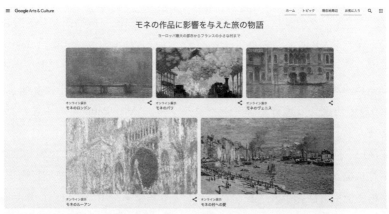

図1　「モネはここにいた」内の、モネが訪れた場所とともに作品を紹介する5篇

図2　ストリートビューで見るゴッホ美術館の様子

ル・ギャラリーのキュレーターが実際の鑑賞では困難な拡大図とともに解説する5篇とで構成されている(図1)。

②　ストリートビュー

　ストリートビューの機能によって、ニューヨーク近代美術館(MoMA)、オルセー美術館、メトロポリタン美術館、大英博物館といった世界各地の美術館・博物館を歩いてめぐることもできる(図2)。フランク・ロイド・ライトによる螺旋状の建築で知られるグッゲンハイム美術館など、その構造を見ることができるのも、ストリートビューならではの楽しみ方だ。

③　AR(拡張現実)・VR(仮想現実)

　ARやVRを活用した取り組みも複数用意されている。AR上で展示室を鑑賞できる「The Art of Color」は、色別に4種類[18]に分類された新旧の絵画作品を見ることができる。グスタフ・クリムト、ジャン゠ミシェル・バスキア、パブロ・ピカソ、フィンセント・ファン・ゴッホ、マーク・ロスコ、レンブラント・ファン・レインといった、一同に会すことのまず難しい新旧の作家が並ぶ。AR鑑賞の取り組みでは、ほかにもフェルメール作品36点を見ることができる「ポケットギャラリー」がある。

　GoogleのARプラットフォーム「Tango」は、デトロイト美術館とARによっ

図3 「Lumin」の使用イメージ（画像提供：デトロイト美術館）

てより深い作品情報を見ることができるコンテンツ「Lumin」を開発。スマートフォン「Phab 2 Pro」を実際の作品にかざして鑑賞することで、通常では見ることのできない動画、音声、写真などの情報にアクセスすることができる。例えば、エジプトギャラリーでミイラの棺に「Phab 2 Pro」をかざすと、その中にあるミイラの骨格などを透視できる（図3）。

　また、VRアプリ「Google Arts & Culture VR」では、VR専用のヘッドセット「Daydream View」を着用することで、近寄ったり音声ガイドを聞いたりと、架空の美術館を歩くように鑑賞することができる。

④　セルフィーと名画マッチング

　エンターテインメントとして作品鑑賞を楽しませてくれる機能もある。顔のマッチングサービス「Art Selfie」だ（図4）。アプリのセルフィー機能で自分の顔を撮影すると、自動で似ている作品画像を検索してくれる。意外な作品のモチーフが自分に似ていることを知ることができ、アートの裾野を広げてくれる事例である。

　Google Arts & Cultureは世界中の文化遺産をオンラインで紹介することを目的にしており、その機能やラインナップを拡充している。今後、ますます

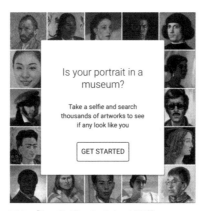

図4 「Art Selfie」のイメージ画像

の充実を示していくことが期待されている。

4 立体作品のデジタルアーカイブ

　これまで言及してきたデジタルアーカイブの対象は、絵画などの平面作品が大多数だった。キヤノンの蒔田氏が指摘するように技術的な課題や需要の障壁はあるものの、平面以外の作品——彫刻やインスタレーション、建築など——のデジタルアーカイブは、徐々にその取り組みが本格化してきている。3Dプリンタの参入により立体作品の複製製作は注目を集めているが、再現性にはまだ改善の余地がある。インスタレーションや建築は、彫刻にはない位置データもアーカイブする必要があるため、その入力作業はより複雑かつ膨大になる。

4-1 ADEACによるデジタルアーカイブの普及
　その中でも立体作品のデジタルアーカイブを推し進めようとする好例をいくつか紹介したい。TRC-ADEACは、過去の文献や図版、美術作品といった文化財のデジタルアーカイブを進める企業だ。同社は、開発したデジタルアーカイブ・プラットフォーム「ADEAC」を顧客に貸与し、比較的容易に高

機能のサービスを提供することに成功している。ADEACの特徴を、大きく3つ紹介しよう。

① アーカイブされた画像内の文字を、テキスト情報に変換できる。例えば古地図に書かれた地名や江戸時代文献のくずし字など、画像として認識されている文字や現代の人には読みにくいものもテキスト情報に入力し直すことで、我々の理解を容易にしている。またテキスト検索をする際に、それらのテキスト情報も検索対象となるため、一次情報として利活用しやすいかたちで、対象資料をデジタルアーカイブすることに成功している。

② ADEACを活用している各アーカイブ情報は、顧客施設(自治体や博物館、図書館)をまたがって保存されており、横断的な検索を容易にしている。これにより、ほかの施設に所蔵されている関連資料も同時にユーザーは知ることができるため、広範なリサーチが可能となる[19]。

③ 立体作品のアーカイブにも対応している。TRC-ADEACは、立体作品のスキャン技術を有しており、ADEAC内にその閲覧システムも内包している。ユーザーはモニター上でカーソルを動かすことによって、作品の左右上下、表裏を自由に確認することができる。平面作品に比べデジタルアーカイブがまだ汎用されていない現在、ADEACというプラットフォームによる立体作品のアーカイブは、事例の増加に寄与することが期待される。

4-2 3Dデジタルアーカイブ技術の汎用性

また、3Dのデジタルアーカイブ技術は、美術作品だけでなく建造物にも応用されている。2016年に襲った熊本地震によって倒壊した熊本城[20]や、2019年に火災により消失したパリのノートルダム寺院が、デジタルアーカイブのデータをもとに復元を目指していることは記憶に新しい。

和歌山県・高野山の花咲観音堂には、阿弥陀如来坐像のプラスチック製レプリカが安置されている。実物の仏像を3Dスキャナで計測後、3Dプリンタで出力したレプリカを着色し設置した。和歌山県では住民の高齢化や担い手の減少に伴い、仏像が盗まれるという事件が頻発していたが、これによって盗難のリスクが減少。プロジェクトを進めた和歌山県立博物館は、こうしたレプリカによる代替設置を「お身代わり仏像」とし、周辺エリアへの普及を進めている。

5　コロナ社会での双方向デジタルアーカイブ

　2020年、世界的な新型コロナウイルスの感染拡大により、外出自粛が叫ばれている。当初、自粛は約2週間（2月26日、安部首相発言）を目処とされていたが、徐々に感染は拡大。日本でも4月7日に緊急事態宣言が発令され、5月6日までの外出自粛が要請された[21]。だが、その後も第二波（自粛解除と活動の再開による2度目の感染拡大）やワクチン開発の難航を懸念し、2022年まで断続的な外出自粛が必要となる可能性を一部の研究者は示唆している。

　その渦中において、全国の美術館やギャラリーも内覧会などイベントの自粛や閉館を避けられず、我々はアート鑑賞の機会を失った。ある展覧会は会期中に閉館が決まりそのまま会期終了を迎え、また別の展覧会では展示準備は完了しているにもかかわらず開場できずにいる。もちろん来場客となる個人一人ひとりも、自宅に待機している中ではアートに接する機会を持てず、枯渇した状態でいる。

　その中で、展示作品を少しでも楽しんでもらおうと、アートにふれる機会をできるだけ多くの人に提供しようと、火急の事態を打破する前進的な取り組みが多く行われ、その結果としてデジタルアーカイブはわずか数週間のうちに爆発的に事例を増やした。本項では、その中でも注目すべき取り組みをいくつか紹介したい。

5-1 オンラインでの展覧会

　動画プラットフォーム「YouTube」を用いた展覧会場の紹介は、その簡便さから多くの展覧会が試みた。東京都写真美術館では、3月3日から開催予定だった「日本初期写真史 関東編」と「写真とファッション」の2つの展覧会が、新型コロナウイルスの影響で臨時休館となった。そこで同展はYouTubeで展覧会を紹介。「日本初期写真史 関東編」では担当学芸員による解説も行われた。こういった事例は同時期の展覧会に多く見られ、外出自粛している人にアートを届けた。

　アジアを代表するアートフェアの一つ「アート・バーゼル香港2020」や「アート・セントラル」が中止となった香港では、ギャラリーや美術館、オークションハウス、非営利団体から教育機関まで、香港の68もの美術機関が連合し、展覧会やイベントを紹介するオンライン・プラットフォーム「ART Power HK」[22]を立ち上げた。動画や解説文を中心に現地のさまざまなアート活動を紹介しており、香港という街の強い連帯を感じさせてくれる[23]。

　3月14日に開幕した「シドニー・ビエンナーレ2020」[24]も一時中止となったが、先に挙げたGoogle Art & Cultureで会場紹介や質疑応答などのコンテンツを展開し、世界で初めてのバーチャル・ビエンナーレを展開している。

　任天堂が2020年3月20日に発売した、無人島のバーチャル空間で自由に生活や遊びを疑似体験できるゲーム『あつまれ どうぶつの森』では、北京の私設美術館「木木美術館」がバーチャル美術館をオープンした。同館でこれまで開催されてきたデイヴィッド・ホックニーやルー・ヤンらの展覧会が再現され、自由に展示室をめぐり鑑賞することができる。またメトロポリタン美術館は、無料公開しているフェルメールやゴッホ、クリムトなどの約40万点の画像を、同ゲーム内にも開放[25]。島内の空間に、自分の好みに合わせて絵画を展示することができるようになった(図5)。プレイヤーはオンライン上でつながり島を行き来することができるため、ゲーム世界の中で展示を共有し、対話することも可能だ。

図5　メトロポリタン美術館の作品を展示した『あつまれ どうぶつの森』イメージ

5-2　対話的なデジタルアーカイブ

　文化芸術活動の維持のために、上記のようなアート業界自体だけでなくオンラインサービス側からも支援が試みられた。ドワンゴが提供するライブ・コメント機能を持つ動画配信サービス「ニコニコ動画」は、「ニコニコ美術館」[26)]という展覧会紹介ページを特設。臨時休館中の展覧会会場を紹介している。動画ではゲストが招かれ、学芸員とともに展示作品を解説。放送を見ている視聴者のコメントがリアルタイムで画面上を流れていき（これはニコニコ動画自体の最大の特徴でもある）、そのコメントにさらに会場の出演者が応答する。時には四択クイズなどが行われ、その場の反応で投票数は割れ、正解を選んだ視聴者の数に出演者と視聴者は一喜一憂する。仮にその放送を見逃した場合でも、一定期間であればアーカイブされた動画を視聴することができ、出演者による動画と当時のコメントが、再現されることになる。リアルタイムで対話鑑賞が進み、アーカイブされていく様子は、これまでの美術業界では見られなかった、刺激的な取り組みに感じられる。

　ニコニコ美術館の事例において、注目すべき点を2つ挙げよう。

　①　発信者／視聴者、視聴者／視聴者といった、（一方的でなく）双方向的なコミュニケーションまでもが、同時的に可視化されていること。これまでのリアルな対話鑑賞は、基本的には瞬間的な流れていく

もの（口頭でのやりとりやTwitterのタイムラインを思い出してほしい）だったのに対し、ニコニコ美術館では、コメントが可視化され、発信側と共有される。ここに、作り手と受け手の共犯関係が成立し、そのボーダーは極めて曖昧に、相互補完的になっていることが指摘できる。

② この双方向なコミュニケーション自体が、複層的なコンテンツの一部としてデジタルアーカイブされていること。アーティストの作品、展覧会会場の導線や空間、発信者の表情や発言、視聴者のコメント……といったコンテンツの諸要素がデジタルアーカイブの対象となることで、情報量と解釈はより多様になり、そしてそこから閃かれるクリエイティビティもより多彩になることが期待される。

　長期にわたる外出自粛は、文化芸術や人との対話が生活になくてはならないものであることを我々に痛感させ、その意義を示唆してくれた。YouTubeでの展覧会解説や『あつまれ どうぶつの森』、そして「ニコニコ美術館」といったこの時期の事例は、感性に訴える温かな取り組みが多い。これまで主だった画像や作品情報だけでなく、より人間的な情報（表情や身振り、コメントなど）がデジタルアーカイブの対象となることで、その利活用が広がることはもちろん、人間性豊かな創造や批評に発展することが期待される。

6　デジタルアーカイブの発展のために

　平面作品を中心に、複数の事例からアート作品におけるデジタルアーカイブのいまを見てきた。技術向上や社会の需要（新型コロナウイルスにまつわる数週間の外出自粛要請は、あまりにその発展を加速化させた）は、その目的を保管から利活用へと押し広げ機能を付帯してきたが、それらからうかがい知る通り、デジタルアーカイブ化する「インプット」としての技術と、それを利活用する「アウトプット」としての機能は、両輪となって今後事例を増や

す鍵となる。また、その両輪が進みやすいように道を整えるのが、著作権に代表される利活用の権利だ。技術・機能・権利——これらがどんな展望を見るのか、さらにはどんな将来像に寄与するのか。示唆を補足し、本章を締めくくりたい。

6-1　利活用を推し進めるための3つの課題

①　技術

デジタルアーカイブを推進する上で欠かせないのが、作品のスキャニングや温度・湿度・調光などの状態コントロール、そして紙やモニターなどへの出力といった技術だ。これらが総合的に高くなければ、高精度なアーカイブ作業は達成されない。また、それが多くの作品に適用されるためには、システムの簡便化や低価格化といった汎用性も求められるだろう。今後、マチエールの表現性向上や立体作品のスキャニングにフィールドを広げるためには、その両者を前進させる必要がある。

②　機能

例えば「劣化の著しい作品をアーカイブする」という目的は、作業として純粋性を有しており、アーカイブすること自体が目的になり得る。デジタルアーカイブが(特に日本において)これまで社会貢献の志を高く持つ一部の団体に限定されてきたのは、そこに(「デジタルアーカイブを実現した」という意味での功績と、「それが民間や一般に広まりきれていない」という意味での課題、という両面において)功罪の理由の一つが挙げられるだろう。技術の躍進によってアーカイブ自体のハードルがはるか高みではなくなりつつあるいま、より多くの作品が保管・利活用されるためには、アーカイブ自体の先にある、利活用のための機能を設計することが不可欠だろう。先に事例として挙げたような、作品画像のダウンロード、インタラクティブなサービスへの応用、そして複製画のレンタルや販売……といったものに加え、3Dへの応用や対話の発動を誘発する機能設計が、デジタルアーカイブのさらなる普

及を目指す上で重要になる。

③権利

　デジタルアーカイブ化された作品たちの権利も、課題の一つと言える。実際的な費用に限らず、その労力においても決して安価ではないアーカイブ作業をマネタイズして投資回収したい、という意図がはたらくのは、特に民間企業においては自然だろう。だがそれは一方で、使用権利の限定も意味する。近年では「インターネットの普及によって可能になった新しい創作と共有の文化を推進する」[27]フリーカルチャーの運動「クリエイティブ・コモンズ」が広がりを見せている。これらが定義する「CCライセンス」[28]は、権利の範囲を可視化することでデジタルアーカイブの利活用を促している。限定的に守られるべきアーカイブと、広く使われるべきアーカイブ。さまざまな背景やクオリティなどに合わせて、その選択肢が整理されるべきだ。

6-2 デジタルアーカイブという生態系の営み

　これまで、デジタルアーカイブをめぐる、作品画像や情報を保管する事例（第2項）、その利活用を促す事例（第3項）、そしてコロナ禍での人間性あるアーカイブの事例（第5項）を取り上げてきた。我々はこれらから、何を学ぶことができるだろうか。

　2025年に開催される日本国際博覧会の招致計画アドバイザーを務めた建築家・豊田啓介氏は、今後の世界認識は、デジタル上で展開される「情報世界（デジタル・ワールド）」、現実空間の「物理世界（フィジカル・ワールド）」、そして両者が共通認識するための「共有基盤（コモン・グラウンド）によって成立されるべきだ、と示唆している[29]。新型コロナウイルスの感染拡大と外出自粛によって、我々は自宅に籠もり長時間ノートパソコンに向き合いながらにして、さまざまな物をamazonで購入し、Twitterでトレンドを知り、google mapで擬似的に旅をしている。物理世界と情報世界の鏡像関係は、実生活における後者の比重が不可避的に大きくなることでその主従関係を揺る

がせ、(「鏡像」という言葉の通り)真に平行関係にならんとしている。

　その時、「実際の作品」と「デジタルアーカイブ」にはどういった違いがあるのだろうか。劣化を避け永続的に保管する、物理的な制約を越えた鑑賞機会を提供する……といった「情報世界」としての補完的性質だけでなく、多くの人に二次的な創造や広義的な創造をもたらす、その「共有基盤」として、デジタルアーカイブはその意義を拡張するのではないだろうか。Google Arts & Cultureや『あつまれ どうぶつの森』といった情報世界での創造や、「DNP Art Mall」や「お身代わり仏像」といった物理世界での創造といった、両世界の創造への自由な働きかけが、今後のデジタルアーカイブの重要な役割となる。

　また別軸では、オマージュやアプロプリエーションといった二次的創造や、批評や討論といった対話的創造にも言及することができ、デジタルアーカイブの利活用は縦横に広がる可能性を有している。「ニコニコ美術館」のように、物理世界と情報世界を同時的に行き来しながら対話的創造に歩まんとする事例も、表出し得るだろう。先に挙げたクリエイティブ・コモンズによる権利の自由(明示)化や技術の向上によって、デジタルアーカイブを利活用するための機能が充実すれば、次代の創造活動はより豊かになる。

　物理世界／情報世界、二次的創造／対話的創造といった交差する座標と、それらの共有基盤となるデジタルアーカイブは、まるで「生態系(ビオトープ)」のようである(図6)。我々は、陸上で枯れ葉や虫の死骸が腐葉土となって微生物を育て、次代の森を豊かにすることを知っている。一方で、水中では魚の排泄物をプランクトンが食べ、またそれを水生植物が吸収して、水質浄化しながら池を豊かにすることを知っている。陸上と水中をまたがって生活する生物もいるだろう。より俯瞰すれば、水が蒸発して雲となり、雨が陸上の草木を育てもする。多種多様な地形や鉱物、動植物が相互関与しながら、生死と変容を繰り返す、大きな環世界。デジタルアーカイブもまた、多様な世界や創造性と相互関与しながら、利活用され変容を繰り返し、次代のクリエイティビティをより豊かに育てることができるだろうか。

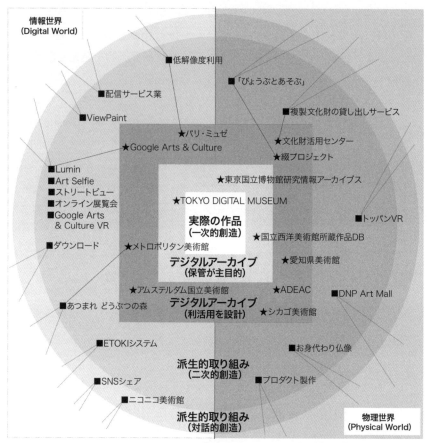

図6　物理世界／情報世界と、その共有基盤となるデジタルアーカイブ、さらにそこから派生する
取り組み（二次的創造／対話的創造）が成す、生態系（ビオトープ）の俯瞰図。実際の作品とデジタル
アーカイブ（保管を主目的にしたもの／利活用が設計されているもの。四角内に★で表記）を中心
に、デジタルアーカイブを活用した各取り組み（■で表記）を四象限で分類している。例えば「■びょ
うぶとあそぶ」は、物理世界で展開されている二次的創造のため、内側の円の右側に記載。また「■
ニコニコ美術館」は、情報世界で展開されている対話的創造のため、外側の円の左側に記載した。特
定のデジタルアーカイブに限定されている取り組みは、点線で連関を記載している。また、各取り組
みは、やがて二次的なデジタルアーカイブに変容し、さらなる派生的取り組みを誘発する可能性も
有している

7　おわりに──「デジタルアーカイブ」の終末

　本章は、2020年2月上旬に初稿を執筆したものの、その後の新型コロナウイルスの感染拡大と、それに伴うデジタルアーカイブの急速な変化を受けて、第5項を加筆。全体の構成や結論も変更して、5月上旬に再び書き終えたものだ。

　校了を直前に控えたいま（9月下旬）改めて読み直すと、その内容は久しく過去のことに感じられる。5〜9月の間にデジタルアーカイブをめぐる実験的な取り組みが多く行われ、筆者が知り得る限り2020年下期にも、興味深い事例がいくつか予定されている。それだけ目まぐるしいスピードで、デジタルアーカイブは変化と更新を繰り返している。

　それらからぼんやりと考えられるのは、「デジタルアーカイブ」という単語の終末である。情報世界での活動が増えたことで、「リアルの作品」→「デジタルのアーカイブ」という変換作業はアーカイブの選択肢の一つに過ぎなくなり、「デジタルの作品」→「リアルのアーカイブ」という逆転も増えるだろう。作品とアーカイブはその関係を「主従」から「並列」へと確実に移行し、互い（作品／アーカイブ、リアル／デジタル）の長所を活かした表現で補完し合う、広義の「作品」として環世界を形成するのではないだろうか。そんな妄想を踏まえると、「デジタルアーカイブ」は（リアルや作品を第一義とする）前時代的な単語にも聞こえてくる。筆者はその広義の作品世界を「創造の生態系（biotopical creativity）」と仮称し、その実態の探究が求められる社会となることを期待して筆を置きたい。

注
1)　明治以降、西洋美術が日本に知られるにあたり、それまで日本にあった書、浮世絵、工芸や民芸などは、（「西洋美術」に対しての）「日本美術」と呼ばれるようになった。「美術」という単語が用いられるようになったのも同時代であり、カテゴリの言語化と定義の拡張が一息に行われた。

2)　国立西洋美術館所蔵作品データベース(http://collection.nmwa.go.jp/artizeweb/search_1_top.php)(最終アクセス：2020年2月3日)

3)　研究情報アーカイブズ(https://webarchives.tnm.jp/imgsearch/index)(最終アクセス：2020年2月8日)

4)　TOKYO DIGITAL MUSEUM(https://digitalmuseum.rekibun.or.jp/index.html)(最終アクセス：2020年2月3日)

5)　2012年においても綴プロジェクトは、メセナ大賞部門「歴史をひもとく賞」を受賞している(https://www.mecenat.or.jp/ja/award/)(最終アクセス：2020年2月3日)。

6)　展覧会は東京国立博物館本館で2017年7月4日〜9月3日に開催され、約82,000人が来館した。

7)　岩佐又兵衛《洛中洛外図屛風(舟木本)》(国宝)、尾形光琳《風神雷神図屛風》(重要文化財)、酒井抱一《夏秋草図屛風》(重要文化財)、狩野長信《花下遊楽図屛風》(国宝)、菱川師宣《見返り美人図》。

8)　利用料金は、1〜7日間までで300,000円、以後1日ごとに10,000円。詳細の問合せは、独立行政法人国立文化財機構文化財活用センター企画担当(TEL：03-5834-2856、MAIL：cpcp@nich.go.jp)。

9)　愛知県美術館(http://jmapps.ne.jp/apmoa/index.html)(最終アクセス：2020年2月8日)

10)　アムステルダム国立美術館(https://www.rijksmuseum.nl/en)(最終アクセス：2020年2月8日)

11)　著作権者が自身の作品をパブリック・ドメインで使うことを認める場合に用いる表示。アムステルダム国立美術館のオープンデータポリシーは次を参照されたい(https://www.rijksmuseum.nl/en/data/policy)(最終アクセス：2020年5月4日)。

12)　メトロポリタン美術館(https://www.metmuseum.org/)(最終アクセス：2020年2月8日)

13)　シカゴ美術館(https://www.artic.edu/)(最終アクセス：2020年2月8日)

14)　パリ市内の14の美術館コレクションを管理する団体(http://parismuseescollections.paris.fr/fr)(最終アクセス：2020年4月12日)

15)　DNP Art Mall(https://dnp-artmall.jp/)(最終アクセス：2020年2月8日)

16)　凸版印刷(https://www.toppan.co.jp/news/2018/11/newsrelease181113.html)(最終アクセス：2020年4月5日)

17)　Google Arts & Culture(https://artsandculture.google.com/)(最終アクセス：2020年2月8日)

18)　「Reds & Browns」、「Yellow & Orange」、「Blues & Greens」、「Black White & Grey」

19) ADEACによる横断的検索は、同社のホームページ(https://trc-adeac.trc.co.jp/)(最終アクセス:2020年4月28日)から行うことができる。また、ADEACのアーカイブ情報は、さまざまな分野の機関と連携しながら国立国会図書館が運営しているデジタルアーカイブ検索サービス「JAPAN SEACH」(https://jpsearch.go.jp/)(最終アクセス:2020年4月28日現在、試験版)にも自動的に登録されるため、より広範な検索に活用されることとなる。

20) 熊本城では、熊本大学と凸版印刷が共同で、被災前に取得した櫓や石垣の3Dデータ約4万点をもとに、石材のあった場所を特定するべく修復作業を進めている。

21) 2020年5月4日時点において、緊急事態宣言は5月31日まで延長されることが決まった。

22) ART Power HK(https://www.artpowerhk.com/)(最終アクセス:2020年4月30日)

23) 同様の事例として、アメリカ・ニューヨーク市の80以上もの文化観光施設やコンテンツをまとめた「Virtual NYC」(https://www.nycgo.com/virtual-nyc)(最終アクセス:2020年4月30日)も挙げられる。

24) 22ND BIENNALE OF SYDNEY(https://www.biennaleofsydney.art/)(最終アクセス:2020年4月30日)

25) メトロポリタン美術館(https://www.metmuseum.org/blogs/collection-insights/2020/animal-crossing-new-horizons-qr-code)(最終アクセス:2020年5月2日)

26) ニコニコ美術館(https://ch.nicovideo.jp/niconicomuseum)(最終アクセス:2020年4月30日)

27) ドミニク・チェン(2012)『フリーカルチャーをつくるためのガイドブック――クリエイティブ・コモンズによる創造の循環』フィルムアート社.

28) 表示・非営利・継承・改変禁止の4項目の権利開放を、6段階で明示する定義とマーク。

29) 豊田啓介(2020)「今なぜあえて「スマートシティ」なのか」(『人は明日どう生きるのか――未来像の更新』NTT出版.

第4章

アートのデジタルコンテンツの権利処理にかかわる法的問題について

酒井麻千子

1 はじめに

アート作品のデジタル化や最初からデジタル環境で制作されるボーン・デジタルのアート作品の供給により、美術館や博物館に行き展示されたオリジナルを鑑賞するというだけではない、様々な作品鑑賞のあり方が生まれている。

例えば、美術館や博物館では、館内に設置されたモニターや観覧者のタブレット端末に展示作品の画像や映像が表示され、作品解説を見たり聴いたりしながら鑑賞することができる。またウェブサイト上では、開催予定の展覧会の企画紹介のため、展示作品の画像や映像が掲載されている。特に海外の美術館・博物館では、所蔵作品のデジタルデータの提供が増大している。Europeana、Gallica、ジャパンサーチのような国内外のデジタルアーカイブでも、作品や実演を撮影した画像や映像、音声データ、3Dデータ等、多岐にわたるデジタルコンテンツが収められ、ユーザーはいつでもそれらを閲覧可能である。

さらに近年、VR（仮想現実）・AR（拡張現実）技術を用いて、新たな作品鑑賞のスタイルを提案する展覧会や美術館・博物館も現れている。VR技術の場合、VRヘッドセット等のようなディスプレイやインターフェイスを用いて、自宅等の離れた場所から展示作品の鑑賞を疑似体験したり[1]、作品の内

部に入り込み細部を鑑賞する[2]など、通常の鑑賞態様では難しい鑑賞を行うことが可能になる。またAR技術を用いた展示では、オンライン上に掲載されている作品を現実空間に登場させる[3]、現実世界に存在する作品にスマートフォン等をかざすことで、ディスプレイ上で作品が動き出す[4]などといった、リアルとヴァーチャルが融合した形での鑑賞を楽しむことができる。

　他方で、上述のようなアート作品のデジタルコンテンツの利活用にあたっては、作品や実演の撮影・デジタル化や、データの編集加工、配信といった様々な行為が介在するため、アート作品の著作者やパフォーマー、デジタルデータやコンテンツの作成者等との間で、著作権や著作者人格権、著作隣接権について適切な権利処理が重要である。また、街頭撮影等で人が写り込んだ写真・動画をオンラインで公開する際には、肖像権等に配慮した運用が必要になる。

　本章では、まず、アートのデジタルコンテンツの利活用に際して求められる権利処理について、デジタル利用される素材の種類とそれぞれに及ぶ権利、権利処理の手法を概観し（第2項）、あわせてデジタルデータの作成者が持ちうる権利も検討する（第3項）。そして、以下の4つの事例について、権利処理の要否の検討を試みることとする（第4項）。

　　（A）アート作品やダンス等のパフォーマンスを撮影・録画してデジタル化し、自館のウェブサイトに公開する

　　（B）館内のモニターや来場者の携帯端末に作品のデジタルデータを表示して、作品の紹介・解説を行う

　　（C）ホームページ等に作品の紹介・解説記事とあわせて作品の画像データを掲載する

　　（D）VR・AR技術を用いて、アート作品等のデジタルデータを取り込み新たな表現を行う

2　デジタル利用される素材の種類と関連する権利の処理

　アートのデジタルコンテンツを制作する上では、利用対象となる素材の違いに注目する必要がある。すなわち、①絵画、彫刻、写真、映像といったアート作品は著作権法(以下「法」という。)上の著作権・著作者人格権[5]、②ダンス等のパフォーマンスは実演家の権利、③レコード音源や環境音の録音物等はレコード製作者の権利、とそれぞれ異なる権利が及び、個別に権利処理が必要である。さらに④街頭撮影等で人が写り込んだ写真や映像については、肖像権等の処理が求められる。以下、それぞれ検討する。

2-1　アート作品のデジタル利用と著作権・著作者人格権
2-1-1　権利存続期間を満了した作品・ライセンス付作品の自由利用

　多くのアート作品は著作物に該当し[6]、デジタル化して利用する場合、後述の著作権や著作者人格権を考慮して権利処理を行う必要がある。しかしこれらの権利は永続するものではない。2020年の段階で、少なくとも、1967年末までに亡くなった個人の著作物(映画の著作物を除く)、1967年末までに公表された団体名義の著作物、および1956年末までに公表された写真の著作物は著作権の存続期間が満了しており[7]、自由に利用することが可能である。

　また、権利者がクリエイティブ・コモンズ・ライセンス(以下「CCライセンス」という。)[8]等を用い、利用者に対して事前に一定の利用条件を示すこともある[9]。この場合、利用者は条件の範囲内で再配布や改変行為を自由に行うことができる。

2-1-2　アート作品のデジタル化・利用に関連する著作権・著作者人格権

　著作者[10]が有する権利は、著作者の財産的利益にかかわる著作権と、作品に対する著作者の思い入れやこだわり、社会的評価といった人格的利益にかかわる著作者人格権の2つに大別され、第三者による無許諾での著作物利

用を原則として禁止している。本章との関係で参照が必要な権利は以下の通りである（表1）。

表1　アート作品の利用時に主として問題となる著作権・著作者人格権

	該当条文	無許諾だと原則侵害となる利用例
著作者人格権	公表権（法18条1項）	未公表原画の公開
	氏名表示権（法19条1項）	氏名の非表示
	同一性保持権（法20条1項）	トリミング・明確な色調の変更
	著作者の名誉又は声望を害する著作物利用（法113条7項）	裸体画を風俗店の看板に利用し、著作者の名誉を害する行為
著作権	複製権（法21条）[11]	著作物の複写、録音、録画、デジタルデータ化
	上映権（法22条の2）	著作物のスクリーン・モニターへの映写
	公衆送信権（法23条1項）	著作物のウェブサイトへの掲載・端末への配信、著作物のサーバーへのアップロード
	翻案権等（法27条）	絵画のデジタルデータから動く絵画を制作　イラストから3Dデータを作成
	二次的著作物の利用に関する原著作者の権利（法28条）[12]	

2-1-3　権利制限規定

　著作権については、法30条から法48条にかけて権利制限規定が設けられており[13]、特定の利用目的や利用態様を満たす場合、利用者は無許諾で所定の方法で著作物を利用することが可能である。著作権制限規定のうち本章との関係で参照が必要な規定を挙げる[14]（表2）。

表2　アート作品の利用時に参照しうる権利制限規定

該当条文	無許諾で利用可能になりうる利用例
図書館等における複製等(法31条)	所蔵資料保存のためのデジタルデータ化
引用(法32条)	批評、研究目的での著作物利用
美術の著作物等の展示に伴う複製等(法47条)	美術館内でタブレット等の情報端末を用いた作品解説、展示作品のウェブサイト等での紹介

2-1-4　権利処理

権利存続期間が満了しておらず、また2-1-3で検討した権利制限規定にも該当しないような著作物利用の際は、著作権・著作者人格権の権利処理を行う必要がある。

多くの場合、権利者と利用者との間で、著作権譲渡や利用許諾、著作者人格権の不行使について契約を締結することで、著作物の利用が可能になる。権利者が不明な場合も裁定制度を使うことで著作物の利用が可能である。

(1)　著作権譲渡契約

著作権はその全部または一部を譲渡でき(法61条1項)、著作権者と利用者との間で著作権譲渡契約を締結することが可能である。内容や場所、時間の制限付きの移転や、個別の権利ごとの譲渡もできる。

なお、翻案権(法27条)や二次的著作物の利用に関する権利(法28条)が譲渡の目的として特掲されていない場合、これらの権利は譲渡者に留保されたものと推定される(法61条2項)。デジタルコンテンツの制作では、翻案権が絡む利用になることも多いため、譲渡契約を締結する際には「甲は乙に対して下記著作物の著作権を譲渡する(著作権法第27条及び第28条の権利も含む。)」といった形で契約書の条文中に記載する必要がある[15]。

(2) 利用許諾契約

利用許諾は一般に「ライセンス」と呼ばれ、著作権者は、他人に対し、その著作物の利用を許諾することができる（法63条1項）。権利者は、利用許諾に際して利用態様や場所、時期等の限定を付すことができる。

デジタル化やネット配信など、契約時には存在しなかった新たな著作物利用も含めて利用許諾されたと見るか否かについては、許諾時の著作権者の意思表示を合理的に解釈することにより判断される[16]。例えば、美術館と著作者との間で過去に交わした書面で原作品の展示のみを許諾していた場合、当時は存在しないネット配信等の利用までは許諾範囲に含まれないと考えられるため、新たに契約を結び許諾を得る等の処理が必要である。

(3) 著作者人格権不行使特約

著作者人格権は一身専属的な権利であり（法59条）、著作者本人のみが行使可能である。しかし、例えば翻案行為を伴う利用許諾契約が締結された場合、作品の改変は当然生じるため、これに対して著作者が同一性保持権の侵害を常に主張できるとすれば、著作物の自由な流通利用が阻害されうる点が問題となる。そこで実務では、著作権譲渡契約や利用許諾契約において、著作者は当該利用につき著作者人格権を行使しない旨の特約を挿入することが一般になされている[17]。

(4) 裁定制度

公表された著作物または相当期間公衆に提供されていることが明らかな著作物について、著作物利用者が「相当の努力」を払っても著作権者と連絡を取ることができない場合に、文化庁長官の裁定を受けて通常の使用料に相当する額の補償金を供託することで著作物の利用が可能になる（法67条1項）[18]。

2-2 実演のデジタル利用と実演家の権利

実演のデジタルコンテンツの利活用では、ダンスや演劇等の実演を撮影し、

デジタルデータとしてアーカイブに蓄積することや、撮影したデータを用いた3Dモデルの作成等が行われている。この場合、ダンスの振付けや脚本といった著作物の権利処理の他に、当該実演の権利処理が求められることがある。実演家の権利にも権利存続期間があり、期間を満了した実演が録画されているビデオ等は自由に利用できる[19]。

2-2-1 実演家の権利と権利制限規定

実演家に対しても人格的・財産的利益について一定の保護が図られている。本章との関係で参照が必要な権利は以下の通りである(表3)。

表3　実演の利用時に主として問題となる実演家の権利

	該当条文	無許諾だと原則侵害となる利用例
実演家人格権	氏名表示権(法90条の2)	CD・DVDジャケットへの氏名の非掲載
	同一性保持権(法90条の3)	声や演技の加工
実演家の著作隣接権	録音権・録画権(法91条)	演技の録画・デジタル化
	送信可能化権(法92条の2)	実演のアップロード

実演家の著作隣接権にはいわゆる「ワンチャンス主義」が適用されるため、例えば映画に収録された実演をデジタル化する場合、録音・録画権は及ばない(法91条2項)[20]。また、実演家の許諾を得て撮影された実演の録画をアップロードする行為も送信可能化権の侵害にはならない(法92条2項1号)。

また、実演家の著作隣接権には著作権と同様に権利制限規定が及ぶ。例えば資料保存のための実演のデジタル化や、実演の引用、観覧者への解説等を目的とした上映のための実演のデジタル録画も認められる(法102条1項・法31条・法32条・47条)。

2-2-2 権利処理

権利存続期間が満了しておらず、また権利制限規定にも該当しないような

実演の利用行為がある場合、著作権・著作者人格権と同様に、権利譲渡や利用許諾、実演家人格権の不行使特約等を用いて契約による処理が必要になる（著作隣接権の譲渡等を規定する法103条・法61条1項・法63条）。また、裁定制度の利用も可能である（法103条・法67条）。

2-3 レコード[21]のデジタル利用とレコード製作者の権利

例えばCD音源をデジタル化しコンテンツに組み込む場合や、環境音の収録データを使うサウンド・インスタレーションを制作したり、それらインスタレーションを美術館等で録画する場合には、当該音源や収録データを製作したレコード製作者の許諾を得る必要がある。レコード製作者の権利にも存続期間が定められており、期間を満了したレコードは自由に利活用可能である[22]。

2-3-1 レコード製作者の権利と権利制限規定

レコード製作者の権利のうち、アートのデジタルコンテンツの利用に際して参照が必要なのは以下の2つである（表4）。

表4　アートのデジタルコンテンツの利用時に主として問題となるレコード製作者の権利

	該当条文	無許諾だと原則侵害となる利用例
レコード製作者の権利	複製権（法96条）	レコードに固定された音源のデジタル化、音源を映像に収録
	送信可能化権（法96条の2）	音源データをアップロード

また、レコード製作者の権利にも権利制限規定が及ぶ。したがって、資料保存のためのレコードのデジタル化や、レコードの引用、観覧者への解説等を目的とした上映のためのレコードのデジタル化も認められる（法102条1項・法31条・法32条・法47条）。

2-3-2 権利処理

権利存続期間が満了しておらず、また権利制限規定にも該当しないレコードの利用行為がある場合、権利譲渡契約や利用許諾契約による処理が必要になる（著作隣接権の譲渡等を規定する法103条・法61条1項・法63条）。また裁定制度の利用も可能である（法103条・法67条）。

2-4 人物の写り込んだ写真・映像のデジタル利用と肖像権・パブリシティ権

偶然人の容貌や姿態が写り込んだ写真や映像のデジタル化・利活用を試みる際には、著作権等の処理だけでなく、肖像権の考慮も必要である。肖像権は明文規定がないが、人は、みだりに自己の容貌等を撮影されないということについて法律上保護されるべき人格的利益を有し、人の容貌等の撮影が違法と評価される場合は、その写真を公表する行為も上記人格的利益を侵害するものであるとされる[23]。

実際にどのような利用であれば違法にならないかについて、例えばデジタルアーカイブ学会法制度部会では、裁判例を参考に肖像権の判断基準を客観化して提示した肖像権ガイドライン案を策定・公開しており、参考になる[24]。

また著名人の写真を利用する際には、肖像権に加え、肖像それ自体の商業的価値に基づき肖像の顧客吸引力を排他的に利用する権利であるパブリシティ権の問題も生じうる[25]。多くのアーカイブ事業は非営利であり、また性質上特定の著名人の顧客吸引力を利用することは少ないと考えられるが、特定人のアーカイブを構築するなどの特殊な利用を考える場合は、本人の承諾を得て進めることが必要になる。また、無用な紛争を避けるため、遺族の承諾を得ることも考えられる。

3 デジタルデータの作成者と権利処理の要否

アート作品や実演をデジタルデータ化する際は、カメラマン等の撮影に

よってデジタルデータが作成されることが多い。また近年では、アート作品の3Dデータの作成等も行われている。その際、撮影者や3Dデータの作成者は当該画像・映像データや3Dデータについて何らかの権利を有するか否かが問題となりうる。

3-1 アート作品のデジタルデータの撮影者との関係で生ずる法的問題

絵画等の平面的な作品を忠実に再現するために正面から撮影しデジタル化する場合は、およそ撮影者の個性があらわれる余地がないため、当該写真データの著作物性は否定され、撮影者に対する権利処理は不要であると考えられる[26]。しかし、彫刻のように立体的な作品や、空間的な表現を含むアート作品を、被写体の配置・構図や光の当て方に工夫を凝らして撮影した場合には、元のアート作品とは別に、当該画像データや映像データについて撮影者の著作権や著作者人格権の処理を行う必要が生じうる[27]。特に、外部の企業等にデジタルデータの作成を発注する場合には、業務委託契約の中で著作権の譲渡および著作者人格権の不行使について明記する等の対応も検討しうる。

近年注目される動きとして、パブリックドメインにある作品を撮影したデジタルデータについて、所蔵美術館や博物館がCCライセンス等のライセンス[28]を用いて公開することが増大しており[29]、データの利活用が期待される[30]。

3-2 アート作品等の3Dデータの作成者との間で生ずる法的問題

立体作品をスキャンしてそのまま3Dデータにした場合、著作物や実演の複製物に該当し、3Dデータの作成者には何らの権利も発生しないと考えられる。したがって、当該3Dデータの利用に際しては、元の作品の著作者や実演家に許諾を取れば良い。しかし、例えばイラスト等の平面作品を立体化して3Dデータを作成した場合、当該3Dデータは、イラストの創作的表現を感得しつつ、立体化にあたって3Dデータ作成者の創作性が付与された二次

的著作物に該当する可能性がある[31]。この場合、当該3Dデータの利用に際しては、原著作物であるイラストと3Dデータ双方の権利処理の必要性を検討することになる。また3-1と同様に、3Dデータの作成を外部に発注した場合には、業務委託契約等の中で著作権および著作者人格権の処理を検討しておくことが望ましい。

　パブリックドメイン下にある作品を対象に3Dデータを作成する際、元となる作品を単純にスキャンして3Dデータ化する場合には、法的保護を与える必要性に乏しい[32]。他方で、平面作品の立体化や、滅失した作品の3Dデータを作成する場合には、データ作成者による付加価値が生ずるため、保護の必要性が検討されうると考えられる[33]。

　デジタルアーカイブとの関係では、特に文化財の3Dデータに関して、CCライセンス等を用いた無償公開が進められており、今後の活用が注目される[34]。

4　事例検討

4-1　アート作品やダンス等のパフォーマンスを撮影・録画してデジタル化し、自館のウェブサイトに公開する場合

　まず、当該アート作品の権利存続期間が満了しているかを検討する必要がある。期間満了の場合は、自由にデジタル化・ウェブサイトへの公開が可能である。あるいはCCライセンス等のライセンスが付与されている場合は、そのライセンス条件の範囲内で利用が可能である。

　権利が存続している場合、当該アート作品のデジタル化およびウェブサイトの公開に際して複製権[35]および公衆送信権が問題となる（2-1参照）。考慮しうる権利制限規定は美術の著作物等の展示に伴う複製（法47条）があり、展覧会情報を自館のホームページ等で告知する際に、必要な限度で作品のサムネイル画像を掲載することが無許諾で可能である（同条3項）[36]。しかし高解像度の画像を掲載するような場合には、原則に戻り権利処理が必要となる。

　次に、ダンスのパフォーマンスのような実演を録画してデジタルデータを

ウェブサイトに公開する場合、ダンスの振付けについて振付師の著作権・著作者人格権を考慮し、必要があれば権利処理を行うことが求められる。その上で、実際のダンスパフォーマンスについて実演家の録画権の処理が問題となる（2-2参照）[37]。考慮しうる権利制限規定は法102条・法47条があり、展覧会情報を自館のホームページ等で告知する際に必要な範囲であれば、デジタル録画・ウェブサイトへの掲載が無許諾で可能である。

　また、サウンド・インスタレーションで、テープやレコード等に収録された音を使って展示を行う際、展示会場を撮影して映像データをウェブサイトに掲載する場合や、実演の録画に際してレコード等の音源を利用する場合には、その音を収録したレコード製作者の権利について、複製権および送信可能化権が問題となり、必要に応じて権利処理が求められる（2-3参照）。考慮しうる権利制限規定は法102条・法47条があり、展覧会情報を自館のウェブサイト等で告知する際に必要な範囲であれば、デジタル録画・ウェブサイトへの掲載が可能である。

　街角のスナップ写真をデジタル化する場合や、実演の録画に一般人や有名人が映り込む場合には、ウェブサイトへの掲載時に写り込んだ人の肖像権およびパブリシティ権への配慮も必要となり、仮に肖像権等の権利を侵害する場合には、適宜公表に際してぼかし等の処理を検討することが必要であると考えられる（2-4参照）。

　外部の企業等にデジタルデータの作成を発注し、デジタルデータについてデータ作成者の権利が生じうる場合には、第3項で見たように、業務委託契約の中で著作権の譲渡および著作者人格権の不行使について明記する等の対応も検討しておく必要がある。

4-2　館内のモニターや来場者の携帯端末に作品のデジタルデータを表示して、作品の紹介・解説を行う

4-1と同様、まずは当該アート作品の権利存続期間および権利者によるライセンスの付与を確認する必要がある。

権利が存続しライセンス等も存在しない場合、作品のデジタル化およびモニターへの映写や携帯端末等への配信に際して、複製権や上映権、公衆送信権が問題となる（2-1参照）。考慮しうる権利制限規定は法47条で、観覧者に向けた作品解説のために必要な限度で、作品の画像や映像データを館内設置のモニターへ映写したり、スマートフォンやタブレット端末に対してデータ送信することが無許諾で可能である（同条2項）。なお、展示作品の画像データをただ映すだけでなく、「作者や作品と関連する画像（肖像写真、生家、画題となった風景など）を用いて解説音声を加え」るような態様で展示著作物の紹介や解説を行う場合は、法47条2項のいう「必要と認められる限度」を超えると想定されており[38]、原則に戻って著作権者の許諾が必要である。

　なお、街角のスナップ写真・映像を用いる場合や、外部企業にデータ作成を発注する場合には、4-1のような対応を検討することが望ましい。

4-3　ウェブサイト等に作品の紹介・解説記事とあわせて作品の画像データを掲載する

　4-1と同様、まずは当該アート作品の権利存続期間および権利者によるライセンスの付与を確認する必要がある。権利が存続しライセンス等も存在しない場合、作品のデジタル化およびウェブサイトへの掲載に際して、複製権や公衆送信権が問題となる（2-1参照）。

　考慮しうる権利制限規定としては引用（法32条）がある。公正な慣行に合致し、かつ報道、批評、研究その他の引用の目的上正当な範囲内であれば、公表済みの他人の著作物を無許諾・無償で引用して利用することができる（同条1項）。本章との関係では、作品の画像データを掲載しつつ作品解説等を行う場合の引用該当性が問題となるが、例えば美術全集収録論文において絵画の図版を許諾なく掲載した行為につき引用の成否が問題となった事例[39]では、読者の鑑賞の対象となりうる精度や大きさで図版を掲載し、また記述と図版が離れたページに置かれているような態様での利用につき、引用の成立が否定されている[40]。例えば高精細な画像データを利用した記事

を掲載する場合等には、必要に応じて権利処理の要否を検討することが望ましいと考えられる。

　なお、街角のスナップ写真・映像を用いる場合や、外部企業にデータ作成を発注する場合には、4-1のような対応を検討することが望ましい。

4-4　VR・AR技術を用いて、アート作品等のデジタルデータを取り込み新たな表現を行う

　VR・AR技術を用い、アート作品のデジタルデータを取り込んだコンテンツを制作する場合、4-1と同様、まずは当該アート作品の権利存続期間および権利者によるライセンスの付与を確認する必要がある。権利が存続しライセンス等も存在しない場合は、関連する著作権・著作者人格権について、適宜権利処理を進める必要がある。

　アート作品をデジタル化してVR・ARコンテンツに取り込む際には、まず複製権が問題になるが、VR空間上や、AR技術を用いディスプレイ上で、絵を動かす・色調を変化させる等の作用が生ずる場合、取り込んだ作品のデジタルデータに手が加えられるため、翻案権および同一性保持権も対象となる[41]。

　また、映画の著作物をデジタル化し、映画の世界観をVR空間に再現した上で、映画の内部で用いられた俳優の音声等を別途抜き出してデータ化し、観覧者に聞かせることで作品世界を追体験させるような利用を考える場合は、映画の著作物についての権利処理に加え、俳優＝実演家の録音権が及ぶ（法91条2項括弧書）ため、実演家の許諾を得る必要があると考えられる。

　人物の写り込んだ写真や映像等を用いる場合は肖像権への対応も必要になり、適宜許諾やぼかし等の処理を要する。また第3項で検討したように、立体作品の撮影データや3Dデータを用いる際、撮影者や3Dデータの作成者に著作権・著作者人格権が生ずると考えられる場合は、別途権利処理を行う必要がある。

　さらに、制作されたVR・ARコンテンツについて制作者の創作性があら

われていると考えられる場合には、VR・ARコンテンツに関する著作権や著作者人格権の権利処理を行う必要がある。VR・ARコンテンツの制作を外部に発注する場合には、業務委託契約の中で著作権の譲渡および著作者人格権の不行使について明記することが望ましいと考えられる[42]。

5　おわりに──さらなる利活用の促進へ向けて

　本章では、アートのデジタルコンテンツの権利処理について、具体例を挙げながら検討を行った。著作権・著作隣接権については、無許諾で可能な利用の射程と権利者の保護とのバランスを踏まえつつ、適切な権利処理を行うことが求められている。今後さらにアート作品や実演の利活用が多様になることが想定されるため、権利制限規定や裁定制度の整備も課題である。肖像権関連についてはまだ議論が始まったばかりだが、写真や映像のアーカイブ化の促進に向け、避けては通れない課題である。またデジタルデータの作成者との関係では、諸外国の議論も踏まえ、デジタル化のコスト負担とパブリックアクセスの確保を両立するための方策を模索する必要があると考えられる。

　そして、新たなコンテンツと作品鑑賞スタイルを提案するVR・ARコンテンツの制作および利活用に際しては、元となる作品や実演等のデジタルデータの権利処理に加え、VR・ARコンテンツ自体の権利処理も生じる可能性があり、円滑な利活用に向けた議論が必要である。今後も権利者の保護とのバランスを図りつつ、さらなるコンテンツの利活用の促進が望まれる。

注
1)　例えば、スミソニアン・アメリカ美術館はスマートフォンやVRヘッドセットを用いた作品鑑賞を提案している。Smithsonian American Art Museum（https://americanart.si.edu）（最終アクセス：2020年9月30日）。
2)　例えば、東京国立博物館が監修し、凸版印刷株式会社が制作したVR作品『日本工

芸の名宝　色絵月梅図茶壺・八橋蒔絵螺鈿硯箱』では、壺や硯箱の内側から意匠を
透かした姿といった通常では見ることのできない鑑賞体験ができると話題になった。

3)　例えば、Googleが提供するGoogle Arts & Culture（https://artsandculture.google.com）
（最終アクセス：2020年9月30日）の「アートプロジェクター」では、モネやゴッホ、
レンブラント等の絵画を、アプリを用いることで現実空間に展示することができる。

4)　例えば、2018年3月にせんだいメディアテークで開催されたARARTプロジェク
トの展覧会「動き出す美術館〜ARワンダーランド〜」では、絵画にアプリをインス
トールしたスマートフォンをかざすと絵が動き出すなどの新たな鑑賞体験を提案し
た。

5)　アート作品の多くは、絵が描かれたキャンバスや彫像といったオリジナル自体に
取引価値を有し、著作者とは別に、このオリジナルを購入し所蔵する者が存在する
ことが多く、アート作品の画像・映像データを作成する際、所有者の撮影許可が必
要となるなど、所蔵者の所有権との調整を要することがある。しかし所有権はあく
までもオリジナルという有体物の利用に際して生じる権利であるため、いったんそ
の有体物＝オリジナルを適法に撮影した後は、その画像・映像データの利用につい
て何らの主張もできないとされる（最判昭和59年1月20日民集38巻1号1頁（顔真卿
自書中告身帳事件））。

6)　著作物は法2条1項1号で「思想又は感情を創作的に表現したものであつて、文芸、
学術、美術又は音楽の範囲に属するものをいう」と定義されている。具体的な著作
物性の要件については加戸守行(2013)『著作権法逐条講義(6訂新版)』著作権情報セ
ンター, 21-24頁、中山信弘(2020)『著作権法(第3版)』有斐閣, 48-93頁等を参照。ま
た小島立(2011)「現代アートと法──知的財産法及び文化政策の観点から」『知的財
産法政策学研究』(36), 1-56頁以降では、現代アートの領域で、例えば真っ黒に塗っ
ただけのキャンバスが作品として提示される場合、当該作品が著作物といいうるか
につき検討を行っている。

7)　著作権保護期間の算定は複雑だが、詳細な検討を行うものとして、数藤雅彦・橋
本阿友子(2019)「著作権の諸問題(1) 保護期間満了(パブリックドメイン)の判断基
準」『デジタルアーカイブ・ベーシックス1　権利処理と法の実務』福井健策監修・須
藤雅彦責任編集、勉誠出版の17-47頁を参照。なお、著作者人格権は一身専属性を
有するため死亡により消滅するが、一定の場合には著作者の死後も人格的利益が保
護される（法60条）。著作者死亡後の著作者の人格的利益の保護については、著作者
の遺族(配偶者、子、父母、孫、祖父母、兄弟姉妹)や、遺言によって指定された者

（管理財団等）が権利行使可能である（法116条）。

8)　クリエイティブ・コモンズ・ジャパン「クリエイティブ・コモンズ・ライセンスとは」(https://creativecommons.jp/licenses/)（最終アクセス：2020年9月30日）参照。

9)　例えば、著名な写真共有サイトであるFlickrや動画共有サイトのYouTubeでは、自らの写真や動画を掲載する際にCCライセンスを選択することができ、利用者はCCライセンスが付された写真や動画を検索可能である。

10)　著作者の認定については中山・前掲注(6)の236-240頁参照。著作権は譲渡可能なので、著作者から権利譲渡された者は著作権者として権利行使できる。

11)　アートの世界では、いわゆるレプリカ製作の意味で複製という文言を用いることがあるが、著作権法にいう複製は、レプリカ製作だけでなく、オリジナルを撮影・複写してその画像データを作成し、増製することも指す。

12)　翻訳や脚色の末に創作された二次的著作物（法2条1項11号）を利用する際には、二次的著作物の著作権者だけでなく原著作物の著作権者にも許諾を得る必要がある（法28条）。

13)　著作者人格権も、一定の利用態様につき例外的に著作者人格権侵害とならない場合を規定する。例えば未公表の絵画のオリジナルを美術館等に譲渡した場合、オリジナルの展示の方法で公衆に提示することの同意が推定され（法18条2項2号）、作品展示が可能である。ただし、あくまで展示行為への同意を推定するだけで、この未公開作品をデジタル化してオンライン公開する（＝複製・公衆送信）といった他の利用方法による公表までは及ばず、原則に戻って著作者の許諾が必要になる。

14)　これに加え、著作権制限規定に基づいて著作物を利用する場合、利用態様に応じて合理的な方法で出所を明示することが義務付けられている（法48条）。

15)　また、契約時には存在しなかった新たな著作物の利用について法61条2項を類推適用できるかという点については、当時の法律の状況や業界慣行、契約の文言、対価等を踏まえて当事者の合理的意思を探ることになると考えられる。中山・前掲注(6)の522頁等を参照。

16)　島並良・上野達弘・横山久芳(2016)『著作権法入門（第2版）』有斐閣、242-243頁参照。また東京地判平成17年3月15日判時1894号110頁（キャロル・ラスト・ライブ事件）では、ライブのビデオ録画許諾が後年のDVD録画許諾も含むか否かが争われ、ビデオ録画許諾がなされた昭和59年当時に、20年後DVDが販売されることをも念頭に置いていたと解することはできないと判断している。

17)　なお、学説では著作者人格権不行使特約の有効性につき議論がある。中山・前

掲注(6)の584頁、島並ほか・前掲注(16)の119頁等を参照。

18)　裁定制度の具体的な手続きについては、文化庁著作権課「裁定の手引き～権利者が不明な著作物等の利用について～」(令和2年2月)(https://www.bunka.go.jp/seisaku/chosakuken/seidokaisetsu/chosakukensha_fumei/pdf/saiteinotebiki.pdf)(最終アクセス：2020年9月30日)を参照。

19)　実演家の著作隣接権は、実演を行った日の属する年の翌年から起算して70年を経過したときに満了する(法101条1項1号、同条2項1号)。また実演家死亡後の人格的利益の保護については、実演家の遺族(配偶者、子、父母、孫、祖父母、兄弟姉妹)が権利行使可能である(法116条1項)。

20)　ただし、映像から音声のみを取り出して録音物を製作する場合には、実演家の録音権が及ぶ(法91条2項括弧書)。

21)　著作権法では、レコードを「蓄音機用音盤、録音テープその他の物に音を固定したもの(音を専ら影像とともに再生することを目的とするものを除く。)をいう。」と定義しており(法2条1項5号)、厳密な意味のレコードだけでなく、スマートフォン等で録音したものも含まれる。また音源は限定されないため、楽曲等の著作物だけでなく、鳥のさえずりや電車の音等も含まれる。加戸・前掲注(6)の28頁、中山・前掲注(6)の687頁等を参照。

22)　最初にその音を固定した時に始まり、レコードの発行が行われた日の属する年の翌年から起算して70年を経過した時に満了する(法101条1項2号および同条2項2号)。

23)　判例は、ある者の容ぼう等を承諾なく撮影することが違法となるか否かについて、「被撮影者の社会的地位，撮影された被撮影者の活動内容、撮影の場所、撮影の目的、撮影の態様、撮影の必要性等を総合考慮して、被撮影者の上記人格的利益の侵害が社会生活上受忍の限度を超えるものといえるかどうかを判断して決すべきである」とした(最判平成17年11月10日民集59巻9号2428頁(法廷写真事件))。

24)　デジタルアーカイブ学会法制度部会「肖像権ガイドライン案」(http://digitalarchivejapan.org/bukai/legal/shozoken-guideline)(最終アクセス：2020年9月30日)参照。

25)　最判平成24年2月2日民集66巻2号89頁(ピンク・レディー事件)では、①肖像等それ自体を独立して鑑賞の対象となる商品等として使用し、②商品等の差別化を図る目的で肖像等を商品等に付し、③肖像等を商品等の広告として使用するなど、専ら肖像等の有する顧客吸引力の利用を目的とすると言える場合に、不法行為法上違法となるとした。

26) 加戸・前掲注(6)の125頁、中山・前掲注(6)の125頁等を参照。

27) カタログの商品写真について、被写体の組合せ・配置、構図・カメラアングル、光線・陰影、背景等にそれなりの独自性が表れていることから創作性を肯定したものとして、知財高判平成18年3月29日判タ1234号295頁(カタログ写真事件)参照。

28) CCライセンスには、自らの著作権を主張しないことを宣言するライセンスとして、CC0ライセンスが用意されている。また、美術館や博物館がデジタルコンテンツを公開する際に、著作権の有無や利用方法を表示することを想定して策定されたRights Statements (https://rightsstatements.org/en/)(最終アクセス:2020年9月30日)があり、アメリカのDPLA、EUのEuropeana等で運用が進められている。

29) 例えば、アメリカのメトロポリタン美術館では、2017年2月より同館が所蔵する作品のデジタル画像をCC0ライセンスで公開している(https://www.metmuseum.org/art/collection/)(最終アクセス:2020年9月30日)。またスミソニアン博物館を運営するスミソニアン協会は、「Smithsonian Open Access」で約300万点の2D・3Dの高解像度デジタルデータをCC0ライセンスで公開している(https://www.si.edu/openaccess)(最終アクセス:2020年9月30日)。日本でも、大阪市立図書館デジタルアーカイブ(http://image.oml.city.osaka.lg.jp/archive/)(最終アクセス:2020年9月30日)がCCライセンスを採用している。

30) 他方で、とりわけ高精細画像でのデジタル化には多額のコストが生じ、無償でのデータ公開や利用が難しいため、特に商業目的での画像利用の場合に、各美術館等に利用料を支払うことで利用可能とするような方策も取られている。例えば、DNPアートコミュニケーションズが手がけるDNPイメージアーカイブ(https://images.dnpartcom.jp)(最終アクセス:2020年9月30日)では、国内外の美術館・博物館が所蔵する作品の画像データを、利用目的や利用部数に応じた利用料を支払うことで利用できる。

31) 知的財産戦略本部 検証・評価・企画委員会 次世代知財システム検討委員会「次世代知財システム検討委員会 報告書〜デジタル・ネットワーク化に対応する 次世代知財システム構築に向けて〜」(平成28年4月)(https://www.kantei.go.jp/jp/singi/titeki2/tyousakai/kensho_hyoka_kikaku/2016/jisedai_tizai/hokokusho.pdf(32頁))(最終アクセス:2020年9月30日)参照。

32) 前掲注(31)の33-34頁参照。

33) 前掲注(31)の34頁参照。報告書では、創作性が付与される場合著作権による保護可能性が示唆されること、そうでなくても何らかの付加価値を生じさせたことに

ついて保護の可能性があることを指摘しているが、他方でこのような付加価値に現時点で保護をかけると自由なビジネス発展を阻害するおそれがあるため、利用の進展を踏まえて保護と利用のバランスを図るべきとの意見を紹介している。

34)　3DコンテンツのプラットフォームであるSketchfabでは、文化遺産の3DデータがCCライセンスを用いて公開されている。例えば、大英博物館のコレクションはCC-BY-NC-SAライセンスで公開されている（https://sketchfab.com/britishmuseum）（最終アクセス：2020年9月30日）。また、2020年2月にスミソニアン博物館を始めとする世界の27の文化機関が、Sketchfabのプラットフォームを用いて、所蔵するコレクションの3DデータをCC0ライセンスで公開している。詳細は、Sketchfab Community Blog, "Sketchfab Launches Public Domain Dedication for 3D Cultural Heritage", 2020/2/25（https://sketchfab.com/blogs/community/sketchfab-launches-public-domain-dedication-for-3d-cultural-heritage/）（最終アクセス：2020年9月30日）。日本では、例えば東大阪市文化財課がSketchfabを利用して、市内の文化財の3DデータをCC-BYライセンスで公開している（https://sketchfab.com/higashiosaka_bunkazai）（最終アクセス：2020年9月30日）。

35)　作品をデジタルデータとして公開する場合は、通常は元の作品に忠実にデジタル化するため、色調の変更やトリミングは少ないと想定されるが、もちろんこれらが発生する場合は翻案権・同一性保持権も問題となる。

36)　法47条については、一般社団法人日本美術家連盟等により、2019年1月22日に、権利者の権利保護と利用の円滑化に向けた「美術の著作物等の展示に伴う複製等に関する著作権法第47条ガイドライン」が策定されている（https://www.j-muse.or.jp/02program/pdf/chyosakuken47guide.pdf）（最終アクセス：2020年9月30日）。例えば、無許諾で掲載可能な画像データの大きさは32,400画素以下とする、といった基準が示されている。

37)　なお、法92条の2第2項により、実演家の許諾を得て撮影された実演の録画データをサーバにアップロードする行為は送信可能化権の侵害にならない。また、既に実演家の許諾を得て録画された実演が記録されたビデオテープ等をデジタル化しウェブサイトに公開する行為については、実演家の権利は問題とならない（振付け等の著作物についての権利処理は生じる）。

38)　前掲注(36)の「美術の著作物等の展示に伴う複製等に関する著作権法第47条ガイドライン」参照。

39)　東京高判昭和60年10月17日無体集17巻3号462頁(藤田嗣治絵画複製事件)参照。

40) なお、本件も含め、従来の引用の解釈では引用著作物と被引用著作物の間の①明瞭区別性と②主従関係(附従性)の2要件が重視されており、絵画の引用利用の場合は特に②の主従関係を満たしづらいと考えられていた。しかし近年の裁判例では、引用の目的や、方法・態様、被引用著作物の種類や性質、著作権者に及ぼす影響の有無・程度等を総合考慮して引用を判断するものも登場しており(例えば美術品鑑定書へ絵画のカラーコピーを添付する行為の引用該当性が争われた事案(知財高判平成22年10月13日判時2092号135頁(美術鑑定書事件))を参照)、今後の判断の蓄積が待たれる。

41) 特にAR技術を用いて、絵画にスマートフォン等をかざしディスプレイ上で作品鑑賞する場合に、問題の絵画はカメラレンズを通してそのまま表示され、ディスプレイ上で絵画の近くに解説がポップアップしたり、対となる別の作品が表示されるような場合には、問題となる絵画自体に直接複製や翻案等の利用行為が生じていないとも考えうる(しかし、カメラをかざす場所によっては、両者が重なって見える可能性もある)ため、権利処理の要否が問題となる。この点について翻案権および同一性保持権侵害の可能性を検討するものとして、関真也(2019)「拡張現実(AR)を巡る著作権法上の問題に関する基礎的考察(特集:リアルとバーチャルの融合を巡るコンテンツの知的財産問題)」『日本知財学会誌』15(3), 5-14頁参照。

42) あるいは、受注側である事業者等がコンテンツの利活用を柔軟に行うために、発注側と受注側の共同著作として双方に著作権が帰属するような対応も検討されうる。文化財の観光利用に向けてAR・VRコンテンツを作成するにあたり、著作権の管理に言及しているものとして、文化庁文化財部伝統文化課「文化財の観光活用に向けたVR等の制作・運用ガイドライン(平成29年度版)」(2017年2月)(https://www.bunka.go.jp/tokei_hakusho_shuppan/tokeichosa/vr_kankokatsuyo/pdf/r1402740_01.pdf(28頁))(最終アクセス:2020年9月30日)等を参照。

デジタル技術と
アート現場のDA

第5章

メディアアート領域にとっての
デジタルアーカイブ
国内外の動向

森山朋絵

1　はじめに

　ほんの少し前、主に情報学の見地から「時代の特異点」についての議論が社会を賑わしていたのも記憶に新しい2020年代の幕開けにおいて、想定外の速さで大きな渦が私たちの社会を取り巻き、押し流すように動き出しつつある。それはアトムからビットの時代への展開をよそに世界のどこかで絶えまなく戦闘が勃発し続けるのと同様に、天災であったりCOVID-19のような疫病であったり、いにしえから時代の特異点を形成してきた要素と驚くほど変わりがなく感じられる。また、研究者たちの警鐘はありつつも好景気に支えられたデジタル化の波に乗って、その恩恵を謳歌しようと牧歌的に邁進した時代のあとだからこそ、これからも「デジタルアーカイブ」の重要性と意味とを意識し再考を続けることが必要だと実感させられる。

　非常にざっくりとした定義で「有形・無形の文化資源（文化資材・文化的財）等をデジタル化して記録保存を行うこと」であるとされてきた「デジタルアーカイブ」に対して、日本では主に1950年代の前衛芸術グループに戦後の源を持つとされる「メディアアート（media art）」は深く関係しており、かつて筆者はメディアアートを「主に複製芸術時代以降のメディア（コンピュータや

エレクトロニクス機器等)を用い、双方向性、参加体験性等を特徴として表現される芸術領域である」とカテゴライズした(「国立メディア芸術総合センター基本計画」[1])。媒体の変容に伴い変化し続ける領域であるだけに、これに限らず複数の定義が並列し議論が続く現状は踏まえつつ、本章では、メディアアート領域にとってのデジタルアーカイブについて、先述のような文字通りの「不確実性の時代」において求められるものは何か、国内外で進捗しつつあるタイムベースト・メディアによる作品収蔵や、人工現実感や超高精細画像により普及の待たれる「空間アーカイブ」の可能性も含め、展示や収蔵の現場から考察する。

2　海外の動向、2つの先行事例

　アートにおけるデジタルアーカイブについて議論していたある会合で、そもそも、ある芸術作品を後世に美術資産として遺さねばならないという命題こそが、近代芸術のしがらみから逃れられていないのではないか、という質問をぶつけられたことがある。例えばフルクサスによる、時とともに流れ去るパフォーマンスを完全記録しようとすることは皮肉である、というのである。もちろんこれは一面的でややナンセンスな言説であるが、メディアアートに関していえば、それは少なくとも「近代芸術のしがらみ」からはある意味で一線を画していた領域だと言えるかもしれない。なぜならそれはメディアテクノロジー史をノンリニアに往来しつつ実現されるもので、その戦後における源は「アバンギャルド」だったからである。

　パーソナルコンピュータが一人ひとりに普及し、メディアアート領域の催事が世界各地で多様に展開され始める時代以前においては、特筆すべき先駆的かつ大規模な国際フェスティバル・学会として、北米・カナダにおけるACM SIGGRAPH(全米電算機学会、コンピュータグラフィックス＆インタラクティブテクノロジー分科会)の年次大会と、ヨーロッパにおけるArs Electronica(アルスエレクエトロニカ・センター／グランプリ／フェス

ティバル／フューチャーラボ）の2つが、アーカイブを含む活動全体にデジタルテクノロジーを早期から応用し、世界をリードする存在であった。この2つにおいては、早期から日本のすぐれたアーティストや研究者が発表や展示を行い高く評価されてきたが、筆者自身はACM SIGGRAPH（1974年に第1回会議開催）に1990年代初頭から参加し、ロサンゼルス大会やボストン大会の審査員・査読委員や企画コミッティーを経て、第1回アジア大会（SIGGRAPH ASIA2008 in Singapore、2008年）のプログラム議長（Art Galleryおよび Emerging Technologies の2部門）を務める機会を得た。また、オーストリア・リンツ市で1979年に創始された Ars Electronica（1987年にコンペティション Prix Ars Electronica 創設）には、2000年代初頭から審査員や特別展の企画者として参加してきた。これら2つのフェスティバル・学会に内部から参画し、彼らと事業を創り上げていく過程で知りえた、デジタルアーカイブに対するそれぞれのアティテュードは、ごく自然で普遍的なものであった。すなわち「デジタルアーカイブの構築と成立は1つの目的でもあるが、それは同時に必然性のある道具であり、それ以上でも以下でもない」という、淡々とした実践的な取り組みの態度である。その姿勢は、同じく2000年代初頭から半ばまで、文化庁派遣により筆者が滞在した独カールスルーエのZKM（Zentrum fur Kunst und Medientechnologie, Karlsruhe）およびマサチューセッツ工科大学（MIT Media Lab.）、またカーネギーメロン大学（STUDIO for Creative Inquiry）、ゲッティ研究所でも同様であった。これらはすべて、研究機関と展示機関を兼ね備えたアート領域を含む複合文化施設的な機関であり、常にアーカイブ手法の開発と結果の展示・評価が一連の流れで同居していた。だからこそ、特に前述の2つは「世界中が競って開発したコンピュータ理論やテクノロジーを他国に先駆けて発表し実装する場としてのアート展示や技術展示」と、「欧州各国のITコンサルも手がけるフューチャーラボという研究機関を備えたコンペティションやフェスティバル」として、どちらも展示や研究の現場で求められるアーカイブ手法をリアルタイムに開発・実装・実験する場となり、重要な役割を果たしてきたわけである。

これら2つに携わりつつ筆者が間近に見たファクトは、下記の通りである。1993年のSIGGRAPHアナハイム大会では、今日ビッグデータによるデジタルアーカイブの手法としても期待され研究と実践が続く人工現実感(VR)テクノロジーについて、既に「Tomorrows Reality」と題した広い展示空間が用意されており、スコット・フィッシャーやマイロン・クルーガーといった先駆者たちが、クリスタ・ソムラー&ロラン・ミニョノーら若手作家とともに、参加体験型の人工現実感(VR)、または当時そう呼称されていなかった拡張現実感(AR)の展示を展開していた。世界最大のコンピュータグラフィックス学会であるから、初期よりすべての展示や論文はデータ化されたオンラインアーカイブSIGGRAPH Digital LibraryでACM会員に限定公開され、大会に参加して展示の記録をフィジカルに持ち帰りたい参加者は厳しいプレス申請でカメラ許可を得るか、VideoPreviewパッケージを買って持ち帰る(2000年代半ばにはプラットフォームがDVD化され、現在はオンラインだがプレミアクラスにはまだUSBメモリを提供)のがベストな情報共有の方法であった。それがあっという間にビット化された——今やどの国際会議でもデフォルトになったが、SIGGRAPHでは筆者ら議長が十数名の査読者を世界中からアサインするのも、査読者がコンフリクト調整を含めてジャッジするのも、インターネット環境が国際的に安定するのとほぼ同時にすべてオンラインであったから、従事するようになったごく初期には、どこか見知らぬ虚空に、大変な量塊を持った重い情報そのものが物理的に浮かんでいるアーカイブのイメージを持ったほどである。

　一方でアートに軸足を持つArs Electronicaは、上オーストリア州とリンツ市、国営ラジオ局が共催する事業として独創的な活動を展開してきた。2009年の欧州文化都市指定を契機に、旧センター建物の上に情報表示が可能なLEDディスプレイの外壁をかぶせ、ドナウ河の下に地下ギャラリーを拡張して新センターを開館し、メディアアートによる1つの都市=鉄鋼ひとすじであったリンツ市の再生を体現してみせた成功例でもある。欧米どちらもまだ現地には日本語環境のPCがなかった時代に、Ars Electronicaはすべ

ての作品・催事をデータ化し、展示も国営放送スタジオでの授賞式の様子もすべて、動画をデータ化して蓄積していた。2008年に東京大学Campus展を現地で開催し、2009年に「サイバーアーツジャパン――アルスエレクトロニカの30年」展(東京都現代美術館)を開催した際には巨大な外付HDDで借用していたそれらのアーカイブデータが、2010年代初頭にはArs Electronica Archiveとして創設時から年毎に整備オンライン化され、記録写真はflickerやInstagramで公開、毎年2種類刊行される重厚な有料書籍もなんとpdfで無償ダウンロードできるようになり、その変容はかつての関係者らに驚きを与えた。ブルックナー音楽祭へのカウンターである電子音楽祭として開始され、年次テーマも、世界がまだネット環境の到来を知らないうちに「Welcome to the wire world」と題され、ネットが一般化し始めると「Unplugged」とされたように、常に近過去や周囲に問題提起を唱える前衛=アバンギャルドの姿勢を持っている。旧センターの時代から、そこにはリンツ市の地図情報アーカイブ画像の上を飛行できるVR作品が常設され、イマーシブな多面体空間の中に作品・情報を表示する装置CAVEを備えていた。創始者の一人ハンネス・レオポルドゼーダーは、日本での現代美術とメディアアートの歴史的断絶について、前出企画展で来日の際「アート&テクノロジーではなく、アート&テクノロジーと社会、と言うべきだ」とシンポジウムで発言している。1995年にピーター・ヴァイベルを継いだ芸術監督ゲルフリート・シュトッカーのもと、筆者が審査に携わっていた2004年にはあのcreative commonsに、2005年にはprocessingにグランプリを授与した。いずれも社会の動きを敏感に反映し、ある種のデジタルアーカイブを構築するのに不可欠な「共有」の概念に関わるものだが、理解ある審査の場においてさえ、いまやごく普通に浸透しているそれらへの授与が、いわゆるアート作品とは違うということから当時大きな議論となったのを記憶している。

3 日本における源流と近年の動向

　一方、日本では1950─1960年代という早期に、今日のメディアアート学生が発想し試みるような、創造ではなく生成によって成立するコンピュータアート作品やセンサーによるインタラクション作品、データのドキュメンテーションに基づくデジタルアーカイブ的な作品や概念の多くが既に萌芽を見せている。近年、AIによる芸術の創造が注目を集め多くの論議を呼んだが、2011年に前出の独ZKMで個展が開催され、人工知能美学芸術研究会の中ザワヒデキ・草刈ミカらによる「人工知能美学芸術展」（2017─18年、OIST沖縄科学技術大学院大学）でも作品が展示された美学者の川野洋は、1960年代前半にデジタルコンピュータによって作品を制作している。また、ケネディやモンローなどポップアートのアイコンをXYプロッタで描画したCTG（Computer Technique Group、幸村真佐男、槌屋治樹ら）は、個展「コンピュータ・アート展“電子によるメディア変換”」（1968年、東京画廊）によって抜擢され、「サイバネティック・セレンディピティ」展（ICA、ロンドン、1968年）で国際的に評価を得た。しかし、それより遡る1950年代に結成された前衛グループ「実験工房」の中心的メンバー山口勝弘による数々の創作と彼の概念とは、現代における芸術作品群がデジタルアーカイブに密接にかかわることを予見している。彼の「20世紀芸術論」や「総合造形原論」（於：筑波大学）講義録では「芸術の情報化」について再三言及があり、1992年の著書「メディア時代の天神祭」[2)]では、「第III章　メディア都市回廊　限りなく実体から遠ざかるときへむかう」、「第IV章　もうマテリアルやめてもいい」などの章タイトルからも、彼が物質を離れ「芸術を情報としてとらえる」ことを強く意識していたことが窺える。

　日本における最も早期の映像メディアの総合文化施設として、「東京都映像文化施設（現・東京都写真美術館）」がある。山口勝弘の提唱した「イマジナリウム」という概念を設立理念の一部に含む映像メディアの文化施設として、同館の中に「映像工夫館（映像展示室）」というスキーム・展示シリーズを設け

ることが1988年から準備された。筆者は1989年から学芸員として同館の設立に携わり、設置企画委員であった山口らのコンセプトを実現するかたちで、第一次開館・総合開館(1990／1995年)を経て開館10周年以降まで、50本を超える映像展・ワークショップを企画実施した。同館は国内外の映像メディアに関する情報を集積するという基本理念を持っており、2000年には当時の高速ネットワークでNTTの研究所と東京都写真美術館のパブリック空間を結んで、日本の映像メディア史・先駆者作品をデータベース公開する「マルチメディア・アーカイブ実験2000」を実施している。それは藤幡正樹・桂英史の企画により、NTT各社およびIAMAS、日経映像、ビデオギャラリーSCANの協力を得て、館2階ロビーにある端末で来館者が好きなコンテンツを選び、武蔵野のNTT研究所から電送されてくる作品や記録映像を鑑賞するというスタイルであった。開館当時、プロジェクションマッピングという呼称はまだ成立していなかったが、これも早期の試みであった同館の開館記念イベント「大型映像プロジェクション　ホワイト・シャドウ」の記録映像もそこで公開された。このプロジェクトは、公立美術館でのリアルタイム映像アーカイブ配信の実証実験として、ごく早期の試みに位置づけられると言えよう[3]〜[5]。

　前出の山口勝弘は造形作家フレデリック・キースラーのいう「テレ・ミュージアム」に影響を受け、1975年から『イマジナリュウム』という「文化空間」を構想し、1977年に「イマジナリウムの実験」、1981年に「イマジナリウム」を執筆している。これは今日的に言えば多様なメディアテクノロジーを援用した文化施設・情報の集積であり、さらに遡ると1970年の大阪万博で彼がプロデュースした三井グループ館「スペース・レビュー」も観客を巻き込む「イマジナリウム」の1つの実験として考えることができる。また、岡本太郎の《太陽の塔》の内部コンセプトを手がけ、山口とも交流のあった小説家の小松左京も、1979年の小説の中で、今日サイバースペース上に展開されている映像アーカイブ空間の発想の先鞭とも言える「体験美術館」を描写している。

こうしてメディアアートの草創期・飛躍期を経た1990年代に、東京都写真美術館・映像展示室やキヤノン・アートラボの実験に続き、NTTインターコミュニケーション・センター［ICC］、国際科学芸術情報アカデミー（IAMAS）、せんだいメディアテーク、山口情報芸術センター（YCAM）、SKIPシティ（映像ミュージアム／NHKアーカイブス）など、現在でもこの領域の拠点となっている各施設が成立し、高まるデジタルアーカイブへの要請にそれぞれが取り組むことになった。

　さらに、1997年には「メディア芸術（media arts）」全般を対象とする文化庁メディア芸術祭が第1回を迎えた。現在までに会場を新国立劇場、草月開館、東京都写真美術館、国立新美術館、東京オペラシティ、再度国立新美術館、そして日本科学未来館へと移しながら、またその授賞対象部門も数度の変遷を経ながら、メディア芸術という日本独自のカテゴリーをグローバル／ローカルに発信する試みや、制作支援、連携支援、データベース構築支援などの多数の助成とともに大規模に動いている。その成立以前には、経済産業省によるMMCA（マルチメディア・コンテンツ・グランプリ）が同領域で同様の役割を果たしてきたが、それはデジタルコンテンツエキスポという通商産業を主とした本来の形式に移行し、メディア芸術祭の成立以降は文化振興基本法（2001年）の中に「メディア芸術の振興」[6]がうたわれ、翌年には映像メディア教育が初等中等教育で必修となるなど迅速な流れを形成した。本章の第1項で定義したメディアアートが複数形になれば「メディア芸術（media arts）」となり、それは「メディアアートに加え、アニメーション、マンガ、ゲーム、映画等を含めた総合的な芸術である。」と筆者は同じ基本計画の中で定義している。伝統的な芸術領域のみならずこの各領域の保存・展示・修復にもデジタルアーカイブの成立が絶対的に必要であり、そのために各関係者が前世紀からたゆまぬ努力を続けている。

　マヴォ、実験工房ほかの戦後前衛グループ、ダムタイプなど映像メディアパフォーマンスグループやユニット、今世紀に入ってチームラボやライゾマティクスリサーチ、WOW、そして池上高志、石黒浩、落合陽一ら科学者や

工学者が率いる工学系研究室など——約30年ごとにアートコレクティブ的な「集合知」が大きな前衛ムーブメントを起こして新たな価値観を創出するのを、私たちは1920年代以降、何度も目にしてきた。メディアアートは松尾芭蕉のいう「不易流行・温故知新」を旨とする領域であるため、いくたびも過去の作品群を蘇らせリヴィジョナリーを行いつつ新たな知見を得る必要がある。すなわち、ある意味これよりはまだ堅牢で安定な絵画や彫刻に比して、「内外の要因により故障する・機材やメディアが陳腐化する・作家の死去により修復困難となる」というリスクを大きく負っている危なげな表現領域なのである。このことは、前述の1990年代初頭から半ば頃のメディアアート／メディア芸術を扱う文化施設が設立し始める際に、先行して成立していた川崎市市民ミュージアムの写真・映像部門、横浜美術館の映像部門、東京都写真美術館の映像展示室では、展示・収集に際して既にそれぞれの担当学芸が懸念し、諮問する有識者らと議論していた事項であった。その当時の方針はざっくりとしたものではあったが、いずれも「収集時にそのメディアアート作品を成立させているすべての情報を併せて収集する」、「展示のための再現、あるいは修復に際して作家の意図を確認する(形状保持／機能保持／完全保持など)」、「展示・修復に際して生じたすべてのアップデート、原状復帰を含む変更、更新を経緯とともに記録共有する」であった。いまはそれらを、多摩美術大学アーカイブセンターなどによる研究が同様に継承していると言える。

　予想通り、いま私たちは先述した約30年ごとの波をのりこえ、かつて予見した危機に直面している。それに対して、メディア芸術アーカイブ推進事業などの公的助成金や支援を受けて多数の研究者・技術者が力をあわせることで、ダムタイプ／古橋悌二の《pH》／《LOVERS》、三上晴子《モレキュラー・インフォマティクス─視線のモルフォロジー》、そして山口勝弘《アーチ》、《モレルの発明》などのメディアインスタレーション群という、この領域を代表し国際的にも評価された作家らの作品の修復再現やシミュレータ整備が進められつつある。その先にあるのは先駆的な作品をいまに問うための

企画展である。不幸にも作家の早世によって、またはフィジカルな保存が困難となっていた状況によって、さらにはそのプラットフォームとなるメディアテクノロジーの急激な推移や衰退によって、メディアアート作品は次代への永い継承どころか単に再度展示することも難しくなる事態に直面した。例えば、筆者が2019—2020年に東京都現代美術館で担当した「ダムタイプ｜アクション＋リフレクション」展では、ダムタイプ／古橋悌二の両者による仏ポンピドー・メッスの個展作品空間からどのように東京の空間にアジャストするか、通常より巨大な動力電源と工事を必要とする幅16メートル280枚のLEDパネルの設置位置をどう調整するか、成立自体にも高度なノウハウが必要であり、長い会期を運営する中で、多様な要因に左右され、刻一刻と変化する作品のコンディションにも筆者ら学芸員と館は毎日の対応を余儀なくされた。もちろんメディアアートキュレーターとしてそれを切り抜け展示を完遂したわけであるが、このようなノウハウや困難が伴うために、しばしば既存の美術館等文化施設ではメディアアート領域の企画展の開催が困難だとされ、要請があるにかかわらず企画者による提案も実現しづらく振興が阻害される悪巡回に陥っていたとも言える。

　厳然と存在するこの難題を儚んで、いっときこの領域を離れる作家さえいるほどの課題に対して、作家のコンセプトを損なわず、作品のアウトルックも変えず展示を継続するためにどうすべきか——仮定の話として、例えば作品を走らせるプログラムを一時アップデートすることで現状の問題が解決するのならば、現場で一時的に施されるそれを修復と捉えるか、改変または加工、あるいは作品を損なう改悪ととらえるか、そして極端な話、バグがある状態だとわかっていても、収蔵作品である以上、モノとしてその状態に戻すのかどうか。作家や関係者の死後も作品を残し保持していくという目的は従来型の作品群とメディアアート作品とに違いはない。ただ、メディアアート作品の成立には前述のような複雑な経緯と条件がからみあう。従来型作品との違いは、そこに従来とは別の意味の推移変容があるという点だ。それに対して私たちにできるのは、作り手も見せ手も、アーティストの表現意図の

再現のために、文字通りビッグデータによる記録と集積を(コンテクスト・ビュワー機能を備えた)「メディアアートのためのデジタルアーカイブ」の成立に向けてひたすら実践し続けることに他ならない。

4　展示支援システム、来たるべき「メディアアートのためのデジタルアーカイブ」

　第3項にいう課題に対して、筆者が「ダムタイプ｜アクション＋リフレクション」の最後にとったささやかな対策は、「空間アーカイブ」＝展示支援システムとしてのドキュメンテーションを撮る、高精細な8K動画／静止画の360度パノラマで、ダムタイプの展示空間を簡易なバーチャルウィークスルーとして撮影することであった。2016年から筆者はNHK／NHKエンタープライズの8K担当者らと、日本の超高精細放送技術をArs Electronica Deep Space(高さ20メートルの8Kシアター)など海外で披露するプロジェクトに取り組んだ。例えばGrowth Modelで知られる河口洋一郎による何十年も前のプログラム作品が、超高精細なディスプレイの実現によって、当時表示しきれなかった微細な繊毛構造とともに新たな命を与えられるのである。いまは放送技術であるそれが例えば8Kのテーブルになったとき、実体と見分けのつかないデジタルアーカイブ表示装置のデザインも実現する。PC不要のVRゴーグルをつけると、私たちは会場音とともにあの日のダムタイプ展に還っていく──リアルかつどこか「モレルの発明」の幻影のようなそれを見て、かつてフレデリック・キースラーやアンドレ・マルロー、そして山口勝弘やジェフリー・ショーが提唱した「イマジナリーミュージアム」は、いつのまにかもう成立していたのを実感する。「イマジナリュウムI」(1990年)に始まる東京都写真美術館での多数の試みを含め、メディアアートのデジタルアーカイブ整備以前に忘れられつつあることを残念に感じていたが、山口の「イマジナリュウム構想」は文化施設としてではなく、もう「ビックデータ」や「クラウド」として実現していたのである。

　デジタルアーカイブ成立のために必要なその他の「展示支援システム」に

ついて、教育機関連携で試行したことは以下の通りである。2000年前後から、東京大学の廣瀬通孝教授らによる総務省「SVR（スケーラブルVR）プロジェクト」に研究フェローとして参画する機会を得た。同プロジェクトでは、東大と企業連携でシステム開発した「マヤ文明展」（2003年、東京国立科学博物館）など成果発表を行い、その後、博物館を中心とするミュージアムとの対話プロジェクトとして、文部科学省 平成22—24年度科学技術試験研究委託事業「デジタル・ミュージアムの展開に向けた実証実験システムの研究開発」複合現実型デジタル・ミュージアム（2009年）が発足し、引続き筆者も東京大学大学院情報学環の教員かつキュレーターとして東京国立博物館や江戸東京博物館、鉄道博物館ほかとプロジェクトに参画した（―2010年）。博物館系と違って特に現代美術の展示空間や「空間じたいが作品となる」メディアアート作品については、必要な時のみ空間上に情報提示が欲しいのであって、居ぬき感がなければ成立しない。一方で、空間ごと記録するデジタルアーカイブを成立させるための支援手法として、メディアアートは非常に有効な手法として機能するのである。それは東京大学の原島博名誉教授が研究総括を務めたCREST「メディア芸術の創造の高度化を支える先進的科学技術の創出・デジタルメディア作品の製作を支援する基盤技術」による多数のプロジェクト成果と連携して取り組んだ展示実験でも多様に実証できた。

　「ポスト・デジグラフィ」展（2006年、東京都写真美術館）の渡邉英徳《感想マッピング》は、携帯メールから作品の人気投票アンケートと作品画像をGoogle Earthの上に張りつけてビジュアライズし、定性的評価の可視化を試みる。同様に渡邉による《SIGGRAPH Archive in second life》（2008年）は、second lifeを応用し、過去のSIGGRAPH入賞作品群を、サイバー空間に表示された年代別に体験者のアバターが訪れ閲覧できるデータベースシステムであった。同作は長崎・広島と展開していき、《東日本大震災アーカイブ》は多数の受賞と「ビッグデータの可視化」の波に乗り、関連書籍も刊行されるムーブメントとなった。前出の「サイバーアーツジャパン」展の《Ars Electronica Archive in Second Life》では、過去の展示風景や受賞作家のアーカイブが同様

にセカンドライフ上に展開され、「第13回文化庁メディア芸術祭」会場の国立新美術館とリアルタイムにつながり、Webカメラを通して六本木会場にいる観客と顔を見て対話ができた。このほかにワイヤレスペンによるアンケートの自動集計や、CO_2濃度で会場の混み具合を検出してから来館してもらうウェブコンテンツなど、工学者たちによる提案の実践は、空間ドリブンなデータを記録するユニークな試みとして重要な参考とすることができた[7]。

　筆者が今後も取り組む「空間アーカイブ」については、既にMoMAも《LOVERS》VRをweb公開しており、空間内の身体の動きについては前述のCRESTで東京大学の相澤清晴教授が、伝統舞踊の舞いの軌跡を身体から3次元で記録し、19世紀のクロノサイクログラフ的なモーションキャプチャ手法で実装している。また屋外においても、1964年に地域の住民が撮影した東京オリンピックの聖火リレーのパノラマ写真をデータ上でつなぎ合わせ、現場へ行けばARでタブレットに重畳表示される「ARまちあるき」(東京大学廣瀬・谷川・鳴海研究室：当時)[8]を清澄白河や長崎の歴史写真と共作することによって、ある種のタイムマシーンの実現も実感することができた。

　最後に、幸い戦後メディアアート(アート＆テクノロジーなど、呼称は移り変わったとしても)の第一世代に師事し、ここまで35年ほどメディアアート領域の現場で試みてきたことから、デジタルアーカイブに関して感じることは下記のとおりである。

　メディアテクノロジーを用いた制作・情報発信をする映像メディア教育が義務教育としてスタートしてから約20年、今度は2020年からプログラミング教育が必修化された。かつてはジュール・ベルヌ的な夢であった空間・作品の完全データ化は、ここまで述べてきたように何らかの形で実装されつつある。現存のデータベースやアーカイブはグラフィカル・ユーザ・インタフェースの問題から使いづらい現状と精度不足は依然として残るし、かつて「ホログラフィですべてを記録せよ」としたソ連時代のロシアが「空像としての世界」＝ホログラフィ先進国であったように、個々に構築されながら孤立しているフィルターバブルなアーカイブの中で既に主流から離れていくメ

ディアも存在する。一方で、いまや私たちはごくハンディなデバイスでパノ
ラマ空間や一週間分すべてのTV放送を記録できる──「イマジナリュウム」
はとっくに成立している。対象を視覚的に支配すること、視覚に限らない
データで「物理的再現／アーティストの表現意図の再現」を目指す見せ手の支
援が最も遅れている。

　作品そのものをホワイトキューブの中に設置しようとする近代的なミュー
ジアムを逃れ、芸術のフィールドは宇宙にまで拡がりつつある。「ミュージ
アム・ロスト」と呼ばれるいまこの時代に、メディアアートのデジタルアー
カイブとは、従来型の現代美術や現代アートのありかたへ問題提起するもの
である。同時に、それは常に過去へも往来しながら自問自答し変容していく
──それは極めてメディアアート的な態度である。「形あるものは滅びる」の
謂れどおり、貴重な作品資料が水没し失われることもあった2010年代以降、
ある場所へフィジカルに到達できない限界状況も私たちは経験している。必
ずしも明るいばかりではない未来が到来したとき、デジタルアーカイブにで
きることは、単に拮抗しあう情報の集積と公開ではない。ある「時と空間」の
記憶を可能にし、その共有が可能になる。それは、古来から私たちが遺伝子
の奥に持ち続ける夢の実現かもしれない。

　注
1)　国立メディア芸術総合センター(仮称)設立準備委員会編(2009)「国立メディア芸
　　術総合センター基本計画」文化庁, p. 2.
2)　山口勝弘(1992)『メディア時代の天神祭』美術出版社.
3)　森山朋絵(2017)「プロジェクションマッピング1995-2020──都市と文化施設にお
　　ける大型映像投影の考察」『平成29年度 東京都現代美術館年報・研究紀要』(19), pp.
　　74-79.
4)　森山朋絵(2014)「TOKYO STATION VISIONに思う　大型映像のアルケオロジー」
　　『日本バーチャルリアリティ学会誌』17(4), p. 83.
5)　森山朋絵(2014)「プロジェクションマッピング1995-2014」『日本バーチャルリアリ
　　ティ学会誌』19(2), pp. 18-21.

6)　「メディア芸術の振興」『文化芸術振興基本法（平成十三年法律第百四十八号）』（2001年12月7日公布）の第三章第二項を参照。

7)　森山朋絵（2016）「アートミュージアムにおける展示支援の現状と課題・2017」『平成28年度 東京都現代美術館年報・研究紀要』(19), pp. 115-122.

8)　東京大学廣瀬・谷川・鳴海研究室（当時）（2017）「ARまちあるき」『「MOTサテライト2017秋　むすぶ風景」プレスリリース』(https://www.rekibun.or.jp/wp-content/uploads/2017/12/170915_press.pdf(6頁))(最終アクセス：2020年6月1日)

第6章

デジタル技術と
現代のアートの保存

平　諭一郎

　誰しも大切なものを失くしたくはない。できる限り永くそこに在って欲しいと願う。それは、どのような形で存在することを思い描いているのだろうか。

　本章は、文化財や美術を守り伝えてきた歴史をもとに、デジタル技術がもたらす現代のアートの保存について、現在の状況と課題について考察するものである。

1　モノを保存する

　我々は古来より、食料や祭祀具、文書や武具、薬物とともに、官庁や寺社の宝物を、蔵(倉、庫)へと保管してきた。蔵に保管された宝物は、律令制のもとで定期的に風を通して点検を行う曝涼の実施が定められ、保管環境を整えて劣化や消失の予防がなされていた。また、火災や破損に見舞われた宝物や建造物に破損があれば修復[1]をし、古くなった屋根の葺き替えや彩色の塗り直しのように復元を行う、それ自身への直接的な介入によって保存が為されてきた。

　さらに、「いま、ここ」にある宝物そのものへの直接的な保存行為だけでなく、宝物を模本や写本によってうつし、秘仏の御開帳やほかの場所で公開す

る出開帳により、意匠や信仰、技巧や感覚を共有し次世代に伝えていくそれら間接的な保存行為と相まって、現在まで文化財として遺し伝えられてきたのである[2]。

　かつて仏師運慶が東大寺や興福寺の諸仏を造像し、かつ教王護国寺講堂の諸仏を修復したように、一部の個人や寺社が保有していた文化財や美術において、制作と修復は常に近くにあった。そのため、ある時代には弟子や工房による描き直しとともに過剰な洗浄による修復が最善であると判断されてきたが、欧州で発展した近代の修復理論による修復箇所の判別性や可逆性といった原則をもとに、推測による修復を制限し、制作当時の素材や技法の使用が普及していった。また、近代にミュージアム[3]という概念が一般化して以降、絵画や彫刻などの美術は、国や国民の共有財産であるという公共的な意識によって、より良い閉鎖系の環境であるミュージアムに保存され、展示されることとなった。

　日本語では、保存と修復の語が伴って「保存修復」というかたちで用いられることが多いが、保存とはオリジナルをできる限りそのままの状態で保つことであり、そのために調査、診断を行い、取り扱いや保管環境を改善して、劣化、損傷、消失、流出を未然に防ぐよう努める。修復とは、傷んだ箇所や欠損した部分を中心に、洗浄、補強、接合、時には復元を行い、展示、保管することが可能な状態を保つことである。

　ミュージアムでは、唯一無二のオリジナルとしての文化財や美術を、いかに現在の状態を保ったまま遺し伝えるかを追求してきた。しかし、美術は、絵画や彫刻などの伝統的な分類を超えて、音楽や映像、身体表現と融合し、さまざまな表現が存在するアートへと領域を広げている。現代のアートは新たな素材の脆弱さと、モノ（オブジェクト）としての単一性や独立性から空間性や時間性を伴う体験への拡張により、収蔵や展示、保存や修復が困難であると言われている。殊に2000年代以降、世界中のミュージアムや研究機関では、アートをどのように保存し運用していくのかといった危機が叫ばれるようになった[4]。どうやら現代のアートは特に保存や修復が困難であるらしい[5]。

2　現代のアートの保存

　現代のアートは紙や布に顔料で描き、木や大理石をノミで彫るだけではない。大量生産の工業製品や日用品などが白い空間^{ホワイトキューブ}を埋め尽くし、食品、動物、植物、微生物などの有機化合物らが展示室に散乱している。もはやそれはミュージアムやギャラリーという場所でなければアートと識別することが困難であるほどだ。アート自身がアートの範囲を拡張し続ける限り、すでに構築された保存修復理論の範囲に収まらないアートは後を絶たないだろう。では、現代のアートは具体的にどこに保存の難しさがあるのだろうか。

2-1　素材・媒体

　キャンバスに油彩で描かれた絵画や、原型をもとにブロンズで鋳造された彫刻は、いずれも伝統的な素材と技法で制作され、いかなる形状や構造であっても、その素材や組み合わせは標準状態で化学的に安定しており、長年の研究と実践により積み重ねられた歴史から、長期に保存する方法や修復における対処法が確立している。それは、複数の素材を用いたコラージュのようなミクスト・メディア（mixed-media）であっても同様である。

　しかし、現代の身の周りには、石油化学の発展に伴い開発されたさまざまな合成樹脂であふれている。石や金属、木や土を主な素材としていた彫刻は、繊維強化プラスチック（FRP）やABS樹脂を用いた3Dプリンタでその形状が成形され、表面には熱や紫外線で硬化する樹脂を用いた塗料が吹き付けられる。また、ポリエチレンやポリプロピレンなどの合成樹脂で作られた大量生産の家庭用品も、アートの構成要素としてよく用いられる。さらに、素材を組み合わせるための接着剤としてエポキシ樹脂が使われ、油絵具の代替品としてアクリル樹脂を展色剤とした絵具で彩色される。現代のアートの保存や修復を実践することは、即ち合成樹脂の劣化や耐性を研究することと言っても過言ではないほど、合成樹脂はアートの主な素材となりつつある。現に、第二次世界大戦前後より、合成樹脂であるポリビニルアルコールが絵画の修

復材料として使われ始めたが、後々に経年劣化による損傷が著しく発生し多くの絵画が被害を受けた[6]。新たに開発された素材の歴史的な検証の不十分さが露呈したことで、合成樹脂そのものの保存は現代のアートを保存していく上で喫緊の課題となっている。

　また、メディア・アート、ニューメディア・アート、コンピューター・アート、インターメディア・アートなどさまざまな呼び名のもとに、ブラウン管テレビ、磁気テープ、磁気ディスク、光磁気ディスク、光ディスク、半導体メモリ、プロジェクター、パーソナル・コンピューターといったと新たに登場し、年々更新されていくメディア——光学機器や映像技術、記録媒体を用いたアートは、その製品や技術の現行期間が短いことからアート自身の更新を迫られることも多い。

　そのほかにも、花や草木などの植物を始め、馬、牛、羊などの哺乳類や、チョウ、カミキリムシなどの昆虫、はたまたバクテリアのような原核生物を用い、生命科学や遺伝子工学の手法を取り入れたバイオメディア・アートも出現するなど、もはや画材という語に特別な意味がなくなりつつあるほど、世の中のすべての物質がアートの素材として使用されている。

2-2　複製可能

　古くは版画や鋳造技術のように、ほぼ同一のモノが複数存在する美術は多くあり、フィルムから印画した写真や映像も然り。工業的に生産された既製品や印刷技術などを用いることにより、モノが量産されるマルティプル（multiple）と呼ばれるアートもまた、ほぼ同一のモノが複数存在する。しかし、それら量産されたアートは厳密には同一であると言い切れない。アーティストによって写真がフィルムから現像された時期により、その見た目も異なれば、時には題名が変わることもある。ミュージアムにおける唯一無二のオリジナルと物質的には同一のモノは、これまでには存在しなかった。そこにデジタルの波が押し寄せてくるまでは。

　8ミリフィルムや16ミリフィルムで撮影された映像や、写真フィルムに記

録された画像は、ミュージアムにおいてモノとしてのオリジナルとともにデジタルデータとしても保管される。それらオリジナルは展示や再生に際して劣化や損傷の危険が伴うため、展示での公開時にはオリジナルではなくアーカイブされたデジタルデータを利用することが一般的となった。近年は、写真、映像ともに撮影機器がフィルムからデジタルの記録へと移行し、個人でのノンリニア編集作業が一般的となり、三次元の計測データから3Dプリントによって同一形状のモノを複数作り出すことが可能となった。さらには、フィジカルな物質としての写真や映像フィルム、絵画や彫刻があり、それらアナログ素材の記録や活用のためのデジタルデータではなく、初めからデジタルデータで制作されミュージアムへとやってきた、いわゆるボーンデジタルのアートは、理論上は同一なデータが同時に複数生まれるため、いわばニュー・マルティプル[7]とも言うべき存在となる。アートは、何を以てモノとしてのアイデンティティ(同一性)を保証するのかが問われている。

2-3 指示

モノだけでなく展示空間全体で表現されるインスタレーションは、ミュージアムの中でも存在する場所によってその姿を変える。それは収蔵庫ではただの素材にすぎないが、ひとたび指示を受け、展示室に設置されるとアートとしてそこに存在する。つまり展示することで、また時にはインタラクティブ・アートのように鑑賞されることで、初めてアートとして成立する。昨今、映像はアートを構成する主要なものとなっているが、アナログやデジタルにかかわらず映像を構成要素として用いたアートは、どのような機器で、どのような空間を作り上げるかが指示されたインストラクション(Instruction)を伴っていることが多い。

また、パフォーマンス・アートという枠組みに限らず、アーティスト本人が出演しないパフォーマティブなアートも同様に、インストラクションが作成される場合が多くある。鑑賞者との相互作用で成立する参加型アートや地域の芸術祭、また制作中の過程を含めて表現するワーク・イン・プログレス

のようなアートでは、はたして、アートの何を遺し（継承）、何を更新し、何を捨てる（遺さない）のか。それをアーティスト（作者）に委ねるのか、それとも後世の鑑賞者や管理者（社会）に委ねるのか。アートの再展示（再演）における指示が制約となった時、時が経つ毎にその保存はより一層難しさを増していくだろう。

　現代のアートは、静的なモノとしての物質が保存の対象となり得ず、総体としての動的な場や体験そのものを保存する方向へと進んでいくのかもしれない。

3　コトを保存する

無形文化財
　　演劇、音楽、工芸技術、その他の無形の文化的所産で我が国にとって歴史上または芸術上価値の高いものを「無形文化財」という。無形文化財は、人間の「わざ」そのものであり、具体的にはそのわざを体得した個人または個人の集団によって体現される[8]。

　絵画や彫刻など、ミュージアムに収蔵される有形文化財と、能楽や歌舞伎などの無形文化財、祭礼や年中行事などの民俗文化財では、保存、修復に関する専門知識やその手法が異なる。それまで教会や寺社などに存在していたモノが移管されたミュージアムでは、モノの物質的同一性を担保し、後世に遺し伝えてきた。しかし、社会の流れとともに静的なモノから動的なコトへとシフトしている現代のアートは、誰が、何を、どのように、守り伝え、その同一性を保存していくのか。具体的に、従来の文化財や美術の保存と現代のアートの保存では、何がどのように異なるのだろうか。文化財を守り伝えるために実践されてきた予防保存や記録、模倣といった行為と、アートの保存に必要な複製や移行、再演といった手法をお互いに適用しながら、その差異と近似を見ていこう。

3-1 予防保存

　保管場所の空気、温度、湿度、光の環境を整えて、外部からの侵入を阻止するとともに、定期的に保管環境の確認とモノの現状を把握して傷みを未然に防ぐことにより、有形の文化財は長い間、より良い状態で保管されてきた。しかし、素材の多様化により、写真フィルムやビデオテープのように伝統的な素材とは保管環境が異なるメディアも増えており、さらにそれらはアナログやデジタルに関わらず鑑賞者と相対する界面が物質的な外見だけではない。ディスクやテープ、半導体メモリなどの記録媒体だけでなく、映写機、ビデオデッキ、プロジェクターなどの再現媒体、ブラウン管テレビ、液晶モニターなどの表示媒体は、どれもそのモノを外から眺めるだけでは内容や状態を確認することができない。展示（公開）することで、もしくは鑑賞されることで初めて状態の確認（予防保存）が可能となるのであれば、むしろ新たなメディアは、保存と公開が相反せずに両立する新たな価値を生まれながらにして持っているのかもしれない。

3-2 記録

　我々が文化財や美術、現代のアートと接点を持つ時、オリジナルそのものではなく過去に記録された画像と相対していることも多いだろう。19世紀に写真技術が発明されて以来、明治期の日本における古文化財調査のように文化財や美術を記録する目的で写真が使用され、近代ミュージアムの発展とともに収蔵品を撮影し、その記録はやがて公開され、共有のために活用されていった。現代では撮影や計測、保存や鑑賞が極めて個人化し、もはや高精細に撮影する機能だけでなく、形状を三次元のデジタルデータとして写し取ることすらも、手のひら大の携帯端末で可能となった。そして、世界中のミュージアムが、オンラインで所蔵作品デジタルアーカイブの無料公開を推し進めている現在、益々オリジナルではなくオリジナルの記録を鑑賞することが増えていくだろう。

　また、取扱説明書のごとく組み立て方法から展示空間が、時には機材や制

作方法が記され、パフォーマンス・アートの再演方法が指示されたインストラクションやコンピューター・プログラムは、現代のアートにおいて新出している記録方法である。もはやそれは記録（資料）なのか、それともアートそのものなのだろうか[9]。記録媒体の限界[10]が危惧される中、光ディスクの新規格や石英ガラス、DNAなど新たな媒体の研究開発が進んでいる一方、それらに「何を」記録するか、即ち後世に「何を」遺すのかが一層重要になっていくだろう。

3-3 複製

『源氏物語』や『古事記』は、モノとしてのオリジナルが現存していない。モノとして遺っていなくとも、共有のために複製されていたからこそ現代まで伝わっているのである。それら大切なモノは古くは人の手で書き写され、後に木版や活版によって複製され、多くの人に共有されてきた。さらに写真の発明により複製技術時代が到来し、フィルムから同一に近いモノを多数生み出すことが可能となった。写真はフィルムなどにモノの有り様を記録するが、ひとたびそれを現像、印刷すれば、それは複製となる。写真は多くの複製を生み出し、文化財や美術はまたたく間に空間を超えて共有されていった。

　科学や文化活動を通じて世界平和を目指す国際連合の専門機関であるユネスコ（UNESCO）は、異文化の共有と共感を目的として、1949年から世界の名作を複製し希望加盟国に巡回展示する多数の展覧会を開催した。1952年の「レオナルド・ダ・ヴィンチの素描展」を始め7つの展覧会が日本へも巡回されている[11]。また、第二次世界大戦直後の日本では、ユネスコの主催展覧会以外にも複製画を用いて国外の美術を紹介する展覧会がさまざまに開催された。1960年に高島屋で開催された「100万人の世界名画展」[12]では、ルーブル美術館、プラド美術館、ニューヨーク近代美術館（MoMA）、メトロポリタン美術館などに収蔵されている近代名画50点を実物大でカラープリントし、裏から照明を当てたものを「照明絵画」と称して展示し、オリジナルを公開せずに名画を鑑賞できる体験を提供していた。また、近年では光学機

器製造や印刷を生業とする企業が文化財や美術のデジタルデータから製作する文化財複製品[13]の活用を始め、Google Arts & Culture、国立文化財機構のe国宝などのウェブサービスで、オリジナルの高精細な画像を個々人の環境で鑑賞可能となり、デジタルアーカイブを活用した複製は文化を共有し得る手段として利用拡大の一途を辿っている。

3-4 模倣

　失われてしまった、もしくは著しく損傷した建造物や仏像のオリジナルの代わりに、その文化的遺伝体を次世代に伝える保存行為としての模写、模造は、複製ではなく模倣に位置付けられるだろう。これは、経典や文学のようにその内容情報を共有する目的のための複製とは異なる。11世紀に建立された平等院鳳凰堂の中堂内扉には、制作からおよそ900年後に描かれた復元模写が納められ、7世紀に描かれた法隆寺金堂の壁画は1949年の火災により焼損し、現在では1968年に完成した模写が堂内に配されている。

　模写、模造は本来、オリジナルと同様の工程を手作業で再現することもその目的の一つであるが、1940年に始まった法隆寺金堂壁画の模写事業では、手描きの模写技術と写真印刷技術を組み合わせた方法がすでに実施されていた。そして新たな世紀を迎え、文化財の記録撮影がほぼデジタルへと移行した頃、創立より多くの教員や学生が文化財の模写、模造事業に従事していた東京藝術大学において、新たな文化財複製技術「クローン文化財」[14]の開発が行われた。クローン文化財は、高精度なデジタル画像処理、印刷技術による品質の安定化、図様、形状の正確さと、手作業によって表現される迫力と臨場感、さらに素材や技法を含めた複合的な文化を継承する模写、模造の技術を組み合わせ、オリジナルに限りなく近いモノの再現(復元)を可能とする。文化財をモノとして物質的に再現、復元するクローン文化財は、現代の文化継承モデルであり、現実と混同するほど高解像な三次元のヴァーチャル・リアリティ(VR)とともに、新たな文化財の保存と活用のあり方(ポスト複製)として耳目を集めている。

また、コンピューターを用いたアートの再生(再演)に用いられるエミュレーション(emulation)の手法も模倣の一つであろう。それは、コンピュータやゲームの分野においてよく用いられ、すでに現行使用されなくなったOSやアプリケーションなどのソフトウェア(例えばWindows 95)上で作動される内容を、本来とは異なる新しい動作環境(例えばmacOS High Sierra)で擬似的に実行して再生(再演)する方法である。

　VRやデジタルデータを利用したモノとしての再現、エミュレーション技術は、デジタルデータを用いることによって容易な可逆性を保持しており、オリジナルの物質には介入しないという利点がある。しかし、VRによる模倣とモノとしての模倣は、その意味合いが異なってくるだろう。現在のVRはあくまでもオリジナルを補完するものとして機能し、法隆寺金堂壁画や平等院鳳凰堂内扉絵の模写のように、擬似的に時代を遡った空間を模倣した体験を供するオリジナルの代替としての模倣(エミュレーション)ではない。模倣が鑑賞者の体験的同一性の担保を必要とするならば、現段階ではフィジカルなモノ(もしくはコト)を再現することが重要であるだろう。

3-5　移行

　コンピューター、テレビモニターなどのハードウェア、OSやアプリケーションなどのソフトウェアは日々進化を続け、古いテクノロジーは新たなテクノロジーに代替され、その役割を終えていく。アートが、記録されたフロッピーディスクから光ディスクへ、ビデオテープからLTO(Linear Tape-Open)へと媒体が移行される様は、まるで古代ギリシアのブロンズ彫刻が古代ローマの時代に大理石によって模造され、さらにそこから型取りして石膏像が作られる様と似ている。また、西洋絵画の額縁交換や、巻子から掛軸へ、額装へと変更する東洋絵画の表装、木造建造物の場所を移動する移築もまた、メディアの移行と捉えることができる。かつて繁栄した文明や都市の遺跡、宗教施設や墓所に在ったモノたちが移動し、ミュージアムへと収蔵される経緯もまた同様であろう。

近代美術修復理論の礎を築いたチェーザレ・ブランディ(Cesare Brandi)が言及[15]するように、修復におけるイメージ—文化財や美術品の外見への介入は避けるべきであり、移行においても同様に鑑みなければならない。ナムジュン・パイク(Nam June Paik)を始めビデオを用いて制作を行ったアーティストの多くがブラウン管テレビをメディアとして使用していたが、その耐用年数はミュージアムでの長期展示に耐えられるものではなく、近年には液晶テレビへ代替する移行が行われている。しかし、それはイメージの変更を伴う介入と捉えることができるほど冒険的な移行である。

　メディア・アートは進化するテクノロジーを称賛するようにテクノロジー主導に傾倒し、早すぎる移行を促すかもしれない。しかし、移行を繰り返す度に可逆性を失い、いつの間にかオリジナルの真正性(オーセンティシティ)をも取り戻すことが叶わない臨界[16]は、すぐそこに迫っている。

3-6　再制作・再演

　現代のアートはモノからコトへと形態が変化し、物質そのものではなく、制作概念や思想、場や空間を保存する必要性が生まれている。機器の不良や故障により展示が困難になったメディア・アートが、修復という名を冠して展示されることがあるが、その多くは修復というよりも再制作(再演)である。結果的に同一の手続きを踏んだとしても、保存を目的とするか展示を目的とするかの違いによってその行為意味は異なるだろう。

　また、音楽や身体表現、展示される場所によって可変なインスタレーションや、不特定多数参加型のアート・プロジェクト、制作過程を含め変化し続けるワーク・イン・プログレスは、常に再制作(再演)を繰り返す。アーティストだけでなく演者や鑑賞者、管理者、またそれら以外の第三者もが作者となり得る再制作(再演)されたアートは、厳密には常に同一であるとは言えない。

　しかし、伊勢神宮の遷宮や日光東照宮に見られる建造物彩色のように、定期的な建て直しによる造営技術や塗り直しによる彩色技術は、再制作(修復)を以て保存と公開の両立を実現している。さらに、失われた文化財の復元や、

音楽や祭礼で語られてきた「わざ」の伝承も、制作過程を追体験することで絶たれた文化の遺伝子を甦らせ、過去から未来へと継承することを可能としている。モノと同様に、「わざ」やコトの継承のためにも、デジタルアーカイブはモノの記録にとどまらない役割を担っていくだろう。

4 現代のアートの真正性と同一性

「モノより思い出」
（日産自動車、1999年〜）[17]

文化財や美術は、時間による日々の劣化や突発的な災害、紛争や盗難による損傷の危機にさらされ、その度に時代や文化形成の違いによるさまざまな理念で修復がなされてきた。アテネ憲章からヴェネツィア憲章へと舵を切り、修復における伝統的な素材や技法の使用が推奨され、可逆性、判別性を重視する有形の修復理論が構築されたが、古代に建立された木造建造物の瓦や植物性素材による屋根の葺き替えと、近代絵画の欠損箇所の補修とを並列に語ることはできない。大理石彫刻、漆芸品、古文書、ブロンズ像などの修復方法一つとってもさまざまであり、そもそも素材や技法、分野の違いによる保存、修復手続きの差異は、何も現代に始まったことではない。

さらに、モノという拠り所を失いつつある現代のアートは、もはやそれ自身を保存するという行為ではなく、コトを再現可能な状態で継続させる手続きが必要になるだろう。それは、欧州および北米が多数を占める有形の世界文化遺産登録だけでなく、アジアやアフリカ大陸に多数伝わる土着的な文化的所産である音楽、舞踏、祭礼、儀式などの無形文化遺産の登録が始まったように、モノの保存からコトの継承へと変化しつつある社会の流れに同調する。文化財は、物語や歴史書のように写本（うつし）によってモノが継承され、名跡の襲名によって技術や感覚が継承されている。困難であると思われた現

代のアートの保存や修復は、そのような無形の方法論を参照することで継承が可能となるだろう。

　しかし、ここで2つの問題が生じる。アートの真正性と同一性である。デジタルデータで管理されたアートは、データの破損に備えて別のメディアに複製、移行するバックアップが当然のように行われている。エディションが付与される版画やデジタルプリント、またプリントされる毎に物質的に各々の作品として成立する写真は、それぞれが独立したモノであるが、ボーンデジタルのアートに至っては完全に同一のデータが複数存在することが可能なため、オリジナルとコピー、さらに二次創作物との境界が曖昧となり、まさにハイパーリアル[18]となるだろう。

　モノであろうとコトであろうと、文化財であろうと現代のアートであろうと、同一性を保持し継承していく態度に変わりはない。その同一性とは何か。私が私であることと同じく、アートにおける同一性は異なる対象間ではなく、変化する対象の時間的前後関係を意味する。修復の際の部材や電気配線の交換、時には外観に影響を及ぼす機材の変更は、絵画や彫刻の欠損箇所を補修する行為と差異はない。ただし、修復の歴史は過去の介入とその反省による除去の繰り返しであり、改変や再解釈による修復はオリジナルが途絶えてしまう危険性を孕む。と同時に、そこにはオリジナルではなくなる点が存在するのではなく、テセウスのパラドックス[19]よろしく、漠とした臨界があるだけだ。

　アーティストの意図や思想を結晶化させた美術やアートの時代を経て、社会へと接続し実践するソーシャリー・エンゲージド・アート（またはソーシャル・ワークス）が世界的な流行を見せる現代のアートでは、作者や主体、鑑賞者といった区別が曖昧であり、まさにデジタル時代を象徴するように離散的となった。さらに、レンブラントの作風を機械学習によって再現する「The Next Rembrandt」プロジェクト[20]や、人工知能Obviousが制作した肖像画《Edmond De Belamy》[21]の実践が進化すれば、ヒトではない何かがアートの主体となり、また、著作権が完全放棄されたパフォーマンス《搬入プロ

ジェクト》[22](図1)のように、アートは社会に開放されていくのかもしれない。その時、オリジナルとコピー、アートと非アート、生命と非生命の臨界が改めて浮き彫りになるだろう。

　デジタルの波は、文化財や美術、アートの真正性と同一性を乗せてどこかへ連れて行ってしまうのだろうか。その行く末はまだ視界に捉えられないが、デジタルアーカイブはオリジナルの同一性保存という新たな相を迎え、それ自体もより一層重要なコトとして受け継がれていく。その時、なぜそのモノやコトが大切にされてきたかという文脈の同伴を忘れてはならない。そして、どのような形であれ大切なものを遺したいという願いだけは、時間の介入を受けず共有され続けるだろう。

図1　《搬入プロジェクト》(2014年)[23]

※本章は、平諭一郎(2019)「同一性の臨界——文化財と芸術の保存・修復」『芸術の保存・修復——未来への遺産』の一部をもとに大幅な加筆、修正を加えたものである。また、本章の一部はJSPS科研費JP19H01221、JP19K21608の助成研究によるものである。

注

1) 日本の文化財保護法では、古くは古事記にも記述が見られる「修理」という語が用いられ、「修復」という語を用いることはないが、「修復」は正倉院文書にも記述が見られるほど古くより用いられてきた語であり、現在でも学術用語として一般的に使用されているため、本章では「修復」という語を用いる。

2) 平諭一郎(2019)「保存・修復の歴史において現代はそんなに特別か」『国立国際美術館ニュース』234.

3) 本章では日本における美術館、博物館の区別がないという意味で、欧州によって定義された「ミュージアム」という語を用いる。

4) 1999年に、近現代美術保存に関する専門家のネットワークとしてオランダ・アムステルダムを拠点として設立されたInternational Network For The Conservation of Contemporary Art(INCCA)を皮切りに、MoMAやサンフランシスコ近代美術館(SFMoMA)、グッゲンハイムやTATEなどが近現代美術保存に関する研究プロジェクトを推進している。また、日本では、2010年度に文化庁のメディア芸術情報拠点・コンソーシアム構築事業として「メディアアートの記録と保存調査研究」が実施され、その後から近現代の美術をどのように収蔵し、保存し、活用していくかをテーマとしたシンポジウムや研究会が頻繁に開催されるようになった。

5) 平諭一郎(2020)「芸術の保存と継承」『日本写真学会誌』83(1).

6) 樋口清治(2003)「回顧:日本における文化財修理への合成樹脂利用のはじまり」『国立民族学博物館調査報告』36.

7) 筆者による。

8) 文化庁ホームページ(https://www.bunka.go.jp/seisaku/bunkazai/shokai/mukei/)(最終アクセス:2020年2月2日)

9) アーティストである田中功起は、京都市立芸術大学芸術資源研究センターが主催する第5回アーカイブ研究会(京都市立芸術大学大学会館交流室、2014年12月8日)にて「アーティストはいつしか作品を作るのをやめ、資料を作り始めている」と題して講演を行っている。

10) 元・文化庁長官の青柳正規は、情報のデジタル化と記録媒体の未来を危惧している(『日本経済新聞』(東京版・夕刊)、2008年11月26日)。

11) 黒澤美子(2015)「ユネスコ複製画世界巡回展覧会——日本における巡回について」『文化資源学』(13).

12) 「100万人の世界名画展——ライフ・イルミネーション:illuminations of 50 great

paintings」(主催：ライフ社、会場：高島屋東京・大阪・京都・横浜、照明：東芝)
(同展図録から引用)

13) 凸版印刷株式会社、大日本印刷株式会社、キヤノン株式会社らが文化財の複製
事業を実施している。また、2018年7月1日、国立文化財機構のもとに文化財活用
センターが設立され、観光立国を目指して文化財複製品を積極的に活用したプログ
ラムを実施している。

14) クローン文化財は、東京藝術大学の宮廻正明教授(現・名誉教授)の研究グルー
プが開発した特許技術(特許第4559524号、特許第4755722号、特許第5158891号)を
発展させ、完成させた文化財複製／復元。熟練の技術によって極められた伝統的な
模写、模造の技術とデジタル画像処理、印刷技術を融合させ、高精度かつ限りなく
オリジナルと同素材同質感を目指して制作される。

15) チェーザレ・ブランディ著、小佐野重利監訳、池上英洋・大竹秀実訳(2005)『修
復の理論』三元社.

16) 筆者による概念。これ以上変更すると文化財や美術、芸術の同一性が否定され
てしまう界面。

17) 日産自動車株式会社ホームページ(http://www.nissan.co.jp/AP-CONTENTS/
POSTOFFICE/ANSWERS/3106.html)(最終アクセス：2020年2月2日)

18) ジャン・ボードリヤール著、竹原あき子訳(1984)『シミュラークルとシミュレー
ション』法政大学出版局.

19) あるモノ(オブジェクト)を構成する要素が完全に置き換えられた時、それは同
一と言えるのかという問い。

20) マイクロソフトとオランダの金融機関INGグループ、レンブラント博物館、デ
ルフト工科大学などが、レンブラントの作風をAIの機械学習によって再現したプロ
ジェクト。

21) フランスのアーティストや研究者らのグループが開発した人工知能Obviousを用
いて制作された肖像画。2018年10月にニューヨークのオークションChristie'sにおい
て約4,900万円で落札されて話題となった。

22) 劇団「悪魔のしるし」を主宰していた演出家・危口統之が2008年に考案し、公演
を始めたパフォーマンス。ある空間に「入らなそうでギリギリ入る物体」を設計・製
作し、それを実際に入れてみるプロジェクト。2019年、CC0ライセンスによりプロ
ジェクトおよびマニュアルの著作権を完全放棄した。

23) https://www.akumanoshirushi.com/carry/(最終アクセス：2020年2月2日)

参考文献

山本浩貴(2019)『現代美術史』中央公論新社.

田口かおり(2015)『保存修復の技法と思想——古代芸術・ルネサンス絵画から現代アートまで』平凡社.

朽津信明(2012)「日本における近世以前の修理・修復の歴史について」『保存科学』51.

パフォーマンスとアートのDA

第7章

早稲田大学演劇博物館の
デジタルアーカイブの現状と課題

中西智範

1　はじめに

　早稲田大学坪内博士記念演劇博物館(以下「当館」とする)は、1928年(昭和3)10月に設立された。アジアで唯一の、そして世界でも有数の演劇専門総合博物館として「エンパク」の通称で親しまれている。

　その活動は、資料の収集・保存・展示とデジタルアーカイブの構築、演劇映像の調査、研究、シンポジウムやイベントの開催という4本の柱を軸に、博物館業務にとどまらず、演劇・映像の研究拠点として、また、地域文化振興の拠点としても多くの活動を展開している。2018年には創立90周年を迎え、館員一丸となり博物館としての機能向上に積極的に取り組み続けている。本章では、当館のデジタルアーカイブの現状について概観するとともに、今後に向けての課題を述べる。

　当館は坪内逍遥の古稀を記念して建てられた。1928年10月27日の開館式で述べられた逍遥本人の謝辞の様子が『演劇博物館五十年』に記されている。1時間にも及び、自身の演劇論として当館の機能と使命を論じた内容の一部を引用する。開館から長きにわたり連綿と受け継がれる当館の精神が、逍遥の熱を帯びた言葉から感じられる。

"…劇の成立を、先づ社会学的に、否、人類学的に深く遠く根本的に研究することが第一義とならざるを得ません。で、あるとすると、其為の準備としては、世界ぢうの劇を古今を一貫して比較研究することが最も緊要な事となります。随って、さういう材料や文芸を或一箇所に蒐めておいて、同時に対照し検覈（けんかく）する為の便宜に供したいという希望が生じます。私が、演劇博物館の設立を切望致しました動機は即ちこゝに在つたのです。…"[1]

また『演劇博物館五十年』によると、逍遙が博物館設立を構想した経緯には、錦絵の収集が関連しているとされる。1916年（大正5）、逍遙は早稲田大学図書館による20,000点にも及ぶ芝居錦絵の購入収蔵を取り付け、その後、この整理分類と不足分の収集にあたった。逍遙はこれらの錦絵を一般に公開し、演劇資料として研究に役立てようと企てていた。また、この構想をより強固にさせたのは、1923年に見舞われた関東大震災であると考えられている。震災発生時、逍遙は早稲田大学大隈会館にて、演劇の展覧会のための打合せを行っていたそうである。大学の大講堂や会館の土蔵が崩れ、建物の焼失はなかったものの、展示予定の資料が焼失してしまうことを目の当たりにしたのである。このように、逍遙は資料の収集と保存、研究利用に対して大きな理念を持ち、それに向けて博物館設立の具体化を進めていった。現在では、演劇の専門家や愛好家のみならず、多くの人々に愛され支えられながら、演劇文化の保存と発展に広く寄与している。

当館は坪内逍遙の志を受け継ぎ、洋の東西を問わず、今日に至るまで演劇に関する資料を広く収集してきたことにより、収蔵品は100万点を超える。これほどまでに膨大なコレクションとなった背景には、90年にわたり培ってきた関係者の協力がなければなし得なかったと言える。

本章は、次のように構成される。第2項では、当館が演劇専門総合博物館であると捉えた場合に、本章を読み進める上で押さえておきたい舞台芸術の

特徴を概観する。第3項では、1989年を起点として、当館のデジタルアーカイブ活動のおおまかな歩みについてお伝えするとともに、中核となるプラットフォームである演劇情報総合データベースや収蔵品管理システムについての機能紹介などを交えながら、当館のデジタルアーカイブの特徴を概観する。第4項では、当館のデジタルアーカイブに関わる課題と対策について、利用者拡大や長期保存、人材面、権利処理などのキーワードをもとに論を進める。第5項では、舞台芸術において、デジタルアーカイブに求められ役割や、デジタルアーカイブの目指すべき次の目標について、筆者の私見を述べて結びとする。

2　舞台芸術の特徴

　舞台芸術はさまざまな要素からなる総合芸術である。当館のコレクションは、古典芸能から現代演劇はもちろん、広く歌舞伎・新劇、演芸・映画・ラジオ・テレビに至るまで、あらゆる舞台芸術とその関連メディアを対象としながら、その関連資料は多様性を極める。戯曲や台本・書籍・雑誌などの図書資料から、自筆原稿や書簡・研究ノート・写真・浮世絵・チラシ・ポスターなどの紙資料や、衣裳・かつら・舞台装置・小道具・仮面・人形・楽器・模型など舞台で実際に使用された品々、鏡・化粧台・トロフィーといった俳優の私物などの周辺資料、記録映像や音声などの視聴覚資料に至るまで、すべてを網羅することが困難なほどの分類が存在する。中には美術工芸品として分類できる市場的価値の高いものから、一般的には一見取るに足らないチラシや小道具までもが資料には含まれる。すべては総合芸術としての演劇のありようや個々の演劇の実態を、ひいてはそれぞれの時代の演劇を支え享受した人々の営みを、後世に伝えるための貴重な資料になりうるものと考えている。

　資料という側面から演劇に着目してみると、舞台で上演された演劇そのものを漏れなく完全なかたちでアーカイブすることは現実的には不可能である。

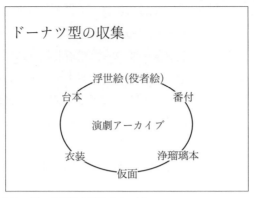

図1　ドーナツ型の収集イメージ

上演される演劇は時間や空間の要素で構成されるため、例えばある上演の様子を映像で記録したとしても、それは特定の角度からの断片的な情報であり、また繰り返し公演される内容は都度変化していくことが特徴である。台本にはセリフを書き加えたり、削除のために隠したりする箇所や、貼り込みによって訂正する箇所なども多く、こうした平面的な資料にも、演劇が持つダイナミズム性が現れていると言える。そのため、舞台芸術のアーカイブでは、映像など特定の要素のみならず、例えば上演チケットの半券のように一見些細な情報のみが含まれるような資料であっても、上演に関連して生み出される数多くの資料を、可能な限り収集するという考えに基づいている。当館で2018年度までデジタルアーカイブ業務を担当していた土屋紳一氏は、2018年2月22日に開催した当館主催の国際シンポジウム「不可能への挑戦　形のないアートを保存する――博物館におけるパフォーミングアーツとメディアアーツのアーカイブと展示を巡って」での講演において、このようなアーカイブのあり方を「ドーナツ型の収集」と表現した[2]。図1のように、舞台芸術のアーカイブでは、多くの資料がアーカイブの中心(核)を補填し、浮かび上がらせるようなアーカイブを目指していく必要があり、デジタルアーカイブの観点からもこのコレクションの方法論を念頭に置く必要があると言える。

3 演劇博物館におけるデジタルアーカイブの現状

3-1 これまでの経緯

　当館がデジタルアーカイブの構築に向けた取り組みを開始したのは1989年に遡る。1995年には当館ホームページ上で当館所蔵の錦絵61点の画像掲載を行い、その後1997年には「錦絵検索システム」として、検索機能を付与し公開を行っている。2001年には学内に設置した情報端末上にて、演劇雑誌や現代演劇上演記録、貴重書、映画・舞台写真などの資料が資料目録の検索機能と画像表示が可能なデータベースを作成し「演劇博物館デジタル・アーカイブ・コレクション」として公開を開始した。その後、このデータベースは、2005年よりWebアクセスが可能な第二期の活動へシフトし、さまざまなサブデータベースを追加しながら、およそ13年にわたって演劇研究者や広く一般の利用ニーズに応えてきた。近年では、この仕組みを大学共通のプラットフォームに移行させ、学内の他文化機関の文化資源を共通的に検索可能な「早稲田大学文化資源データベース」の運用を2017年6月に開始、現在もなお発展を続けている[3]。このように、当館では情報技術を活用したデジタルアーカイブの可能性に早くから注目し、重要な要素と位置付けて、デジタルアーカイブ活動について不断の努力を続けてきた。これは、資料の収集、保管、展示といった博物館の基本的な機能を支えると同時に、演劇・映像の人文学研究を補助する役割として、文化資源を広く共有させるとともに、文化の振興に広く貢献していきたいという願いに支えられているためである。

　しかし、デジタルアーカイブ活動は、このような思いだけでは継続は難しい。端的に言うと予算の確保が不可欠であるためである。当館では公的資金を活用し、デジタルアーカイブ活動の原動源としてきた。ここでは紙面の都合上、詳細は割愛するが、数多くの研究プログラムや科学研究費助成などによりデジタルアーカイブ活動が行われてきたという背景をおさらいしておきたい。また、早稲田大学では2012年に「Waseda Vision 150」[4]と呼ぶ中長期計画を立て、さまざまな実行を行ってきた。文化推進の目的のため充てられ

た予算を活用し、先に述べた文化資源DBや3-5で述べる「収蔵品管理システム」など情報システムの構築・運営などにより、学内の文化資源の保存と活用のための基盤を固めてきた。

3-2 「演劇情報総合データベース」について

当館のデジタルアーカイブ・コレクションの総称は「演劇情報総合データベース（Database for Theatre Research）」と呼ぶ。先に述べたように、現在ではこのデータベースは大学共通のプラットフォームである「早稲田大学文化資源データベース」[5]（以下「文化資源DB」とする）にて利用できる（図2）。

データベースは、浮世絵や舞台写真、台本など、資料の種別や分類に従い、サブデータベースの構造を取る。本章執筆時において、計39のサブデータベース、全856,076件の情報を公開している（2020年3月末時点、対象は当館が管理するサブデータベース）。演劇・映像学の研究者により作成された精緻な目録情報に加え、画像・音声などの豊富なデジタル・コンテンツにより構成されることが特徴である。利用者は、各サブデータベースから、資料名や資料番号などのアクセスポイントとなる情報を入力し検索することで目的の資料へアクセスが可能であるものの、アクセスしたい資料や利用目的が明確な研究者ではない、一般の利用者にとっては、通常の検索機能のみではアクセシビリティの点で不十分と言える。そのため、文化資源DBでは、アクセシビリティ向上のため、表1の特徴的な機能を持つ。

先の「ドーナツ型の収集」で触れた、アーカイブの中心（核）を補填し、浮かび上がらせることの可能なアーカイブの考え方を、システム上で実現させようと考え、実装された機能の一つがクリップ機能である。公開資料は、コレクションの収集・管理や、情報管理の合理性を理由に、種別や分類などでカテゴリ分けされたサブデータベース内に纏められている。これは、特定の資料に対する検索性には長けているものの、デジタルアーカイブ総体から見るとある種の孤立状態とも取れる。クリップ機能は、資料と資料の間に関係性を持たせることが可能であり、展覧会等でのキュレーションに相当するよう

表1 文化資源のDBの検索機能

横断検索	データベース全体を通じ、利用者が指定するキーワードを含むレコードを検索できる
ファセット(絞り込み検索)機能	検索画面内に検索候補キーワードを自動表示させ、キーワードを入力することなく特定のレコードへアクセスしやすくする
年表検索機能	西暦や時代などで区切られた時間軸から絞り込み検索を行い、その情報分布がグラフ表示される
地図検索機能	地図内に表示されているポイントを選ぶことで、その場所と関連付けられたレコードの絞り込み検索を行える
クリップ機能	利用者は検索条件や検索結果等を注釈付きで保存が可能、その内容はURLにてアクセス可能であるため、SNS等と連携することにより利用者相互の情報共有に活用することができる

な情報の選択と整理を可能にする。利用者間のコミュニケーションの広がりとともに、デジタルアーカイブを利用した新たな実験場として、この機能が活用されることを期待している。

　図3は、劇作家ウィリアム・シェイクスピア(William Shakespeare)の表記違いの情報等を検索するために作成したクリップである(「沙翁」という日本語表記でも用いられることがある)。

図2　文化資源DBトップ画面

図3　文化資源DBクリップ機能

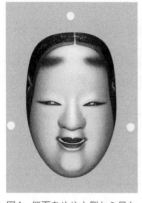
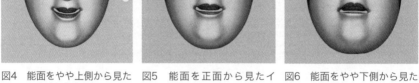
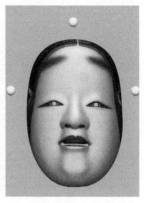

図4　能面をやや上側から見た
イメージ（文化資源DB の3D
データベース）

図5　能面を正面から見たイ
メージ（同データベース）

図6　能面をやや下側から見た
イメージ（同データベース）

3-3　資料デジタル化の可能性

　2014年度、当館の新たな試みとして、立体資料の三次元デジタル化を行った。能面や伎楽面など、資料の貴重性から一般的にはアクセスの困難な資料を対象に、光源や背景色の指定が可能なビュアーにて、テクスチャー付き三次元データの閲覧が可能となっている[6]（図4〜図7）。野外の能舞台では、昼夜の変化や、松明などの光源により状況が変化する。また、能面は微妙な角度によって感情を表現することが知られている。それらの状況を簡便な操作によりシミュレーションすることができることがこのビュアーの特徴である。将来的には3Dデータを用いたレプリカの作製など、新たな利活用も期待できる。

3-4　外部データ連携

　当館では「想IMAGINE」や「文化資産オンライン」へデータ連携の実績があり、2019年3月に「ジャパンサーチ（BETA版）」へデータ連携を開始した。文化資源DBは、演劇研究者には認知されていると言えても、必ずしも広く一

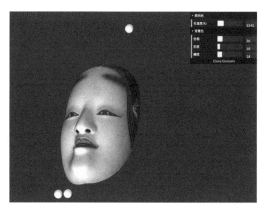

図7　背景色や照明のシュミレーション（同データベース）

般に認知が広まっているとまでは言えない。ジャパンサーチへの連携により、利用者の広がりと連携機関相互の関係性が高まることを期待している。

　ジャパンサーチ連携について補足する。本章執筆時点では「演劇博物館名品セレクション」および「3Dデータベース」、「企画展『演劇人 坪内逍遥』」の3データベースの連携を行っている。ジャパンサーチでは、特定の検索を行わずとも、あるテーマに沿ったコンテンツを閲覧することのできる、ギャラリー機能が提供されており、当館からは、創設者の坪内逍遥について紹介する「演劇人 坪内逍遥」を公開している。当ギャラリーでは、紹介文を多く交えることで、個々の資料にストーリー性を加えた編集がなされている点に注目されたい。また、演劇博物館の資料のみならず、他組織の所蔵資料を交え紹介することで、国内での資料の広がりや繋がりを感じることのできるコンテンツとなっている。当コンテンツは、国立国会図書館との共著により作成した。今回の事例のような、デジタルアーカイブを活用した協働的な試みは、資料についての新たな発見を生み出すだけでなく、組織間の繋がりを高める役割も果たすことが可能である。外部へのデータ連携などについては、館としても積極的な活動を続けたいと考えている。

3-5 収蔵品管理システムについて

当館では、所蔵品ついて、資料名などを始めとする資料目録情報や、資料の貸出・展示利用または補修作業といった来歴情報など、博物館として通常行われる、いわゆる博物館ドキュメンテーション（もしくはコレクション・ドキュメンテーション）の活動に関わる情報、さらには演劇研究に資するための記録情報などを管理している。当館では資料担当係（貴重書係、和書係、博物係など資料の特性によりその管理が分任されている）毎に、長らく桐[7]やFileMaker[8]などの、表計算ソフトなどが用いられていたが、2015年5月に早稲田システム株式会社の「I.B.MUSEUM」[9]を導入し、所蔵品管理システムとして運用を行っている（図8）。先に述べたように、当館の所蔵資料は多岐にわたる。収蔵品管理システムでは資料を9つに分類し、分類毎に詳細に情報を記述できるよう、機能を持つ点に特徴がある。

また、収蔵品管理システムと文化資源DBを連携させることで、収集から管理、公開までのスムースな情報連携が可能となっている（図9・図10）。

図8　I.B.MUSEUMメインメニュー　　図9　I.B.MUSEUM資料メニュー

図10　I.B.MUSEUM資料詳細画面

4　デジタルアーカイブに関わる課題と対策

4-1　文化資源DBの利用者の裾野拡大に向けて

　文化資源DBの個別データベースに目を向けると「浮世絵データベース」や「演劇上演記録データベース」、「中国書目録データベース」の順でアクセス上位にある。また、能面などの立体資料を三次元でシミュレートし閲覧可能な「3Dデータベース」は、掲載コンテンツ数がさほど多くないに関わらず、アクセス数の多いデータベースである。多くのサブデータベースは研究者などの特定のユーザーが主な利用者であるのに対し、この「3Dデータベース」は研究者以外の利用者の割合が多いのではないかと推定できる。このように、当館では、いかに利用者の裾野を広げ、一般に向けた情報やコンテンツを拡充していくかという課題を抱えている。現在、この課題に対し早稲田大学では、「バーチャルミュージアム」と呼ぶ新たな機能を、2020年7月31日に追加した。機能のコンセプトは「リアルな資料や空間と、デジタル技術によるバーチャルな資料や空間を横断可能にする」である。

学内文化機関[10]には、より多くの人に紹介したいという資料を多く所蔵しているに関わらず、現在の文化資源DBには資料一点毎に詳しい紹介文を付したり、高精細な画像を閲覧したりするのに適した機能が備わっていない。このような資料をインターネット上で閲覧してもらい、学内の現実の場所や資料に興味を持ってもらうことを期待している。また、スマートフォンなどのモバイル端末を持った利用者が、展示室や現実の場所(講堂や銅像など)などを訪問した際に、その場でより詳しい情報を得たり、そのままバーチャルな空間へとシームレスに移動が出来るといった、ユーザー体験が得られることも期待している。

4-2 電子情報の長期的な保存

電子情報の長期的な保存は、当館のデジタルアーカイブ活動における大きな課題である。例えば、デジタル画像を継続して利用可能な状態にするためには、その保存媒体の劣化や、ファイルフォーマットの変化などを考慮した定期的なメンテナンス作業が不可欠であり、そのためのコストが必要となる。当館は、長年にわたり資料デジタル化とその公開を積極的に進めた結果、その活動に比例し、管理すべき電子情報が増大を続けた。近年、現場担当者から、改めて管理の難しさが問題提起されたことを受け、2018年12月より課題対策のための検討を開始する運びとなった。

大小プロジェクトや館内の展示・イベント等にて生成された電子情報のデータ量やファイルフォーマットについての調査等を行い、保存対象を明確にしてゆくとともに、その保存方法や保存コストなどを始めとする保存のためのポリシー策定を中長期的に進めていく必要がある。学内の他文化機関とも連携し、より強固な情報基盤を構築するなど、文化資源の保存と活用のための安定的・持続的成長に繋がることを期待している。

当館では、営利・非営利を問わず、利用者からの調査・研究利用および図版掲載等の求めに対し、資料画像を提供するサービスを行っている。画像コンテンツ等の利用数は、デジタルアーカイブの社会的な認知度や価値、有用

性を図るための定量的な判断基準として用いることが可能と考えられる。現在、該当サービスの処理手続き上で必要な情報を記録しているが、この情報を一次資料と対応させて利用実績として公開することが可能となれば、デジタルアーカイブの活用事例の有用な情報として利用することができる。デジタルアーカイブの継続的な運用には、多くの費用が必要となる。学内外を含めた運用資金の予算獲得において、利用実績の公開は、先に述べた定量的な判断基準として、強い説明理由に用いることができるため、優先して対応すべき課題と考えられる。

4-3　知識と技術の継承

　当館では、デジタルアーカイブ・コレクションの管理や、資料デジタル化作業等、デジタルアーカイブに関する主な業務をデジタルアーカイブ室という部署が担当している。しかしながら、同室の要員は、大学の人事規則等に則り数年で入れ替わりが起こるため、業務に関わる知識と技術の継承が課題となっている。当館では、この課題を、デジタルアーカイブ事業を行う上での重点課題の一つと捉え、2013年頃より対策を行ってきた。活動の一環として『演劇博物館収蔵資料デジタル化ガイドライン』[11]を作成し、2018年11月に一般公開を行った。本ガイドラインは、平面資料をデジタル化する際の、各作業の標準化を図るために作成したものである。一定の基準を作成することで、作業の合理化を図り、また、デジタル化作業委託先が変わる場合でも、品質を高水準で維持することを目的としている。

　平面資料であっても、資料を立体的、時系列的に捉えられるよう、画像の順序や見え方を考慮しデジタル化を行う必要があり、デジタル化作業において関わりを持つ関係者相互の資料に対する理解を高めるためにガイドラインを活用している。なお、現時点ではガイドラインの対象範囲は平面資料に限られており、立体資料や視聴覚資料、ボーンデジタル資料についての記載を保留にしている。また、デジタルコンテンツという新たに生成される文化資源に対する品質管理のための作業(ファイル名の確認や画像化順序、色調整

処理結果の確認、ブレやゴミの確認など多岐にわたる検査項目が含まれる）が欠かせないが、作業者の目視検査を伴うため、検査作業の合否判定は、明確な基準を定めることが難しく、記載を保留にしている。これらの二項の対応については、今後検討を行っていく予定である。

4-4 権利処理の課題

　当館所蔵の資料には、権利処理を理由に、アーカイブでの公開・利活用が難しい資料が大量にある。公開・利活用が困難であることは、著作権者や著作隣接権者が不明な場合や、権利者へ利用許諾を得る手段がない場合などが直接的な理由に挙げられるが、権利処理のために必要な費用や作業負担が大きいことも大きな理由として挙げられる。当館のコレクションは、全体に対し写真資料の占める割合が高い。写真資料は利用の要請が高いにも関わらず、資料現物に付随する付帯情報がない場合も多く（裏面に書き込まれた文字情報は、大変に有用な情報となる）、権利処理が極めて難しい資料である。

　文化資源DBは、特定の資料画像を、館内に設置した端末からのみ閲覧可能にする機能を有している。著作権法第三十一条「図書館等における複製等」、および第三十八条「営利を目的としない上演等」の規定を踏まえ、一般に入手が困難な資料のデジタル化を行うとともに、その資料画像を閲覧に供する対応をとっている。

　舞台芸術に関する資料については、その資料が美術・言語・写真・映画など、どの著作物の分類に該当するかという判断や、著作権者の特定などを始め、著作権についての高い知識と経験が求められるという特徴もある。まず取り組むべき対策としては、舞台芸術を構成する要素（原作、台本、戯曲、美術、音楽、実演、演出など）を整理し、その各要素を著作物と判断するための基準や、各要素で誰が権利者に該当する可能性があるのか、さらには、どのような手続きにより権利処理を行うのかなど、アーカイブの観点から問題点を整理することが重要となろう。

　費用や作業負担の問題に対しては、「著作権者不明等の場合の裁定制度」を

利用した対応が見込めるが、当館では現在のところこの制度の利用実績はなく、制度活用を視野に検討を進める必要があると認識している。ただし、作業負担は大きく軽減できるとしても、制度利用にあたっての費用負担の観点からは課題を認識している。補償金の事前供託の免除の適用範囲を、国や地方公共団体等の機関のみならず非営利のアーカイブ機関まで拡大させるなど、今後の制度改訂が望まれるところである。

5　おわりに

　当館のデジタルアーカイブの現状を概観し、利用者拡大と長期保存、人材面、権利処理の4つの観点からの課題を述べてきた。原則として当館のデジタルアーカイブに焦点を当てており、商業面を含めた広い視野での舞台芸術のデジタルアーカイブについては言及していない。国内における舞台芸術のアーカイブとしては、研究機関や大学、企業、団体、個人などが個々に保有する資源を、それぞれの目的や考え方に従って活かすべく取り組まれている。しかし、その資源の多くは、権利問題を理由に、広くアクセス可能な形での公開に至っているのはごく一部に限られるのが現状であろう。この観点からは、舞台芸術にまつわる文化資源を広く共有し、利用価値を高めるために、商業的な視点も加えながら、当館のみならず他の機関のアーカイブが協力・連携することが重要となろう。

　デジタルアーカイブの価値はアクセス数などの数値的な基準のみでは判断できない。舞台芸術は、広く一般に楽しまれるとともに、祝祭や信仰・祈りなど、深く生活に溶け込み発展を続けてきた。舞台芸術のデジタルアーカイブは、一組織や特定の研究者が選定する情報やコンテンツのみで構成されるのではなく、デジタルアーカイブの利用者のみならず、さまざまな資源の生産者からの声に耳を傾け、必要とされるデジタルアーカイブとは何かを探るアプローチの方法が求められる時期を迎えていると感じる。この考えをより強くする理由の一つには、内閣府知的財産戦略本部が策定した「知的財産戦

略ビジョン」における、知的財産をめぐる社会のあり方としての「価値デザイン社会」の仕組みが、自身の考えに影響している。将来の社会像の予想としては、リアルの価値が高まるとも指摘されており[12]、利用者の求めがモノからコトへと変化してきていると考えた場合、舞台芸術におけるデジタルアーカイブの視点から捉えると、資料の目録情報と画像(コンテンツ)を羅列するような情報の提供方法ではなく、それらの関係性をつなぎ、情報を構成することにより、モノのアーカイブからコトのアーカイブ[13]へ躍進させることが出来ると考えることも出来る。例えば、ある舞台上演から紐付くさまざまな要素をつなぎ合わせ、舞台芸術を構成する物・人・時間・空間などの隙間を埋め、実際に存在していたコトとして再構成することである。

　当館が次に目指すべきデジタルアーカイブの理想の形は、「形のないものをいかにアーカイブするか」、「膨大なコレクションをいかに活かすか」という問いから導き出されるのではないだろうか。

注
1)　早稲田大学坪内博士記念演劇博物館編(1978)『演劇博物館五十年』早稲田大学坪内博士記念演劇博物館, 126.
2)　国際シンポジウム「不可能への挑戦　形のないアートを保存する──博物館におけるパフォーミングアーツとメディアアーツのアーカイブと展示を巡って」成果報告書より。
　　「……その状態を私は、ドーナツ型の収集と言っています。そしてそれ自体が演劇のアーカイブなのではないかというふうに考えています。ドーナツというのは中が空洞なのですが、実際、演劇というものは空洞な状態、保存できない状態であって、周りを一生懸命集めることで、中央の演劇はどのようなものかと、みんなで想像を働かせるしかないのではないかと。そのようなアプローチで皆さんも収集をしてきたのではないかと思います。……」(https://www.waseda.jp/enpaku/wp-content/uploads/2017/12/Internationalsymposium2019_j.pdf)(最終アクセス：2020年1月22日)
3)　中西智範(2019)「デジタルアーカイブ活動の年表」『演劇博物館館報　enpakubook』

（115）, 52.

4）　「Waseda Vision 150」策 定 の 経 緯（https://www.waseda.jp/keiei/vision150/about/about.html）（最終アクセス：2020年1月22日）

5）　早稲田大学文化資源データベース（https://archive.waseda.jp/archive/）（最終アクセス：2020年1月22日）

6）　早稲田大学文化資源データベース　3Dデータベース（https://archive.waseda.jp/archive/subDB-top.html?arg={%22subDB_id%22:%2258%22}&lang=jp）（最終アクセス：2020年1月22日）

7）　桐（きり）は管理工学研究所が開発・販売するデータベース管理システム。

8）　FileMaker（ファイルメーカー）は、現在クラリス社（旧・ファイルメーカー社）が開発・販売を行うデータベースソフトウェア。

9）　収蔵品管理システム I.B.MUSEUM（http://www.waseda.co.jp/products/ibmuseum）（最終アクセス：2020年1月22日）

10）　早稲田大学では、学内文化機関として演劇博物館のほかに、會津八一記念博物館、大学史資料センター、大学図書館が文化資源DBでの情報公開を行っている。その他文化機関としては早稲田スポーツミュージアム、早稲田小劇場どらま館、国際文学館（2021年4月開館予定）がある。

11）　演劇博物館収蔵資料デジタル化ガイドライン（https://archive.waseda.jp/archive/subDB-top.html?arg={%22subDB_id%22:%22106%22}&lang=jp）（最終アクセス：2020年1月22日）

12）　『知的財産戦略ビジョン──「価値デザイン社会」を目指して』の17頁には、次のような見解が示されている。
　　「デジタル社会では、低廉なコストで複製・普及が可能なデジタルに比べ、相対的にリアル（非デジタル）の価値が向上すると見込まれる。」（https://www.kantei.go.jp/jp/singi/titeki2/kettei/chizai_vision.pdf）（最終アクセス：2020年1月22日）

13）　文化資源DBでは、「浮世絵データベース」や「舞台写真データベース」など、資料を特定の分類や形態に纏め、サブデータベースとして構成している。一次資料を中心に検索・閲覧できるサービスという意味において、モノのアーカイブという表現を用いている。一部のデータベース、例えば「演劇上演記録データベース」では、上演チラシやパンフレット等をもとに、コトとしての上演の情報を収録しているが、文化資源DB全体を通じては、コトを基準に扱う場合はごく限られる。

参考文献

S.A.ホルム著、田窪直規監訳(1997)『博物館ドキュメンテーション入門』頸草書房.

早稲田大学演劇博物館編著(1988)『日本演劇史年表』八木書店.

早稲田大学坪内博士記念演劇博物館編(1978)『演劇年報』早稲田大学出版部.

国立国会図書館『電子情報の長期利用保証に関する調査研究』(https://www.ndl.go.jp/jp/preservation/dlib/research.html)(最終アクセス：2019年9月27日)

京都大学人文科学研究所・共同研究班「人文学研究資料にとってのWebの可能性を再探する」編、永﨑研宣著(2019)『日本の文化をデジタル世界に伝える』樹村房.

第8章

土方巽アーカイヴ
実験的アーカイブの理念と活動

森下　隆

1　はじめに

　慶應義塾大学アート・センター(以下、アート・センターと表記)に土方巽アーカイヴが設置されたのは、1998年の4月のことである。現在、アート・センターにはいくつものアーカイブ、さまざまな資料体が存在しているが、土方巽の舞踏資料が最初にアート・センターに収まり、本格的なアーカイブ事業がスタートした。

　2018年には、アート・アーカイブ20周年として、アート・センターの周年事業が実施されて、大学におけるアート・アーカイブを再考し、あらためて将来を展望する機会ともなった。

　本章では、土方巽アーカイヴの発足と活動の歴史的経緯を概観しつつ、ダンス(舞踏)のアーカイブとしての土方巽アーカイヴの意義と現状を述べることとする。もとより本章が、アーカイブの活動が次代に継承される一助となることを期待したい。

　あらかじめ言っておけば、土方巽アーカイヴは決して大きな施設や組織を有しているわけではない。大学の1研究機関の中に置かれた、むしろ、ささやかな文化装置として機能してきたにすぎない。

　しかし、20年の歴史は、事業の成果とは別に一つの達成といえるであろう。大学の研究所を母体として、組織的環境の変化を受けつつ、スペースの確保

第8章　土方巽アーカイヴ｜森下 ──── 141

やスタッフの配置、資金の獲得、目的の設定やモチベーションの維持といったことで、生存競争を生き抜こうとする一個の生物体のように身を縮めたり伸ばしたりしてきた。アーカイブは存続することに意義があるを金科玉条として、施設の拡充を実現するとともに、さまざまな事業を遂行しつつ活動を継続してきた。

　活動の継続を可能にしつつ、土方巽アーカイヴがアートの世界でその存在が知られるようになった理由は、まずは稀代のアーティストとしての土方巽の魅力であろう。舞踏の創始者であり、世界で最初の舞踏家である土方巽。ダンサーでありながら、美術、演劇、写真、映画、さらには文学や哲学といった領域を横断しての交流と影響関係は、多様な資料を以てアーカイブを形成する結果となっている。

　そして、何より土方巽アーカイヴが発足してからの20数年にも、舞踏は世界中にじわじわと浸食するように広まり迎えられた。日本よりもむしろ海外で広く認知され求められている舞踏だが、土方巽アーカイヴの活動も役割もその状況に規定されていると言える。

　日々海外のダンサーや研究者が、リサーチャーとしてアート・センターに来訪している。そして、この20年とは言わず10年を見ても、外国人による舞踏をテーマにした博士論文が次々と生産されているが、そのためにも土方巽アーカイヴへのアクセスが不可欠である。また世界各地でButoh festivalやButoh conference が頻繁に開催されているが、土方巽アーカイヴも海外でのイベントへの参加や資料提供を頻繁に行っている。

　この20年の現実からして、学術研究にあっても芸術表現にあっても、土方巽アーカイヴの存在意義はますます高まっており、日本を基軸にした芸術における国際交流からしても不可欠な装置となっていよう。

　本章ではまずは、土方巽アーカイヴの成立の経緯を辿っておく。そのことから、芸術研究を支えるアーカイブの成立の条件も見えてくるだろう。絶え間なく行われてきた活動や事業を通して、その歴史の中にアーカイブの理念やあり方を再考しつつ、アーカイブが存在する意義を見出してみたい[1]。

2　アーカイブの開設

　芸術家の個人の美術館や記念館はともかく、公的な機関での個人のアーカイブは稀少というか、むしろ存在しなかったと言える。そこに個人名を付けたアーカイブが生まれることとなった。前世紀末には、そもそも「アーカイブ」という用語にもなじみがなかった。しかも、大学に土方巽のアーカイブが設立されること、それ自体が奇異とも思われただろう。

　いずれにせよ、1998年4月の開設当時のアート・センターの施設は狭小で、現在の施設からすれば、ただ拠点となる小さなスペースがあったにすぎなかった。アーカイブのための作業スペースもなく、学内のほかの機関と共有する小さな収蔵庫はあったが、現在のように24時間にわたって温室度が管理されている収蔵庫はまだ用意されていなかった。もちろん、訪問者のリサーチに供するスペースもなかった。現在のように国内外の研究者が訪れて資料を探索する施設は未整備であった。

　もとより、土方巽アーカイヴは大学の1機関ではなく、あくまでアート・センターという既存の機関の中に設置され、資料がまとまって収蔵されているにすぎなかった。

　しかし、土方巽の名を冠してのアーカイブはたんなる資料の収蔵体ではなく、舞踏をめぐる活動の母体ともなって維持されている。舞踏創造の場であったアスベスト館の歴史をも継承すべきアーカイブの事業体としての活動が行われてきたのである。

2-1　資料館からアーカイブへ

　土方巽アーカイヴは土方巽の舞踏資料を収集・保存し、整理・公開するための施設と機能を有している。アーカイブとして資料（資料体）があることが前提だが、ただしアート・センターにあって初めて土方巽の資料が収集、整理されたのではなく、1998年以前にすでに、土方巽の資料は収集・整理されていた。

土方巽の逝去の翌1987年に土方巽記念資料館が設立された[2]。設立といっても、そのための施設があったわけではなく、土方巽の稽古場(兼劇場)であったアスベスト館での活動であった。

　土方巽記念資料館の設立後の活動の経緯は省き、1998年時点での状況を簡単に述べておく。1998年は土方巽の13回忌の年にあたっていた。そこで、アスベスト館では「土方巽'98」としてさまざまな催しを行う計画を立てていた。土方巽の再評価の気運、土方巽ルネサンスとでも言うべき状況を仕掛けようとしていた。

　この年には『土方巽全集』の刊行や『芸術新潮』の土方巽特集号の発行を控え、編集が進められていた。資料館ではアスベスト館に保存されていた資料をベースにして、次々と土方巽の写真集や全集の編纂が企画され実現されていた。

　それに先立ち、1997年の早い時期に、土方巽の舞踏資料を以てアート・センターに土方巽アーカイヴを設置するというプランが提起されていた。アスベスト館としてはアート・センターのこの提案を受け入れ、土方巽アーカイヴ設立について、両者の基本的な合意を見たのである。

　アスベスト館には本来の舞踏資料と呼びうる資料のみならず、美術、写真、映像に関わる多様な資料が所蔵されていた。土方巽の活動がもともとアートのジャンルやスタイルを横断する性格を持っていて、アート・センターはこのことに新しいアーカイブの構想を得たのである。

　この分類しがたい資料群こそはアート・センターが志向するアート・アーカイブを構成するのにふさわしく、土方巽アーカイヴはこのプロジェクトの実践的なモデルになりうると考えられた[3]。当然、アート・センターとしてもアーカイブの設立が研究所のレーゾンデーテルを高めるという期待があった[4]。

2-2　アーカイブの実験

　アーカイブ開設時の組織体制や施設の未整備の状況はともかく、土方巽記念資料館からの資料の移管とアート・センターでの資料整備は着実に進められた。

アーカイブの存在を規定するのは何といっても資料である。アーカイブの目的や属性、方法や領域が何であれ、資料がなければアーカイブは始まらない。殊に、一次資料の所蔵（収集・保存）が基本であり、アーカイブの価値を決すると言えよう。

　土方巽の舞踏の一次資料は、当然のことながら土方巽記念資料館が一に保持していて、それらが移管されれば、アーカイブの成立要件をまず以て満たすことになる。加えて、アスベスト館の資料はすでにいくどかの展覧会の開催を経て整備されており、資料のデータも一覧しうるインベントリーが作成されていた。

　土方巽アーカイヴとしてはまとまった芸術資料を所蔵することから始まり、「ジェネティック・アーカイヴ・エンジン」と呼ばれるアーカイブの理念を掲げて本格的なアーカイブの成立を目指すこととなった。アート・アーカイブのプロジェクトのために提唱されたコンセプトである「ジェネティック・アーカイヴ・エンジン」は、アート・センター独自のアーカイブ原論というべきアーカイブの方法論である。この方法論をもって、アーカイブ・プロジェクトの実践の方向性が示されたのである[5]。

　「ジェネティック・アーカイヴ・エンジン」を基本理念とする、アート・センターのアーカイブの属性は次の3点に集約される。

1. アート・アーカイブ
2. デジタル・アーカイブ
3. 研究アーカイブ

　まず、アート・アーカイブという規定は、舞踏という舞台芸術を対象にしている以上、当然である。とはいえ、日本ではアート・アーカイブが未成熟でありアーカイブ・モデルも存在しなかった。もちろん、アートに特化したアーキビストも不在であった。それだけに、土方巽アーカイヴはアート・アーカイブのパイオニアになるだろうと期待された。

アーカイブの資料と設備を整備するためには資金が必要である。当時、慶應義塾大学湘南藤沢キャンパスでは、文部省（当時）の大型科学研究費（COE形成基礎研究費）による共同研究「創造的ディジタルメディアの基礎と応用」を展開していたが、アート・センターもCOE大型研究プロジェクト「ジェネティック・アーカイヴ・エンジン」を以て、この共同研究に参加していた。つまり、アート・センターのアーカイブの事業は「創造的ディジタルメディアの基礎と応用に関する研究」の一環として実行されたのである。

　ということで、アーカイブ構築にあたっての方法も資金も「デジタル」は前提であった。「デジタル」は当時にあっては、今日では理解できないほど先進的なイメージがあり、デジタル化というのは時代の要請でもあった。デジタル・アーカイブとは、資料のデジタル化からデータ処理、インターネット上のやりとりなど、コンテンツからネットワークまで幅広い情報化処理に関わることを表していて、未来のアーカイブの姿を予告していた。

2-3　アーカイブの基本構想

　研究アーカイブとしての具体的な活動は後述するとして、その構想を確認しておこう。土方巽アーカイヴの開設前に、前田富士男の名で記述された次のような「アーカイヴ基本構想案」が示されていた[6]。

　アーカイヴ基本構想案は次の6項目で記述されている。

1) 個人や特定の共同体の創造的制作活動を対象とする。
2) アーカイヴの本質は、感性的空間であり、たんなる抽象的情報空間ではない。
3) 研究アーカイヴでは、運用者と「訪問者（ビジター）」とは対等。ユーザー、利用者などと考えないこと。運用者の特権性をつねに反省すること。人文科学のアーカイヴは、一種の実験室であり、自然科学のそれと異ならない。
4) 創造的活動への関心から、制作過程・時間性・歴史性を資料調査・

分類の基軸とする。

5) ジェネティック(発生的)という問題関心において、第一に、内的な発生を促す諸モティーフの結合性(シンタグム)、そして連合性(パラダイム・アソシエーション)という二つの視点を確保する。第二に、そうした発生過程を支える外的な環境、「場」の歴史性・伝統性・約定性に注目する。

6) 作品の受容史という問題関心を忘れず、研究史・批評史・影響史の資料を着実に収集し、その努力を持続し、研究アーカイヴとしての性格を守る。ある訪問者が数回しか来訪しないアーカイヴは、アーカイヴではない。

　アーカイブのあり方としては、きわめて明快に提議され、アーカイブ構築の事業は、この基本構想案(アーカイヴ・モデル)に沿って進むことになる。この理念では、「アーカイヴとはある特定の領域、主題、個人に関連する資料体の収集・管理・保存・研究・公開を行う機関である。つまりアーカイヴは、通常の美術館や博物館、図書館における普遍主義と異なり、網羅的全方位的な資料収集を目指さない」と規定されていた。

　もとより、その理念をただちに反映する条件が設定されるわけではなかったし、このアーカイヴ・モデルに批判的な意見もあった。図書館運営に見られる標準化の思想に即しての批判であった。しかし、アーカイヴ・モデルの理論に沿って研究アーカイブを提議する側は、アーカイブの本質を領域横断的として、資料分類にあたっても、いわゆる図書館分類(NDC・日本十進分類法)を採用しないと主張した。

　当時、ヨーロッパの影響もあって、日本でも図書館や美術館の関係者は、デジタル化とネットワークの進展とともに、MLA連携に注目するところとなり、実践に向けて論議し、MLA三者の連携の可能性も探られていた。しかし、アート・センターのアーカイブでは、「連携」ではなくまずは独自のアーカイヴ・モデルを模索する立場にあった。土方巽アーカイヴがアート・

アーカイブのパイオニアと言われる由縁でもある。

3　アーカイブの基本活動

　土方巽アーカイヴは、収集された資料の保存・整備やデータ化を行い、そして公開する活動を日々継続している。アーカイブとしては当然の活動だが、日本でのダンス・アーカイブの状況を鑑みると、この活動さえ困難であることがわかる。

　土方巽アーカイヴは舞踏資料のアーカイブとして実験的に始まり、まがりなりにも20年を継続して維持されてきた。もちろん、もはや実験とは言えないが、いまなおパイオニア的存在である。というのも、少なくとも舞踏のアーカイブで土方巽アーカイヴに続くアーカイブがないからである。名称としての「アーカイブ」はいくつか存在するが、収集・保存・公開といった一貫した活動が十分に担保されているとは言えないのが現状である。

3-1　研究アーカイブ
　研究アーカイブという属性は、その後の土方巽アーカイヴを最も特徴づけることになる。

　アーカイブと資料については、アーカイブ開設早々に以下のような報告が行われ、アート・センターの基本的な考えが示された[7]。

　　(前略)本アーカイヴは、ひろく土方作品に関する資料・研究文献を公共の文化的遺産として収集・管理・研究し、国内国外の研究者、一般社会人、学生に適切な方法にて公開あるいは情報提供を行うことを目的としている。そもそもアーカイヴとは特定の主題に関して、ドキュメント(一次資料)を収集・保存・管理する機関を意味するが、本アーカイヴはとくに研究上の関心を活動の中核におき、研究文献(二次文献)の収集や研究情報検索の具体化を図り、さらには、総合大学に設置されたアーカ

イヴとして、理工・情報系の専門家の協力のもとに新しい創意と工夫を具体化し、芸術家の創造プロセスそのものを解明する場に展開してゆく計画である。

　この短い引用の中に二つのポイントを見出すことができる。

　一つは、土方巽アーカイヴを研究アーカイブとして規定し位置づけていることである。土方巽アーカイヴでの資料調査や研究をもとに、博士論文などの学術上の成果を生むために助力し、その成果を回収しようとしている。

　もう一つが、「芸術家の創造プロセスそのものを解明する場」という理解である。このことは、アート・センターが推進するアーカイブの本質に関わる重要なポイントである。アーティストの制作のプロセスの資料を扱うアーカイブは、「ジェネティック・アーカイヴ・エンジン」の名称のもとに研究アーカイブとして具体化される。

　土方巽アーカイヴが土方巽と舞踏の資料や情報を収集して、それらを研究者の調査・研究のために提供することは当然であった。つまり、アーカイブが研究の拠点であり交流のハブともなって研究を促し、そして、その成果を受容して資料体としてのアーカイブの充実をはかるというサイクルが徐々に現実的になっていった。

　同時に、アーカイブはその立場の利点を生かして、現役の舞踏家たちとも協働して土方巽の舞踏について調査・研究する活動も行うようになった。つまり、舞踏家と研究者との交流をセッティングする場ともなろうとした。さらには、こういった活動を通して、アーカイブも研究資料を創造する活動に積極的に関与していくこととなる。

　大学におけるダンスのアーカイブがどうあるべきかは、開設時にはまだ完全な答えはなかったはずである。研究アーカイブとしての性格を付与され、その機能を獲得したアーカイブが、いずれ資料と実践との双方から「舞踏」を追究しようとする装置にも機関にもなろうとするのも必然であった。

3-2 アーカイブの公開

　アート・センターではもちろん、アーカイブ本来の活動をどう確保するか、たえず腐心してきた。まずは、一般利用(公開)を実施することに向けての活動である。

　初年度から、アーカイブの基盤整備として資料分類と検索システムのモデルの具体化が進められた。通時的分類や半構造モデルなどアート・センター独自のシステム構築を行うとともに、資料整理やデータ入力など地道な作業を続けた[8]。

　加えて、当初から施設の整備が急がれた。収蔵資料も徐々に増えていった。アスベスト館が保存していた資料も土方巽アーカイヴに追加で移管された。さらに、土方巽アーカイヴでもたえず舞踏の研究史に沿う関係資料の収集活動を行ってきた。

　言うまでもなく、一般公開を実施するとなるとリサーチャーの調査のためのスペースも確保しなければならない。端的に言えばアート・センターの拡充である。以降の経緯からすれば、ホップ・ステップ・ジャンプではないが、3度の移転を行って現在の施設に至っている。

　アート・センターは本来、アーカイブの活動や業務に特化した研究所ではなかったが、土方巽アーカイヴが設置されて以来、複数のアーカイブ(資料体)が設置されたこともあって、アーカイブに関わる活動がアート・センターの主たる業務となり現在まで推移している。

　アート・センターにとってそのことの是非はともかく、アーカイブがこの間、つまり21世紀の芸術活動に求められる装置として注目され活用されるようになってきただけに、これまでアーカイブを重視する方針を堅持してきたことに意義を認められよう。

　いずれにしても、アーカイブとしては、まず一般公開に対応しリサーチャーが調査をするためのスペースを確保できたことは、アーカイブ活動の必要条件に叶うところであった。

　先に述べた資料管理(ドキュメンテーション)をめぐる論議にあって、標準

分類(図書館分類)を主張する立場では、「利用者を特定の個人や少数者に限定することなく、多数の利用者の利用に供される」という前提条件があった。

　一方、アート・センターのアーカイブの訪問者は少数者である。図書館のように利用者は開館時間内に自由に訪問するのではなく、基本的に予約に応じて受け入れている。紹介者は不要で資格も不問である。ただし、1日に1人(1組)、あるいは2人(2組)しか受け入れることはできない。

　図書館や美術館と違って、アーカイブでは来訪者には個別に対応する。書籍や映像は自由に閲覧してもらいつつも、リサーチャーの関心や要望、さらには研究のレベルに応じて、提供する資料を選択したり説明や解説を行ったりする。つまり、来訪者ごとにカスタマイズして対応しているのである。

　近年の来訪者数は、団体の来訪者を除けば、月に延べ15人(組)〜30人(組)である。この来訪者数は通常の図書館と比べれば、きわめて少数ではあるが、来訪者の関心や要望は多様である。それに対応するとなると、現在の体制とシステムで受け入れる人数としてはこれでも荷重である[9]。

　また、来訪者の7〜8割は海外からのリサーチャーである。舞踏は世界に広がっているだけに、外国人の来訪者は国や地域を問わない。土方巽アーカイヴでは世界各国・地域からのリサーチャーを迎えてきた[10]。

　施設の拡充で特記すべきは収蔵庫である。アート・センターにはアーカイブが次々と設置され、資料もたえず増え続けているだけに、より広い収蔵庫を求めてきた。現在の収蔵庫は2011年に完成し、以前にも増して広くなり、24時間温室度管理の機能を持つ収蔵庫となっている。

　アート・センターは大学に属する芸術の研究所である。研究所とは言え、現在ではアーカイブ活動を研究所の主たる活動として選択しているために、芸術資料の保全と提供が、その活動の大きな位置を占めることとなっている。

4　研究アーカイブとしての発信と創造

　土方巽アーカイヴは所蔵資料の閲覧に応じたり、外部への資料の貸出しを

したりするにとどまらず、しばしばその資料を以て展覧会や上映会、シンポジウムなどを開催してきた。また、外部の機関や団体が企画する展覧会やカンファレンスのオファーも増えて、その要望に応じている。

さらには、土方巽の舞踏の創造のプロセスをめぐって実験的なプロジェクトを実施することで、土方巽の舞踏の解明に努めてきた。

これらの活動は、アーカイブの調査・研究の成果発表でもあるとともに、新たな研究資料の創造を担っているわけである。こういった研究アーカイブとしての発信をめぐって、アーカイブの活動の広がりを紹介し、その意義を考えてみたい。

4-1 展示・上映・公演・シンポジウム

アート・センターとして、たえず土方巽の舞踏創造をめぐってのテーマ展示や上映会を行ってきた[11]。こういった展示や上映会は広くアーカイブ事業に関心を集める機会となる。同時に、資料の収集・整備、新たな資料の発見、さらには集中的な調査・研究を行う機会ともなる。アーカイブとしては資料の収集や調査・研究の成果はたえず冊子にまとめられている[12]。

舞踏公演や舞踏をめぐるシンポジウム、朗読劇なども実施してきた。これらは本来のアーカイブの活動からは外れるかもしれないが、アーカイブからの発信としての事業であった。いくつかを紹介して、活動の特徴を示しておく。

まず、舞踏公演では毎年、日吉キャンパスで国内外のダンサーを招いて公演を行い、多くの観客を集めている。また、アート・アーカイブ展に合わせて、パフォーマンスやシンポジウムを企画し、舞踏をめぐる展覧会の意義を示してきた。さらには、舞踏による国際交流として海外のダンサーを招聘して大学内での舞踏公演を主催してきた。

シンポジウムとしては、「国際舞踏カンファレンス／Butoh Abroad Today：It's Extension and Succession」（2009年）を開催した。海外からも研究者やダンサーを招いて舞踏の国際化をテーマにしたカンファレンスであった。この頃から海外での舞踏研究が目立ってきたが、現在では舞踏についての研究者は

日本よりも外国で多くなっているのが実情である。

　また、土方巽の命日（1月21日）に「土方巽を語ること」と題してのシンポジウムが2011年に始まり、その後恒例となっている。土方巽をよく知るゲストを招くとともに、舞踏関係者や一般の舞踏ファンが参集して、土方巽について自由に語る会だが、土方巽と交流があった人たちから貴重な証言を得ることができた。

　朗読劇として、「『病める舞姫』を秋田弁で朗読する——米山九日生少年に捧ぐ」を行った（2010年）。読むのも難しいといわれる土方巽の著作『病める舞姫』をあえて秋田弁で朗読することで、土方巽の世界にスリップインしようとした[13]。

　また、「命の実感プログラム——土の土方像と水滴の時間」と名付けたプロジェクトを実施した（2008年）。土方巽の後半生における舞踏思想の核心となる「衰弱体」の思想を立体的に可視的に表現しようとする試みであった。具体的には、等身大の土方巽の像（舞踏作品『疱瘡譚』の1シーン）を土で造形し、その土の像に3日間にわたって水滴を垂らし続けるインスタレーションである。さらに、土の像が次第に崩れてゆく様子を映像で記録し、その映像を画像伝送（ライブ・ストリーミング）するプロジェクトであった。

　幻の万博映画『誕生』の発見と上映も、土方巽の活動の調査・研究の一環であった。『誕生』は1970年の大阪万博のパビリオンの一つであるみどり館でアストロラマと名付けられた全天全周映画で、万博でも人気のプログラムだったが、万博以来見ることが叶わなかった。調査の過程で映画『誕生』の70ミリフィルムを発見し、そのフィルムをデジタル化するとともに、制作の経緯や撮影・上映の方法やシステムの開発なども調査することができた[14]。

　こういった土方巽の作品や思想を追究しようとする多様な活動やプロジェクトもまた、アーカイヴ・モデルの方法論を探る延長線上にあると言える。パフォーマンスは上演後には失われる運命にあるが、それをいかに追究して可視化するかはアーカイブの役割であろう。

4-2 「動きのアーカイヴ」

1998年に刊行された『土方巽全集』(全2巻、河出書房新社)に土方巽の「舞踏譜」が写真版で掲載された。とはいえ、読者の誰一人として「舞踏譜」の意味するところを正しく理解することはなかったであろう。アーカイブに残されている資料は、コンディショナルに「舞踏譜」と名付けている資料である。「舞踏譜」には形式上大きく分けて、スクラップブックと模造紙とがある。

この「舞踏譜」の解明と「舞踏譜」による振付の実際を残すために行ったのが「動きのアーカイヴ」と名付けたプロジェクトである[15]。

プロジェクトの実際は、かつて土方巽に師事した舞踏家たちに、「舞踏譜」による振付の踊りを実際に演じてもらい、ビデオ撮影を行うことで、土方巽が振付けた「動き」を映像で保存することである[16]。この作業は映像による舞踏資料の創造となり、土方巽の舞踏研究に大いに資することと考えられた。

このプロジェクトでは、舞踏の「動き」の創造とメソッドの開発とをカップリングした「舞踏譜の舞踏」のシステムを解明しようとした[17]。この「動きのアーカイヴ」こそは、世界でも稀な舞踏生成の方法とプロセスを研究する資料創造であり、ジェネティック・アーカイヴにふさわしいプロジェクトと言えよう[18]。

4-3 外部機関との協働、海外での活動

学外の美術館などで大きな規模の展覧会を、数を重ねて開催することができた。

こういった展覧会の開催は、資料の収集・調査、さらに関係する舞踏家や美術家、写真家への取材・調査を促し、さらには図録など印刷物や出版物を成果とすることを可能にしてくれた[19]。

アーカイブでの資料の整備が進み、受け入れ体制が整い一般公開が実施できるようになると、当然、海外からのリサーチャーも来訪するようになる。同時に、海外からさまざまなオファーがくるようになった。

海外での舞踏研究の進展と舞踏フェスティバルの開催については先に述べ

たが、それに伴い、資料の使用依頼があり、さらには展示や上映会、レクチャーを求められて海外に呼ばれることが多くなってきた。

　こういった活動は、舞踏の海外への普及活動でもあるが、同時に海外での土方巽への関心や評価、アーカイブへの期待や要望を知る手立てでもあり、アーカイブのあり方を考える契機ともなった[20]。

5　おわりに

　本章の本来の趣旨は、舞踏のアーカイブの意義と現状ということだが、実際にはそこから少し外れて、アーカイブの歴史を記録することに傾いた。とはいうものの、ダンスを含めパフォーマンス系のアーカイブが数少ない中、こういった記録を残しておくことも意義があるかと思料する。

　土方巽アーカイヴはささやかな文化装置として、20年を超える期間に及んでモチベーションを保持させているのは、次の2点であることをあらためて確認しておこう。

　まずは、アーカイブが大学の研究所に設置されていることである。

　つまりアート・センターに付属することのメリットとしては、まず大学に設置されていることで、アーカイブの継続性が保証されていることと、さらにアカデミズムに基づく公正さや権威をも担保していると見なされることである。

　もっとも、将来的にも維持され運営されるかどうかは保証の限りではない。また、研究アーカイブとしての役割や能力を保持できなければ、アート・センターが掲げた理念を全うすることはできない。つねに、そういった認識と緊張感を持っての活動が求められよう。

　もう一点は、舞踏が世界へ拡散していて、海外で活発な舞踏活動(実演・研究)が展開されている事実である。

　海外での舞踏への関心の高さや評価は、現実にもアーカイブを訪れるリサーチャーの多くは外国人であることに表れている。もとより、そのことが

土方巽アーカイヴの活動にも刺激を与え、外国人に配慮した活動を促している。印刷物の日英表記は早くから準備してきた。近年は、英語で舞踏を紹介するオンラインでのプログラム「Exploring Japanese Avant-garde Art Through Butoh Dance」も制作している[21]。

　現在のアーカイブ活動は、舞踏の海外展開を前提とし、舞踏による海外との交流を軸にしつつ行われている[22]。こういった状況は、アーカイブ設置当初は想定外であったものの、舞踏のアーカイブとしては、今後さらに海外における舞踏研究の進展と舞踏の実践の広がりを見据えての活動を求められることであろう。

　土方巽アーカイヴは、大学(研究所)に依拠することで、施設を確保し活動の理念を主張してきた。しかしながら、土方巽アーカイヴが確固たる事業体として今後もさらに継続するには、現実の舞踏の状況とともに歩みつつ、今後とも、たえずアーカイブのあり方を模索し続けるほかない。

　注

1)　本章は、筆者が以前に発表した土方巽アーカイヴをめぐる以下の論考をベースにしている。「土方巽アーカイヴの10年 I　資料館からアーカイヴへ」(『慶應義塾大学アート・センター年報』第16号、2009年4月)、「土方巽アーカイヴの10年 II　アーカイヴ・モデルの構築へ」(『慶應義塾大学アート・センター年報』第17号、2010年4月)。

2)　土方巽の死後、アスベスト館に保存されていた資料をベースとして舞踏資料を整備・保存するため、1987年に土方巽記念資料館がアスベスト館内に設立された。元藤燁子を館長として、24人の運営委員と5人の顧問に協力を仰いでいた。運営委員には、池田満寿夫、磯崎新、大岡信、大島渚、唐十郎、田中一光、種村季弘、中西夏之、細江英公、横尾忠則ら、顧問に石原慎太郎、大野一雄、堤清二らが就いていた。

3)　鷲見洋一(2000)「ジェネティック・アーカイヴ構築のための基本的歴史概観」『ジェネティック・アーカイヴ・エンジン――デジタルの森で踊る土方巽』, 慶應義塾大学アート・センター, 3.

4) 舞踏のアーカイブの創設にはメディアも注目した。資料館ではなく横文字のアーカイブ、舞踏とデジタル、土方巽と大学の研究機関のマッチングなどは、新奇性と意外性があって、メディアが関心を寄せるには十分だった。

共同通信配信の記事では、「慶大が資料センター」、「慶大は舞踏資料館設置へ」、「慶大は資料センター計画」といった小見出しとともに、土方巽アーカイヴ設立の予告とアーカイブの解説を加えて紹介されている。また、日本経済新聞も「この突然変異的な表現の成り立ちを探る研究も始まった」として「境界アートの表現法に光」とする記事をまとめている。研究者の間でも舞踏研究の関心が高まり、アート・センターが「土方巽アーカイヴ(仮称)を設立して、関連する資料の収集、研究に本格的に乗り出す」と伝えている。副所長の前田富士男も取材に応じて、日本の研究環境の問題の指摘とともに、日本型アーカイブのモデルケースとして構想している、と土方アーカイヴ設立の意図を伝えている(1998年2月21日付け)。

5) このプロジェクトは以下のように解説されている。

「本プロジェクトは画像、文字、その他の対象物を分類、整理する「アーカイヴ」という文化的装置について、そのユマニスム的側面と、それを超える新しいディジタル・メディアと牽引、反発の磁場から、未来を指向する新しい様態や形式を創出することを目指すものである。より具体的には、これまで慶應義塾大学において幾度となく話題になり、展望やヴィジョンが語られながら、一度として明確なイメージのもとにまとめられたことのなかった「ユニヴァーシティー・アーカイヴ」の構想を、CEOマルチ・メディア研究を媒介とする新しいコンセプトによって、理論と応用の両側面からどこまでも具体的にあきらかにし、原則と範例とを提供しようとするものである。」(『慶應義塾大学アート・センター年報』第6号、慶應義塾大学アート・センター、1999年4月、59〜60頁)

6) アート・センターの内部資料としてハードコピーで配布された(1998年6月27日付け)。「資料分類システムがバインドされていた。

7) 前田富士男(1998)「土方巽アーカイヴの開設」『ARTLET』10, 慶應義塾大学アート・センター.

8) 現在では、開設当初のデータベースのシステムは採用されていない。

9) 現在のアーカイブの閲覧システムは以下の通り。

リサーチャーが自由に閲覧することができる資料と担当者が立ち会って見せる資料に大きく分別されている。開架では、モニターで視聴可能な映像資料、土方巽に

関連する書籍や雑誌、舞踏譜(スクラップブック)のデジタルプリント、新聞・雑誌記事のコピー、舞踏に関連する研究論文などである。書籍や論文では外国語の資料が多くなっている。映像資料は土方巽が出演、制作した公演の記録映像と土方巽が出演するドキュメンタリーフィルムなどである。収蔵庫に収められている閉架の資料は主に一次資料で、印刷資料、写真資料、ポスター、舞台美術、舞台衣裳、舞踏譜、土方の蔵書など多様な資料体である。

リサーチャーがアーカイブに滞留する時間は、平均すると1日3〜4時間で、5〜6時間であることも多い。1日では済まず何日も来訪するリサーチャーもいる。収蔵庫での資料閲覧では、必ず担当者が付くので、結果的にリサーチャーの受け入れは、1日1人(1組)となる。

10) 土方巽アーカイヴを訪問することは、海外の舞踏関係者にとっては「聖地巡礼」と言えるのかもしれない。また、日本には本来あるべき舞踏センターと言うべき施設も存在しないだけに、土方巽アーカイヴが舞踏の拠点やハブの役割を果たしていて、外国人の研究者やダンサーの情報交換や交流の場にもなっている。

11) 一部を除いて列挙しておく。アート・アーカイブ資料展として、「〈バラ色ダンス〉のイコロジー　土方巽を再構築する」(2000年)、「1968──肉体の叛乱とその時代」(2008年)、「土方巽＋中西夏之《背面》」(2012年)、「鎌鼬美術館設立記念 KAMAITACHI と TASHIRO」(2016年)、「土方巽トリックスター／肉体の叛乱1968-2018」(2018年)など。上映会は「土方巽舞踏大解剖」として、『正面の衣裳』、『疱瘡譚』、『誕生』(万博映画)などの記録映像の上映とシンポジウムを催してきた。

12) 編集・制作した冊子は、『〈バラ色ダンス〉のイコロジー』(日英併記)、『肉体の叛乱──舞踏1968／存在のセミオロジー』(日英併記)、『土方巽＋中西夏之背面』(日英併記)、『KAMAITACHI と TASHIRO』など。

13) 『病める舞姫』はダンサーの想像力をかき立て、国内外で『病める舞姫』をテーマにして、あるいはこのタイトルを以てダンス作品が次々と発表されている。いずれも土方巽アーカイヴが制作、あるいは協力している。「病める舞姫」のタイトルを持つダンス作品(初演年)は以下のよう。

　　　　笠井叡・大野一雄「病める舞姫」2002年

　　　　ボリス・シャルマッツ「Danseuse Malade」2008年

　　　　和栗由紀夫「病める舞姫」2012年

　　　　ジョスリーヌ・モンプティ「La Danseuse Malade」2012年

　　　　川口隆夫・田辺知美「ザ・シック・ダンサー」2012年

豊竹英大夫・鶴澤清友「『病める舞姫』を義太夫でかたる」2012年

「病める舞姫」をテーマに競作　黒田育代、伊藤キム、鈴木ユキオほか　2018年

14）　報告書となる『幻の万博映画「誕生」——アストロラマで踊る土方巽へ』を作成し、メイキングフィルムとなるDVD『万博映画の土方巽』を制作。さらに、デジタル化したフィルムを上映するにあたって冊子『Project Rebirth 幻の万博映画「誕生」』を発行。

15）　スクラップブックは16冊が残されている。土方巽が美術雑誌から切り抜いた絵画作品の写真が貼付され、それらがイメージソースとなって土方巽の舞踏特有の「動き」が生まれている。一方、スクリプトシートと呼んでいる模造紙は255組2677面ばかりが保存されている。台本でもあり覚書でもある模造紙には無数の言葉が記述され、記号化されたこれらの言葉の一つひとつが「動き」の名称となっている。

16）　このプロジェクトは、慶應義塾大学における研究事業OCR（「私立大学学術研究高度化推進事業」2006年～2008年）での、デジタルアーカイブの研究活動として企画された。慶應義塾大学デジタルアーカイヴ・リサーチセンター報告書『デジタルアーカイヴ——その継承と展開』に、筆者も「研究プロジェクト〈動きのアーカイヴ〉——映像による資料創造とノーテーション」として報告（2009年3月、163～170頁）。

17）　その成果として、筆者は解説書となる『土方巽舞踏譜の舞踏——記号の創造、方法の発見』を著述し、DVD『土方巽舞踏譜の舞踏』を構成した。解説書は英語に翻訳して、HIJIKATA TATSUMI'S NOTATIONAL BUTOH : Sign and Method for Creation（慶應義塾大学アート・センター、2015年3月）として刊行。

18）　「動きのアーカイヴ」の成果を「ウイリアム・フォーサイス×土方巽　身体のイラストレーション」（ドイツ文化館、2011年11月）で発表。同名の冊子（日英表記）を制作。土方巽独特のメソッドに基づく「舞踏譜の舞踏」は、20世紀後半におけるウイリアム・フォーサイスとピナ・バウシュによる新しいダンスのメソッドに比肩する創造であった。

19）　いくつか挙げておく。

「肉体のシュルレアリスト舞踏家土方巽抄」展（川崎市岡本太郎美術館、2003年・2004年）では、広い展示施設を活用して土方巽の舞踏を総合的に紹介することができた。展覧会図録として『土方巽の舞踏——肉体のシュルレアリスム／身体のオントロジー』を土方巽アーカイヴ所蔵の膨大な資料群をベースに編集・制作。本図録は展覧会後に、舞台映像を収めるCD-ROMを加えて市販され（慶應義塾大学出版会）、土方巽の舞踏の貴重な解説書でもあり資料集ともなっている。

「大野一雄フェスティバル2012 Dance Experienceと『病める舞姫』」（BankART1929、

2012年)では「土方巽・アスベスト館REVIVE」として初公開の資料・作品の展示、公開研究会や舞踏公演を開催することができた。

「フランシス・ベーコン展」（東京国立近代美術館・豊田市美術館、2013年）では、20世紀最大の画家の一人であるフランシス・ベーコンの本格的な回顧展に、土方巽の舞踏作品の「疱瘡譚」の記録映像（部分）、土方巽の舞踏譜となるスクラップブック（2冊）、「ベーコン初稿」と名付けられたスクリプトシート（21枚）が展覧会会場で展示された。あわせて、土方巽アーカイヴのオーガナイズによって、各美術館で舞踏公演（和栗由紀夫「偏愛的舞踏論」）とレクチャー（森下隆）を実施した。

「舞踊・舞踏フェスティバル in AKITA／土方巽・舞踏の世界」展（秋田市文化会館、2014年）は、秋田では23年ぶりとなる総合的な土方巽展であった。土方巽の生地、秋田を舞踏の母胎と見なして、『病める舞姫』や『鎌鼬』の風土に注目した。あわせて『写真集土方巽——肉体の舞踏誌』（勉誠出版、2014年10月）を出版。

「土方巽の芸術 The Art of Hijikata Tatsumi : From Dance Experience to Dance Method」展（青森県立美術館、2015年）は、慶應義塾大学アート・センターが主催し青森県立美術館で開催した国際学会「PSi 2025 TOHOKU」（国際パフォーマンス・スタディーズ）に合わせて行った展覧会。学会には舞踏に関心を寄せる海外からの研究者やダンサーが多く参加した。

「土方巽の秋田、秋田の土方巽」展（秋田市立赤れんが郷土館、2016年）は、秋田県羽後町に同年10月に設立された鎌鼬美術館と連携する展覧会とした。

20）　展示と上映会を中心に挙げておく。

展示（上映会・レクチャー）としては以下の通り。韓国（ソウル、2005年）、ブラジル（サンパウロ、2009年）、ロシア（サンクトペテルブルグ、モスクワ、2010年）、中国（北京、2011年）、フランス（トゥールーズ、2011年）、マレーシア（クアラルンプール、2011年・2014年）、台湾（高雄、台北、2013年）、韓国（光州、2016年）、メキシコ（メキシコシティー、2016年）、アメリカ（ロサンゼルス、2019年）。

上映会やレクチャーとしては以下の通り。USA（ニューヨーク、2007年）インドネシア（ジョグジャカルタ、2008年）、ハンガリー（ブダペスト、2009年）、タイ（バンコク、2016年）、スウェーデン（ウプサラ、2019年）、ノルウェー（オスロ、2019年）、イタリア（サルデーニャ、2019年）。

2010年・2011年には、国際交流基金の主催事業としてロシアと中国で舞踏公演を実施した。土方巽の舞踏を紹介する冊子『土方巽の舞踏——その芸術思想と身体表現』（ロシア語版・中国語版）を編集、制作。2019年のロサンゼルスでの「土方巽展」

は、UCLAのリサーチ・ライブラリーで土方巽の舞踏初期の活動を紹介し、ギャラリーNonaka-Hillで土方巽と前衛美術家とのコラボレーションの作品を展示した。英語版図録 *THE BUTOH OF HIJIKATA TATSUMI—A Revolution of the Body* を編集、発行（ButohLaboratory, Japan）。

21) 慶應義塾大学では、海外への学術的な発信を目的に英語によるオンラインコース「FutureLearn」を設けている。その一つが、土方巽アーカイヴが担当した舞踏のコースである。2018年秋にリリースされ、海外で好評価を得て多くの登録者（視聴者）を獲得している。

22) 筆者自身も海外での舞踏カンファレンスや舞踏フェスティバルに呼ばれたり、展示や上映会の制作を求められたりしている。2019年にはスウェーデン、アメリカ、ノルウェー、そしてイタリアに招かれて、レクチャーや上映会を行い、展覧会をキュレーションしている。

第9章

日本のオペラアーカイブの現状と課題

石田麻子・吉原　潤

1　オペラアーカイブ構想と整備の経緯

1-1　オペラアーカイブ構想の経緯

　オペラアーカイブ構想に至る経緯を振り返るために、筆者の1人である石田の個人的な研究経緯を辿ることから始めたい。東京藝術大学を卒業後、勤務した日本ショット社では、故・武満徹、一柳慧、湯浅譲二、細川俊夫など、我が国を代表する作曲家たちと直接接しながら、彼らへの国内外からの作品委嘱に係る仕事に携わってきた。音楽出版社の主たる業務は、作曲家や作品のプロモーションをすることである。作曲家たちの仕事を世の中につなぐ役割を担っているのだ。楽譜の編集、印刷や販売等の業務は、作品プロモーションの一環であり、さらに実演につなげるための手段と考えてよい。JASRAC等の著作権管理団体に預けていないグランドライツなどの権利の管理業務は、作曲家と演奏する芸術組織との間を仲立ちして、作曲家の創造活動を支える仕事だとも言える。

　上記の作曲家たちがオーケストラや音楽祭など、国内外の芸術組織からの委嘱を次々と受けるなかで、シカゴ交響楽団やエジンバラ音楽祭等、海外のさまざまな芸術組織とのやりとりが日頃から繰り広げられてきた。その結果として生み出された作品の世界初演や日本初演の機会にも立ち会う幸運を得

た。こうした状況に身を置くことで、音楽作品に関わるデータは、プロモーションにつながる重要なツールとなるという認識を持つに至ったのである。

音楽作品に関わるデータにはまず、作品名(日本語・英語等での表記を含む)、作曲家名、台本作家名、演奏あるいは上演時間、楽器や声楽の編成などの項目が挙げられる。次に、初演関連の情報、すなわち初演の日時、演奏者、会場名などが、作品の記録として重要となる。出版楽譜や貸譜の有無、あるいは著作権の管理状況、さらにオペラ等舞台上演を前提とする作品の場合は、上演権を管理している出版社名といった情報も有用だ。こうした情報を作曲家別等のカタログにして発信することが、音楽出版社の仕事となる。こうした情報発信をはじめとする音楽出版社の仕事は、実演の機会をつくるための音楽振興の役割を担うものだと言い換えてもよいだろう。

その後、教育研究の現場に身を置くようになってからも、音楽振興への意識は常に活動の基盤ともなっている。科研費・基盤©での「日本の文化政策における創作活動振興のあり方に関する研究——1980年代の検証から」(課題番号21520167、研究代表者、2009〜2011年度)では、総合舞台芸術作品であるオペラを新しく創作・上演する際に、オペラ団体が果たした役割を明確にした上で、劇場・ホール、行政、地域のメディア等の各機関の関わりを中心に検証。この研究では、多くのオペラ作品が創作されるようになる1980年代に着目、その時代を中心とする作品委嘱の経緯等を整理した。また、ホールの建設による周年行事等との関連、メディアとの関係や行政の果たした役割などに着目し、創作機会の経緯と傾向とを明らかにしている。さらに、この時期も含め、過去に上演されたオペラ作品は、その資料の散逸が著しいことが確認されたため、我が国における創作活動研究と資料の収集保存を早急に進めなければならないと強く認識するに至った。

1-2 オペラ研究所の活動

昭和音楽大学オペラ研究所(以下、オペラ研究所)は1991年に設立されて以降、研究所長は石井歓を初代とし、五十嵐喜芳、根木昭等と、現在は石田

が務めている。『日本のオペラ年鑑』を1995年版から発行、『日本オペラ史〜1952』[1)]、『日本オペラ史1953〜』[2)]を発行する等、日本でのオペラに関わるさまざまな事象を記録、発信する活動を積み重ねてきた。

　さらに、2001年から実施した文部科学省オープン・リサーチ・センター整備事業「海外主要オペラ劇場の現状調査・分析比較に基づく、わが国のオペラを主とした劇場・団体の運営と文化・芸術振興施策のあり方の調査研究」を実施したことが、オペラ研究所の活動を拡大する契機となった。同事業では、世界の歌劇場の運営状況に関するデータベースを整備、世界の歌劇場の総裁、アーティストなどオペラの世界を牽引してきた人材を招聘しての公開講座、公開シンポジウム開催をはじめとする大規模な調査研究および成果発表を実施した。これを契機として、国内外のオペラ劇場・オペラ団体等の関係者たちとのネットワークを確保しながら、オペラ研究所の研究成果と活動を国内外に発信し続けている[3)]。

　さらに、オペラアーカイブ整備に具体的につながる研究を、オペラ研究所が受託するかたちで、「オペラを中心とした音楽情報・資料の収集および活用に関する調査研究」を文化庁事業として実施した。日本のオペラ作品のデータを整備することを目的に、先述の科研費で生まれた課題意識をもとに計画したもので、2010年3月に成果報告書を発行した。

　加えて、『日本のオペラ年鑑』を1995年版から毎年発行してきたことにより、オペラ研究所には、日本のオペラ公演に関するデータが毎年蓄積している。これらには、公演に関わった歌手、指揮者、演出家などのアーティスト名、美術デザイン、衣裳デザイン、照明デザイン、舞台監督等の人名、主催者、共催者、協賛、助成団体等の組織名、会場等の情報が含まれている。この過程で、情報収集のために依頼したり、自主的に送られたりするオペラ団体等や劇場・音楽堂等発行のチラシやプログラム等の資料を所蔵するだけでなく、オペラ研究所への個人からの寄贈資料も重要な研究資料として保管している。

　このようなさまざまな経緯および調査研究事業により、アーカイブを着想

するに至っている。それを踏まえ、オペラ研究所の研究員とともに、第1に作品情報の収集、第2に上演にかかわる事項の記録、第3にプログラム・チラシなどの資料の記録の3つの意味を整理、これらの機能を持つアーカイブの事業を構想した。結果、平成24〜28年度文部科学省私立大学戦略的研究基盤形成支援事業「オペラ資料のアーカイヴ化を通じた情報センター機能の構築」を実施するに至る。こうして、オペラ研究所がオペラ資料のアーカイブを整え、補助事業の主旨に即してオペラ研究所が文字通り研究推進の拠点となるべく、研究発信に向けて一層強固な体制を整えることになった。

　研究プロジェクトメンバーには、学内からオペラ研究所所属の研究員、さらに学外からは日本におけるオペラ公演に造形の深い方々に加えて、図書館情報学を専門とされる研究員の方に加わっていただいた。

1-3　オペラアーカイブ整備の方向性

　オペラアーカイブの目的は2点に整理ができる。1点目は、記録と保存、それによるデータの活用である。これは、アーカイブ整備と広く一般に公開することにより、研究やデータ活用などにつなげられている。

　2点目は、公演実施に向けた舞台芸術振興の役割の意味を持たせたことにある。オペラ上演の構想には、作品が上演された記録や上演に関わった人材を知ることが企画の第一歩となる。いつ初演されたのか、出演した歌手や指揮者は誰だったのか、演出家は誰なのかといった記録だけではなく、どこの組織が美術や衣裳を担当したのか、どこでいつ上演されたのかといった記録も参考になる。そうしたニーズを勘案して、人名、作品名から串刺し検索できるような機能整備を企図した。

　上記の目的に基づいて、アーカイブを構想するにあたり、オペラにかかわる3つの視点による記録・保存公開を行うことが整理された。

　まず、オペラ作品の情報にかかる情報記録が第1の視点である。すなわち、作品の上演時間、出演する歌手の声種、オーケストラ等の楽器編成、楽譜の所在、グランドライツ等権利の所属等の情報記録に努めた。これは、「オペ

ラを中心とした音楽情報・資料の収集および活用に関する調査研究」による
データ蓄積事業の延長線上にある。

　実際に行われた公演に関わる事項は、実施後時間を置かずただちに記録す
ることが重要となる。出演した歌手、合唱、オーケストラ等の実演家、指揮
者、演出家他のスタッフ等、過去の公演に関わった人材は誰なのか。衣裳、
美術、舞台監督等の業務に関わった人材や組織はどこなのか。こうした上演
記録の保存が第2の視点である。これは、『日本のオペラ年鑑』の編纂事業の
延長線上にある。

　第3の視点は、プログラム・チラシなどの所蔵資料の記録である。これは
第2の視点に付随するものと言ってもよい。実際に所蔵している印刷物の保
存が各種アーカイブ事業の契機となることが多いだろうが、実演芸術にかか
るアーカイブの場合、これら印刷物は公演に付随する資料であり、公演を記
録する手段の1つである。

　本アーカイブを、日本語だけではなく英語でも整備したのは、海外からの
利用を意識したからである。海外からのアクセスの目的には、まず日本にお
けるオペラ上演史の研究利用が考えられる。加えて、将来の公演計画のため
に過去の上演記録を活用するケースもあるだろうと考えた。海外の歌劇場が
上演を計画する際に、日本での上演記録が参照され、歌手や指揮者が招聘さ
れたり、共同制作が企画されたりするきっかけとなればという思いである。
こうした事項が簡単に検索できるようになったことで、将来の公演企画につ
ながることが期待される。

　このようなデータ整備が、オペラ振興につながるという考え方は、海外の
組織が先んじて運用しているオペラ情報検索機能Operabase[4)]が着想の発端
となった。オペラ・ヨーロッパの事業がそれである。オペラ・ヨーロッパは、
ヨーロッパを中心とする世界45か国200以上の歌劇場や音楽祭等が加入する
ネットワークである。単なる親睦団体、協会組織といった形式的なものにと
どまらず、制作現場での調整事項の話し合いの場となるなど、実態を伴った
組織運営となっている。同組織の運用するOperabaseでの公表データベース

には、歌手等の活動予定や記録が掲載されていて、アーティストの活動広報につながってもいる。関係者は、そうした情報を活用することで、将来のキャスティング等の参考にすることができるのである。このようにオペラアーカイブを生きたデータとして活用できるようにすることが最終的な目的でもある。これは、オペラ研究所の活動方針とも合致していると考えている。

2　オペラアーカイブ「昭和音楽大学オペラ研究所オペラ情報センター」の概要

　前項までの構想や方向性の下、オペラ研究所が構築し、現在運営しているオペラアーカイブ「昭和音楽大学オペラ研究所オペラ情報センター」(以下、オペラ情報センター)[5]について、詳述する。

　オペラ情報センターは、「公演記録」、「オペラ作品情報」、「所蔵資料」の3つのデータベースの複合体となっている。これは先述したオペラ研究所が実施してきたプロジェクトの結果、必然的に生まれてきたものである。すなわち、『日本のオペラ年鑑』、『日本のオペラ史』のオンラインデータ化としての「公演記録」データベース、日本のオペラ作品調査のオンラインデータ化としての「オペラ作品情報」データベース、研究所の所蔵物を整理・把握するためのオンライン目録としての「所蔵資料」データベースということである。

　これら3つのデータベースは独立してはいるものの相互に連携している。例えば、「公演記録」データベースを中心に考えた場合、入力するオペラ作品の配役も含めた基本情報が必要であり(「オペラ作品情報」)、関わったスタッフや、出演歌手を入力するための原資料であるチラシ、プログラムを整理・架蔵しておく必要がある(「所蔵資料」)。ほかの2つのデータベースも同様で、各々でも利用可能であるが、有機的に連携させることで、より利便性の高いパフォーマンスが発揮できるようになっている。

　これらオペラ情報センターのデータベースを支えるシステムについては、米ヴィラノヴァ大学の開発するオープンソースのOPAC(オンライン蔵書目

録)であるVuFindをベースとして利用し[6]、カスタマイズすることとした[7]。データベース構築にあたり、最初の課題となるのが、設置者が考える仕様に特化した独自データベースを構築するか、あるいは既存のシステムを利用したデータベースを構築するかである。データベース構築にあたっては、図書館学の専門家等にもヒアリングを行い、日本のオンラインデータベースの問題点として、独自仕様の閉じたデータベースを構築した結果、関連するあるいは異なる分野のデータベースとの間で連携がままならないことがあるとわかった。その結果、着目したのはオープンソースの次世代OPACとして当時期待されていたVuFindである。当然ながらVuFindはOPACであり、読み込めるデータはMARC21に限られる。しかしながら検討の結果、MARC21は、「所蔵資料」データベースの書誌情報としてだけでなく、「公演記録」データベースに登録する公演データについても、大部分はMARC21の仕様に従うことが出来ると判明したため、システムのベースとしてVuFindを起用することとした[8]。OPACであるVuFindをベースとすることで、将来的に他データベースとの連携を図る際に大きな問題が起きないようにしたのである[9]。

　以下、各データベースの概要を紹介する。1つ目は「公演記録」データベースである(図1)。オペラ情報センターが有するデータベースの要であり、最も利用者が多いデータベースである。オペラはそもそも「総合芸術」と言われ、さまざまな芸術が融合したものであり、上演に関わる仕事や関係者の数が多い分野といえる。データベースでは、公演年月日、作品名、公演タイトル、公演団体／制作団体、指揮者、演出家、会場等、『日本のオペラ年鑑』に記載されている事項を基本として、その他上演スタッフ、歌手(配役)等公演プログラムに記載されている仕事および上演関係者のほぼすべてを登録し、検索できるようになっている[10]。またチケット価格を登録できるようにしたのも特徴の1つとなっている。これはオペラのチケット価格が、その時代や社会状況を反映させているからという認識からである。

　また3つのデータベースに共通することとして、人名・団体名をマスタ化しており、データベースの詳細ページで表示される人物・団体名をクリック

することで、各データベースあるいは3つのデータベースを串刺しして、該当人物・団体名の検索結果を表示することが可能になっている。また公演データベースでは、このほか、マスタ化しているスタッフの仕事名、配役名についても、人物・団体名と同様にデータベースで検索結果を表示することが出来るようになっている[11]。これにより、例えば特定の配役を演唱したことのある歌手名一覧も、配役名をワンクリックするだけで、抽出することが可能となる。

図1 「公演記録」データベースでの公演情報の詳細画面。公演直前に生じたスタッフ、キャストの変更についても記録できるようになっている（図中に取り消し線が入っているのが降版したキャスト）

続いて「オペラ作品情報」データベースである（図2）。文字通り、オペラ作品のデータベースであり、各作品の作曲者、原作者、台本作者といった基本情報の他、初演年月日、初演場所、声種を含めた配役が登録されている。ここで登録できる情報についても、基本的に日本のオペラ作品調査時に立項した項目に基づいている。作品を独立したデータベース化することで、オペラアーカイブの構想目的の1つである、特に日本のオペラ作品の再演に向けたプロモーションに役立つようにしている。

「作品情報」データベースで登録した作品名、配役名を、上記の「公演記録」データベースと紐づけているため、前述した公演データベースの詳細ページから特定の配役の演唱者一覧を抽出させることが可能となっている。同時に作品名をデータベース化することにより、公演ごとの作品名の表記揺れをカバーした上で、特定の演目の上演一覧を表示させることが可能である[12]。

図2　「オペラ作品情報」データベースでの作品情報の詳細画面

最後が「所蔵資料」データベースである(図3)。オペラアーカイブの3つの柱の1つとして「所蔵」データベースを構築した最大の目的は、資料の架蔵場所を明らかにすることである。オペラ研究所では、前項で述べたように、さまざまなプロジェクトを行ってきた関係で、それらの過程で収集してきた諸資料[13]が所内の棚や倉庫とさまざまな場所に分散してしまっており、特定の資料を取り出したい時に、どこに架蔵されているかは、そのプロジェクトの担当者しかわからない状況になっていた。「所蔵資料」データベースに登録する過程において、所蔵番号を振り、資料名を登録することで、架蔵場所が誰にでも明らかとなり、アクセスすることが可能となった。特に公演プログラムは、「公演記録」データベースに登録した情報の典拠資料となるものであり、「公演記録」データベースに紐づけることで、登録した情報の確認が必要な場合は、当該プログラムへのアクセスが容易となった。

　またこの「所蔵資料」データベースの大きな特徴の1つとして、目次の登録を可能にしたことがある。そもそも日本においてオペラに限らず公演プログラムは、一般的に書籍として流通・市販されないため、国立国会図書館を始めとする公立図書館へ納本されることは少なく、一部の資料館を除いては、実際にアクセスすることが難しい状況にある。また公演プログラムは、公演の重要な記録というほかに、上演関係者の寄稿や、演出ノートが掲載されることもあり、上演当時の状況の把握や再演にあたっての重要な資史料となりうるものである。そういった状況を踏まえ、「所蔵資料」データベースでは、公演プログラムについては可能な限り、目次を採録し公開することで、公演プログラムの資史料としての活用の促進も企図した。

　また前項でもすでに触れた通り、国内外へ日本のオペラについて発信することを目的に、3つのデータベースはすべて、日本語・英語表記に切り替えることが可能となっている。

図3 「所蔵資料」データベースでの所蔵資料の詳細画面。目次
も含む資料情報のほか、プログラムやチラシであれば、「公演記
録」データベースでの該当公演が表示される

3 オペラアーカイブの課題

　オペラ情報センターは、2015年3月にβ公開を開始し、翌16年3月に本公
開を開始した[14]。当初のアクセス数は少なかったものの、認知度が上がる
とともにアクセス数は増加し、2019年以降はコンスタントに月平均で5,000
前後のユーザーが訪れている。それに伴い、論文、記事、Wikipedia等で日
本のオペラの公演情報の参照元として記載される機会が増えるとともに、歌
手のキャスティングやスタッフの選定に役立っているというオペラ関係者の
声も聞くようになった。

　同時に課題も残されており、本章の最後に3点挙げておく。1つ目は、デ
ジタルアーカイブの問題である。本書はデジタルアーカイブを扱う書籍であ
りながら、本章ではこれまで一切言及してこなかった。それにはオペラ情報
センターも当初はデジタルアーカイブを構想していたが、実現できなかった

という事情があるからである。オペラ研究所ではこれまでのプロジェクトの結果、チラシ、プログラム、写真、上演の映像・音源といったさまざまな資料の所蔵をしており、これらをデジタル化し公開することを検討し、一部のデジタルデータ化も進めて、当初は画像の表示機能もシステムには組み込んでいた。しかし著作権に詳しい弁護士とも協議した結果、いずれも著作権処理が容易ではないという理由で、デジタルアーカイブとしての公開は現状断念せざるを得なかった。例えば、公演の音源については、作品の著作権(作曲家、原作者、台本作家等)を処理した上で、公演団体、指揮者、歌手、伴奏者／オーケストラとすべての関係者の権利処理が必要となる。特にオーケストラは常設の団体ではなく、その公演のために臨時編成されるケースもあり、その場合、参加したメンバー一人ひとりの権利までクリアにすることが不可欠となる。映像では、音源で必要な権利処理に加えて、演出家、舞台装置デザイナー、衣裳デザイナー、照明デザイナー、メイクアップアーティスト等と舞台に関係する権利はさらに複雑となってしまう。

　また「所蔵資料データベース」において、チラシ、プログラムのサムネイルでの表示についても検討を行ったが、オペラ研究所はあくまで第三者としてそれらを所蔵しているのみで、公演の主催者・出資者・会場のいずれでもなく、チラシ、プログラムについての権利を全く有していないこと、プログラムの表紙などに舞台のデザイン画といった著作権があるものが使用されている場合に、法的に問題が生じる可能性がある等の理由で、これについても断念した。Amazon等のネットショッピングのサイトでは、書籍の書影等は当然のように使われているが、あくまで販売目的であり、出版社の売上に寄与するため許可あるいは黙認されている。オペラ研究所でデジタルアーカイブとして、過去のオペラ公演のチラシやプログラムの書影を公開することが、すでに終了してしまっているオペラ公演のチケットの販売促進となることは、そもそも考えられないのである。

　とはいえ、将来的に著作権の問題がクリアになった場合に備え、デジタル化したデータをデジタルアーカイブとして公開することについては、引き続

き検討していきたい。

　2つ目は、今後の「公演記録」データの蓄積である。文部科学省の支援を受け、データベースと入力システムの構築が出来、構築以後については、『日本のオペラ年鑑』編纂と連動させることで、「公演記録」データベースのデータ量を増やすことは可能となっている。問題は過去の公演データの入力である。プロジェクト期間中は、データ入力の外部発注も行い、『日本のオペラ年鑑』の過去のデータ、および『日本のオペラ史1952〜』、『日本のオペラ史1953〜』に記載の主要な公演記録について一気にデータ量を増やすことが出来た。しかし、プロジェクト期間終了後は、資金的にも人的にも、遡って過去の公演記録のデータを増やすのは難しい状況で、内部で細々と登録を続けているのが現状である。同様の理由で、中小の公演については詳細情報の入力には至っていない。

　3つ目は、データの英語表記の問題である。先述したように、オペラ情報センターでは国内外への発信を目的として、日英両表記が可能となっている。日本語については、入力元のプログラムや資料に従えばよいが、問題は英語表記である。大規模なオペラ公演については、英語（あるいは原語）表記での対応をしていることが多いが、大部分は英語表記されていないことが多い。日本人作品であれば作品名をどう英訳あるいはアルファベット表記するかに始まり、英訳名やアルファベット表記がない団体名・会場名、フリガナが振られていない人名、これらは国外に発信するにあたって大きな課題となっている。

　英訳やアルファベット表記が指定されていない日本語のみの作品名については、作品名が漢字とひらがな、カタカナの表記のままでは、アクセス者が日本語を解さない場合、判別がつかないため、オペラ研究所で最低限のローマ字表記化を行っている。しかし団体名については、仮に英訳しても同じ表記になってしまう団体があり、日本全国の大小のオペラ公演の会場については、そもそも英訳あるいはアルファベット表記を持っているかをすべて確認することは非常に難しい作業である。またすでに解散した団体や閉館した会場に至っては、もはや確認が不可能である。人名についても、プログラム

等では主要なスタッフ、歌手についてはアルファベット表記ないしはフリガナがあることが多いが、すべての上演関係者にまで徹底されていることは稀であり、そもそもアルファベット表記やフリガナがないものも少なくない[15]。こういった場合は、英語表記が可能なシステムであるものの、どうしても漢字、ひらがな、カタカナが残されたままとなってしまう憾みがある。

　最後になるが、紙幅の都合で触れられなかった事項については、本事業の報告書『平成24〜28年度文部科学省私立大学戦略的研究基盤形成支援事業「オペラ資料のアーカイヴ化を通じた情報センター機能の構築」研究成果報告書』(学校法人東成学園昭和音楽大学オペラ研究所、2017年)のPDFデータ[16]を公開しているので、参照されたい。

注
1)　増井敬二著、昭和音楽大学オペラ研究所編(2003)『日本オペラ史〜1952』水曜社。ただし同書の編集にあたって集められた資料は、増井の手元にあったため、オペラ研究所ではほとんど所蔵がない。また増井は2007年に逝去しており、それらの資料のその後の状況については不明である。
2)　関根礼子著、昭和音楽大学オペラ研究所編(2011)『日本オペラ史1953〜』水曜社.
3)　昭和音楽大学オペラ研究所ウェブ・サイト(https://www.tosei-showa-music.ac.jp/opera/project/)(最終アクセス：2020年9月26日)
4)　Operabase(https://www.operabase.com/en)(最終アクセス：2020年9月26日)
5)　昭和音楽大学オペラ研究所オペラ情報センター(https://opera.tosei-showa-music.ac.jp/search/)(最終アクセス：2020年9月26日)。日本語→英語への表示切り替えは、ページ右上部の「English」ボタンを押すことで可能となる。英語→日本語へは、逆に同じ個所のボタンの「日本語」を押すことで切り替わる。
6)　VuFindのプロジェクトページ(https://vufind.org/vufind/)(最終アクセス：2020年9月26日)。現時点のVuFindの最新バージョンは2010年8月リリースの7.0.1となっている。オペラ情報センターではバージョン2.0.1をベースとして採用した。
7)　システムの選定および開発にあたっては、オペラ研究所に専門の知識を有する人物がいないため、クラシック音楽分野でのオンラインデータベースの開発にも携

わったことのある岩崎陽一氏(ナクソス・ジャパン株式会社技術顧問、東京大学大学院人文社会系研究科インド哲学仏教学研究室 特任研究員。所属・役職等は当時)に開発ディレクターとして参画をお願いし、アドバイスを受けるとともに、開発業者との橋渡し役を依頼した。

8) 本章に盛り込めなかった技術的情報については、岩崎陽一・吉原潤・根木昭(2016)「VuFind を利用した異種情報統合検索システムの構築——昭和音楽大学オペラ研究所デジタル・アーカイブの事例——」『情報処理学会研究報告 人文科学とコンピュータ研究会報告』2016-CH-110(4), 1-8 に詳しい。

9) 残念ながら現時点では他データベースとの連携は実現していない。

10) 『日本のオペラ年鑑』(1995年版〜。現在の最新は2018年版)の編纂・刊行事業により、すでに24年以上の膨大な公演記録が蓄積されているため、現段階では主要団体のオペラ公演のみ詳細情報を登録し、中小の公演については同年鑑の記載事項にとどめている。

11) このほかに、会場名、言語、国名をマスタ化してある。

12) 各作品の個別詳細ページの下部には、「公演記録」データベースと紐づいた、上演一覧が表示されるようになっている。

13) 『日本のオペラ年鑑』や、2冊の『日本のオペラ史』編纂の過程で収集・寄贈を受けてきたチラシ(フライヤー)、公演プログラムが主であるが、日本のオペラ作品調査時のアンケート回答を中心とした諸資料、オペラ制作者旧蔵の自身が関わってきたオペラ公演のプログラム・紙焼き写真等を所蔵している。またオペラアーカイブ事業の実施期間中にも、オペラ団体主宰者からオペラ制作資料、オペラ団体からオペラ公演の録音・映像テープなどの寄贈を受けている。

14) 2020年9月26日時点でのデータ登録数は、「公演記録」データベースが16,782件、「オペラ作品情報」データベースが2,069件、「所蔵資料」データベースが2,759件となっている。

15) 慣例的に1つの読みしか考えられない場合は、アルファベット化を行っているが、1つの漢字表記で、2つ以上の有力な読みが考えられる場合(例えば、「裕子」は、「ゆうこ」「ひろこ」のいずれの読み方も一般的である)は漢字のままとしている。

16) https://www.tosei-showa-music.ac.jp/opera/albums/abm.php?f=abm00004342.pdf&n=「オペラ資料のアーカイヴ化を通じた情報センター機能の構築」研究成果報告書.pdf(最終アクセス:2020年10月29日)

第10章

〈服装・身装文化デジタルアーカイブ〉の現在と今後の課題

高橋晴子

1　はじめに

　1984年以来、MCDプロジェクト[1]は、服装・身装文化資料に関する、つぎの4本のデータベースを作成し、国立民族学博物館(以下、民博)のウェブサイト[2]から公開してきた。

1) 　身装文献　約181,000件
2) 　衣服・アクセサリー標本資料　約253,000件(1件あたり平均7枚の画像を含む)
3) 　近代日本の身装電子年表　約12,000件
4) 　身装画像データベース「近代日本の身装文化」　約7,000件
　注)データ件数は2020年1月現在

　これらは、定期的にデータを追加、および修正を行う更新型データベースであり、現在、4本全体をまとめて〈服装・身装文化デジタルアーカイブ〉と呼んでいる。本デジタルアーカイブは、2本の近代に関するデータベースを公開したことにより、結果的に「近代日本の身装文化」を特色とするデジタルアーカイブに成長した。ここでは、わが国の近代の身装文化に焦点をあてな

がら、本デジタルアーカイブの現在の状況、および今後の課題について述べたい。

　なお、4本のデータベースの概要等については、「〈服装・身装文化データベース〉におけるMLA連携への視野」[3]のなかですでに述べているので、あわせて参照されたい。

2　〈服装・身装文化デジタルアーカイブ〉の現在
―― 「近代日本の身装文化」に焦点をあてて

　まず、「身装」という言葉であるが、これは、本プロジェクトの造語である。その概念は、身体、および身体を装うための事物、ならびにそれをとりまく情景のすべてを含み、さらにはその全体をひとつの風俗現象として捉えている。

　本デジタルアーカイブの近代は、明治維新以降、第二次世界大戦の終わりまでの約80年間であり、この期間は、日本人の衣生活の基本的パターンが、ほぼ洋装を中心として定着するまでの、和装と洋装をめぐっての緊張と試行錯誤の続いた試練のときだった。当該期間の身装の諸問題は、日本人の日常生活一般の近代化にともなう文化変容の一部分を担っており、とりわけ「洋装」、「職業婦人（の服装）」、「改良服」、「モダンガール」、「フォーマルウエア」等は、伝統的な身装と、その西洋化をめぐっての迷いと悩みを多く含み、近代日本の身装文化の方向性を示している重要なテーマである。世界各国の身装史のなかでも、一国の文化の近代化の過程で、身装の推移がこれほどの多様性をみせた例は稀であり、文化変容のユニークな事例として認められるのである。

　わが国の戦後の衣生活は、戦前の「伝統と西洋化」の関係とはちがい、「日本と世界」の関係である。すなわち、すでに日本は世界のファッションの発信源のひとつであり、そしてまた、世界各地の衣文化の相互交流が当たり前の現代となった。20世紀初頭以降、非西洋諸国の日常の洋装化の現象も顕著である。このような世界的潮流を前提として、まずわが国の洋装化の過程

を明らかにすることは、現在の日本人の衣生活の起点を見極める意味でも、非西洋諸国の洋装化の問題を考えるうえでも、有効な手がかりとなるにちがいない。このような考えが基本となっているのが、本デジタルアーカイブの現在である。

3 〈服装・身装文化デジタルアーカイブ〉の内容

本デジタルアーカイブは、文字、文書画像、画像で構成されている。4本のデータベースの共通項は、「身装」の概念にそって、データを収集し、メタデータの枠組みを設定し、シソーラスにあたる概念コード等を作成したことである。以下、それぞれのデータベースの内容を記す。

3-1　身装文献

1810年から現在に至るまでの国内外の身装にかかる文献を対象としており、その種類は次の通りである。

1)　日本語雑誌記事（1868～）
2)　日本語図書（1868～）
3)　外国語雑誌記事（1810年代～1990年代）
4)　外国語民族誌（民博図書室所蔵関連図書より）

身装文献は、本デジタルアーカイブの軸となった最初のカレントデータベースである。まず初めに取り組んだのが、表1のメタデータのひとつの項目「14）身装概念」に関する、「身装概念コード表」の作成だった。概念コード表は、ファセット構造の服装専門分類[4]を展開して作成しており、概念の近縁関係や階層関係などを整理しコード化している[5],[6]。たとえば「EQ153.2」は「綿入れ；キルティング」に該当するコードであり、コードの頭の3桁は専門分類の記号である。同義語や類義語は並記し、検索のための優先語は選ん

でいない。利用者は、コード以外に、各コードに含まれる言葉での検索も可能である。

本身装概念コードを構成するにあたり、次のような基本方針を立てた。

① 服装専門分類表にもとづくこと
② とりあげる概念は実用的なものであること。すなわち実際に出現したものを尊重すること
③ すべての資料形態に共通する用語を設定すること

3つ目の方針は、並行して作成していた標本データベースとの横断検索を意図したものである。しかし、文献・標本の分析が進むにつれ、各資料にはそれぞれの性格があり、それを尊重するほうが実際的であるという結論に達し、標本では概念コードの一部の利用にとどまっている。

メタデータの「22) リンク」では、外部のウェブサイトから発信されている全文テキストへのリンクをおこなう。近代の図書については、国立国会図書館デジタルコレクションの全文テキストあるいは該当部分とのリンクを貼りつつある。カレントな雑誌記事についても、国立情報学研究所のCiNii等から提供されている全文テキストとのリンクが実現しつつある。

表1　身装文献のメタデータ（図書・雑誌論文共通）

1)文献番号	2)著者名	3)書名・論文名	4)掲載誌名	5)出版者
6)シリーズ名	7)OWC	8)地域・民族名	9)特定地域名	10)時代区分
11)時代通称名	12)キーワード	13)抄録	14)身装概念	15)専門分類
16)資料タイプ	17)資料所在	18)国会図書館請求番号	19)日本十進分類	20)版次
21)備考	22)リンク			

注)「7) OWC (Outlie of World Cultures)」は、地域・民族の専門の分類である。最上位分類では、世界を8つの地域に分け、アルファベットコード（例：Aはアジアを示す）で表している。

3-2　衣服・アクセサリー標本データベース

　本データベースに含まれる標本は、布地・衣服・装身具の3種類であり、民博ではこれらを「衣類」という言葉で総括している。標本の点検の経験からも、この3種類を区別する作業は厄介であり、その有益性も低い。たとえば1枚の布が腰衣や巻衣となる場合は、これは布なのか衣類なのか、という問いに突き当たるが、これを云々しても出口がない。

　以上の理由から、本プロジェクトは、3種類を区別せず、それぞれの属性を取り出すことにより、また複数の属性の組合せから、それが何であるかを明らかにする属性表[7),8)]を作成した。ただし、着方については、個人差があるため関与せず、フィールド調査による現地の映像・写真等の画像資料にまかせている。

　さて、本データベースの作成の目的は、「伝統的なヨーロッパ型服装の世界的拡散」の様相を明らかにすることにある。世界の衣服のうち、洋服はその一部にすぎないが、影響力は大きく、現在では、アジア、アフリカ、オセアニアの国々でTシャツなど洋服そのものが取り入れられ、またその土地の民族服を縫製するにも、洋服の縫製技術が各地に行き渡っている状況である。世界の衣服標本を縫製技術の面から検証し、データベース化することにより、西洋服装のグローバル化の実態の一端が明らかになるのではないかと考えた。

　以上の考えのもと、標本専用の属性表を作成した(表2)。「13)構造技術」のところで、西洋化の状況を検証する洋服の縫製技術の項目を設定している。

表2　衣服・アクセサリー標本の属性表

1) 標本番号	2) OWC	3) 地域名	4) 現地名ヨミ	5) 現地名英字
6) 標本名	7) 形態	8) 標準衣服名	9) 収蔵場所	10) 丈
11) 素材	12) 布地特性	13) 構造技術	14) 身装概念	15) キャプション
16) リンク	17) 関連情報			

注1)　「16)リンク」では、複数のアイテムによって、ひとつの衣服(例：上衣と下衣)を形成する場合、それら全体をセットとして考え、セットに含まれる各アイテム間で相互リンクを図る。
注2)　「17)関連情報」では、民博の標本資料目録データベースへのリンクを図る。

　図1は、和装から洋装に移る大事なステップを担った改良服である。改良服のデザインは、和洋折衷のものが少なくない。図1のように、きものの襟の打ち合わせのワンピース型改良服のメタデータのうち、「13)構造技術」では、「F49：バスト、ヒップ、肩甲骨にむかうダーツがある」など、洋服に関する複数の縫製技術の項目を索引している。

　本属性表は、文献の身装概念コードと同じ形式をとり、属性用語をコード化している。検索のためにはプルダウンメニューが用意されている。

　なお、衣服標本をデータベース化する時点で、衣服名称に関するいくつかの国際的なシソーラス等を検証し、その援用の可能性を検討したが[9]、世界全体の衣服標本をデータベース化するためのシソーラスならびに用語集としては、みるべきものがなかった。ここでは、その一例としてICOMの用語集 "Vocabulary of Basic Terms for Cataloguing Costume"[10]についてふれておく。

　これは、国際的かつ標準的な用語集としてインターネット上でも閲覧可能である。この用語集は、ヨーロッパの伝統的な衣服形態にそって衣服名称(例：主となる女性服は、ドレス、ボディス、スカート、ズボン)を定めており、着装する体幹の区分も洋服を前提として考えられている。しかし、世界の衣服の一部にすぎない洋服の構造を、全地域の衣服分析のための基準として適用するには無理がある。この問題は、ほかの国際的なシソーラス等についても共通しており、これが本属性表を作成するに至った大きな理由である。

画像数：全 10件 画像をクリックすると詳細表示します。

標本番号	H235100
OWC	AB37
地域名	日本国 大阪府
標本名	女性用 改良服（ワンピース）
形態	C03：[円筒衣]
標準衣服名	A10：[ワンピース型]
構造技術	F47：[袖がついている] F49：[バスト、ヒップ、肩胛骨にむかうダーツがある] F59：[肩傾斜がある] F76：[固定的な留め具をもつ(ボタン,ファスナーなど)] F77：[非固定的な留め具をもつ(紐,帯など)]
キャプション	田中千代コレクション(収集番号：T100) 大阪大丸考案の婦人改良服 紺 胸ダーツに特色 後ダーツ2本 袖口にスナップ 共布のベルト キモノスリーブ
関連情報	標本資料目録データベース (1件) 標本資料詳細データベース (1件)

図1　「改良服」の検索結果例（全画像を表示）

3-2-1　フィールド写真

　2008年からは、標本資料の関連資料という位置づけで、モノと衣生活の関係を知ることを目的として、フィールド写真の公開を開始した。現在公開されているフィールド写真は、①マヤの衣文化、②ネパールの衣文化、③ベトナムの衣文化、④世界の衣文化（民博図書室所蔵の民族誌のうち、身装の観点からみて価値のある写真を含む資料を対象）である。

　つぎにネパールのフィールド写真の一例を示す（図2）。メタデータは地域

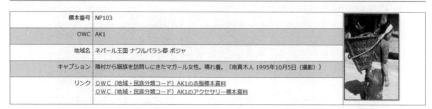

標本番号	NP103
OWC	AK1
地域名	ネパール王国 ナワルパラシ郡 ポジャ
キャプション	隣村から姻族を訪問しにきたマガール女性。晴れ着。〔南真木人 1995年10月5日（撮影）〕
リンク	OWC（地域・民族分類コード）AK1の衣服標本資料 OWC（地域・民族分類コード）AK1のアクセサリー標本資料

図2 ネパール衣文化のフィールド写真例

名のほかに、フィールド写真を提供した専門家のキャプションが付与され、どういった場合の装いであるかが理解できる。標本資料との対応づけは、地域情報とのリンクによっている。画像は拡大可能である。ネパールの衣文化のデータは、その専門家であり、共同研究員の南真木人氏からの提供である。

3-2-2　本データベースの標準化

本データベースに、文化遺産情報の共有を目的とする ICOM の CIDOC CRM[11)]をマッピングする試みを行った。この研究成果[12)]は、共同研究員の中川隆氏によるものである。

マッピングは、CIDOC の最新版 "CIDOC Conceptual Reference Model" (Version 5.0.4 Nov.2011)[13)] などを参考としたが、最終的には、大英博物館のケーススタディ記載の "The Conceptual Reference Model Revealed. Quality contextual data for research and engagement: A British Museum case study" [14)] の参照が妥当と判断した。マッピング結果を RDF(Resource Description Framework)形式で表現しグラフ化するには、コンパクトで自然なテキスト形式で完全に記述できる Turtle[15)]を用いた。

つぎに、マッピング例を示す。マッピングの対象とした標本は、ネパール王国の男性用下着の脚衣(標本番号 H248-3)である(図3)。この標本のメタ

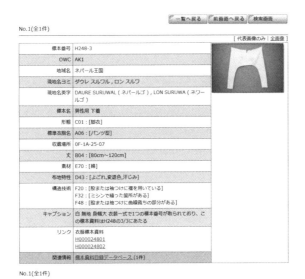

図3　ネパール王国の男性下着の脚衣の詳細画面

データは、表1の「(14)身装概念」以外のすべての項目にデータをもっている。

　各項目は、ほぼコーディング可能という結論を得た。コーディング例として、とくに衣服の特徴をあらわす「7)形態」、「11)素材」、「12)布地特性」、「13)構造技術」の結果を示す(図4)。

　今後の検討課題は、つぎの3点である。

① 本メタデータの各項目には複数の概念が含まれるが、単純に項目単位でマッピングするのではなく、概念によっては、マッピング先を変更したほうが良いものもある。たとえば、「12)布地特性」に含まれる概念の「D43：よごれ、変退、汗じみ」は、布地特性の通常のマッピング先である"E29 Design or Procedure"ではなく、"E3_Condition_State"　のほうが適切ではないか。

② メタデータの「2)OWC」と「14)身装概念」には、CRMに該当する

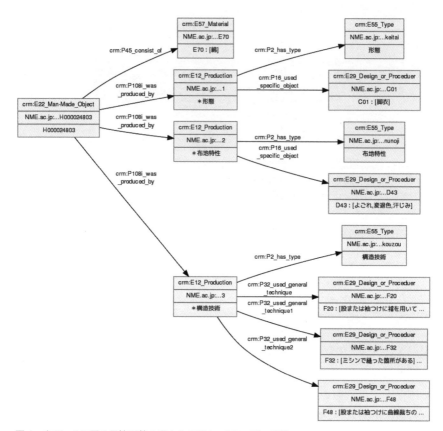

図4 ネパール王国の男性下着の脚衣の CRMへのマッピング例

クラス(エンティティ)が見当たらない。UNIMARC Bibliographic
formatから CRMへのマッピング[16]の際に、UDCがどのようにマッ
ピングされているのかが参考になるのではないか。

③ 収集地にあたる項目「3)地域名」、および「9)収蔵場所」は、事前にシ
ソーラスを整備しておく必要があるのではないか。

以上、中途段階ではあるが、標本資料のメタデータの標準化を進めるにあ

たっての方向性は見いだせたのではないかと考える。

3-3　近代日本の身装電子年表（1868〜1945）

　本電子年表は、明治維新以降、第二次世界大戦の終結までを対象とした年表である。この年表の目的は、①各時代に生きた日本人の身装の再現と、またそれに必要な手がかりとなる情報を提供すること、②和装と洋装が拮抗した当該期間の変容のステップを捉え、近代化の様相を把握することである。

　利用した資料は、同時代資料のうち、主なものは新聞と雑誌の記事であるが、新聞記事が大半を占める。

　対象とした主な新聞と雑誌は、『東京日々新聞』、『曙新聞』、『郵便報知新聞』、『毎日新聞』、『朝日新聞』、『読売新聞』、『平仮名絵入新聞』、『国民新聞』、『都新聞』、『やまと新聞』、『女学雑誌』、『以良都女』、『風俗画報』、『家庭雑誌』、『都の花』、『新小説』、および各種百貨店カタログである。

　記事の選択については、とくに文化変容のメルクマールとなる33の重要テーマ[17]を設定し、選択の指針とした。33の重要テーマのいくつかを紹介すると、さきにあげた「フォーマルウェア」、「モダンガール」等以外に、「身装の社会的評価」、「標準化、標準服、国民服」、「身体観、体型、姿勢、動作」、「衛生、健康観」、「年齢観」、「学生、女学生」などである。

3-3-1　本電子年表の構成

　本電子年表は、4つの枠組み－①「現況」、②「情景」、③「事件」、④「回顧」で構成されている。①〜③は、年表形式で公開し（図5）、④は、民博の標準的なデータベースの形式で公開している。

　「現況」は、コトの始まりと終わりとがはっきりしない事柄（例えば、ある流行の始まりと終わり）を記述している。「情景」の画像は、その年の事例のいくつかという位置づけであり、補助的な役割を果たしている。「事件」は普通の意味での年表であり、特定のある日時に起こった事件を正確な時系列で記述している。「回顧」は4,5年以上を経たのちに思い出して記録された、正

確な時系列の枠(暦年枠)には入れにくい事柄を記述している。

　本年表の特色は、事柄に関する出典の明記と、場合によっては、出典の文書画像を閲覧できることである。

図5　1900年(明治33年)の〈現況〉、〈情景〉、〈事件〉の画面

　本システムの開発を担当したのは、共同研究員の津田光弘氏である。

3-3-2　身装電子年表から何がわかるか

　ここでは、戦時中のパーマネント禁止を例にとり、ひとつの誤りの発見をきっかけに、禁止にいたるまでの経緯をみてみよう。

　1939年6月16日に「日本国民の男子の長髪及び女子のパーマネントを禁止する「生活刷新案」が閣議決定」と、Wikipedia[18]にあるが、6月16日は、国民精神総動員運動(精動)の小委員会が、パーマネント廃止を含む4項目の「生活刷新案」を提出した日(朝日新聞 1939年6月17日)であり、閣議で承認を受けたのは、7月11日である。6月16日から閣議決定にいたるまでの経緯を見

ていると、パーマネント禁止は、政府からの通達というより、パーマネント業者の自粛によるところが大きかったのではないか、と推察されるのである。

生活刷新案の内容に関する記事が掲載された翌18日の同新聞には、美容業者の取締監督である警視庁が、美容雑誌を参考にパーマネントの再検討を開始、近くパーマネント営業者の代表を招いて、戦時下の婦人に相応しい結髪のための「パーマネント自粛会議」を開くとある。一方、手入れが簡単なパーマネントの繁昌ぶりを示す記事も掲載される（朝日新聞1939年6月19日）。その後、東京都内約800の美容業者が自粛の下、パーマネントを電髪と呼ぶことの申し合わせをし、大日本電髪美容連盟を結成（朝日新聞1939年6月24日）、精動が業者側の自粛運動をもり立てていく旨の記事が掲載される（大阪毎日新聞1939年6月25日）。自粛運動はその後、大阪ならびに京都などでも拡がりをみせるのである。

このように、時系列に並べられたデータの横断面からは、さまざまな事実が読み取れ、これらを手がかりとして、また新しい発見なり、既成事実の誤りに気づかされよう。そのためにも、風俗関連領域の年表は、できるだけ多くの、出典の明らかなデータの収集が基本的な要件となる。

3-4　身装画像データベース「近代日本の身装文化」（1868〜1945）

本画像データベースは、さきにあげた《身装電子年表》の副産物として生まれたデータベースである。多くの日刊新聞からの年表のための記事選定と並行して、紙面に掲載されている連載小説の大きな挿絵の信憑性に驚かされ、記事同様の観点から収集をはじめた。

新聞連載小説挿絵の信憑性については、すでに述べている[19),20)]ので簡単に記すが、新聞連載小説挿絵の信頼できる点は、「年代が確かな、解説つきヴィジュアル情報である」という点である。

1880年代末までには、新聞がほぼ活版印刷となるが、挿絵については、その後も木版刷りが続き、活版の紙面にはめ込まれていた。そのために概して挿絵が大きく、この点からも、身装資料としての利点を備えている。とく

に、1880年代後半から1890年代後半にかけては、人物像からその衣装にいたるまで、そして情景についての作家の丹念な風俗描写を、画家が忠実に再現している挿絵が少なくない。女性の身分を表す記号的な役割を果たした女性の髪型（島田は未婚女性、丸髷は既婚女性など）も、毛筋1本が丁寧に描かれている。

　留意する点は、画家が意図するしないにかかわらず、とくに女性の顔については、描く対象を理念化してしまう傾向が強いことと、初期の作品は、歌舞伎の見得などのおおげさな仕草で表現されることなどだろう。

　しかし、こういった留意点も押さえたうえで、連載小説挿絵は、作家、画家、彫り師の緊密な関係に加えて、熱心な読者の反応に支えられることにより、結果的に信憑性の高い作品にしあがったと考えられる。挿絵は所詮「絵空事」だが、多くの挿絵にアクセスすることによって、当該期間の広範囲な庶民の生活の標準は掴めるはずである。

　一方、同じ重要な情報源である写真は、一般に確かな年月のわかるものは少ない。明治の初め頃、とかの表現をもって時が示される場合があるが、初め頃とか、半ばとかの感覚は人によって異なり、具体的な数字への変換はむずかしい。また、当時は高価な写真機で写されたシーンが「写真向き」の晴れ姿や情景になっている場合が多く、日常生活の一端が被写体となることは少なかった。

　以上のような理由から、本画像データベースでは、新聞連載小説挿絵が基幹の画像データとはなっているが、いうまでもなく、当時のポスター、写真、図版等も採録の対象としている。

3-4-1　身装画像データベースの構成

　本画像データベース（図6）は、画像を検索するためのふたつの方法―①一覧から探す、②項目から探す―が用意されている。さらに、検索の補助となる③「参考ノート」が用意されている。

　メタデータは、表3の通りである。このうち、「8)身装画像コード」、「14)

セット画像」、「17)(挿絵の)コメント」について記す。

表3　身装画像データのメタデータ

1) ID.No.	2) 出典資料	3) 発行年月日	4) 画家・撮影者	5) タイトル
6) 小説タイトル	7) 作者	8) 身装画像コード	9) 年代	10) 国名
11) 特定地域名	12) キーワード	13) 男女別	14) セット画像	15) 著作権
16) 備考	17)(挿絵の)コメント			

①身装画像コード

　本画像コードは、画像を対象としたシソーラスにかわる概念コードである。画像自体は指示性が低く、付随する文字情報や見る人の知識によって、それが何であるかが明らかになる。また、当該期間の人々にとって当たり前の事物は、のちの我々が文化変容にかかる重要な事物と認識しても、何の説明もないのが普通である。

　このような性格を備える画像の分析で課題となることは、拾いあげればキリのない画像に描かれた事物のなかから、なにを索引の対象とするのか、ということである。

　こういった画像資料のもつ課題を前提として、本画像コード表を作成した。装いの情景から衣服のアイテムにいたるまでを10の枠組み－「K：景観」、「G：建造物等の外観」、「H：屋内」、「J：不特定情景」、「D：からだの問題と着装態様」、「P：衣服一般(西洋衣服と共通形態区分)」、「V：和装」、「W：アクセサリー一般」、「Q：素材・表面特性一般」、「E：技術一般」に区分し、それぞれの枠組みのなかは、複数の下位概念をもつ樹構造としている。各下位概念では、同義語・類義語をまとめ、ひとつのコードで括っており(例：「Wzu：[頭巾；覆面]」(「W：アクセサリー一般」の下位概念))、身装文献の概念コードと同じ形式としている。

② セット画像

　連載小説の物語が、数日にわたって同じ場面が角度をかえて描かれる場合など、それはセット画像として指示され、相互にリンクが貼られている。

③（挿絵の）コメント

　コメントは、挿絵を身装の観点から平均300字で解説しており、必要に応じて物語の内容にもふれている。コメントは挿絵のすぐ下にレイアウトされ、1行の文字数も読みやすさを配慮して設計されている。

　つぎに、メタデータとは別立てになっている「参考ノート」について記す。参考ノートは、身装画像データベースの補助的な役割をもっており、文化変容にかかわる約250テーマについて解説している。各テーマは、1600字〜2000字でまとめられているので、一定の知識を得るのに便利である。250テーマは、次の枠組み―「装いの周辺」、「身体」、「美容」、「アクセサリー」、「素材と装い」、「着る人とTPO」、「産業と流通」、「メディアと環境」、「民族と民俗」、「総括」に分類しており、フリーワードによる検索も可能である。検索前に予備知識をつけたい場合、あるいは検索結果において、わからない事物に遭遇した場合の利用に便利である。

3-4-2　検索結果にみる女性の髪型

　明治から大正にかけての女学生のスタイルは、（前髪が庇のよう突き出た）庇髪の束髪に海老茶袴が定番と考えられているが、「庇髪」で検索した結果の1例（図7）を示す。描かれている女性は女学生である。時は1906（明治39）年。

　「コメント」では、この時の流行の庇髪であること、後れ毛が多いのは、従来の日本髪とはちがって髪油を使わないからと、束髪の特徴が記されている。より以上に詳しい知識を得たい場合は、「参考ノート」を参照されたい。庇髪の大流行によって、1910年代から束髪は身分や年齢をこえてひろまり、庇髪が女学生の専売特許ではなかったことも理解できる。

　庇髪につづいて、1910年代前半には前髪をアンバランスに分ける七三型

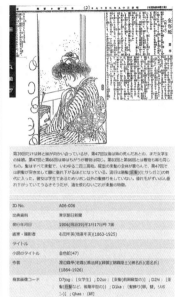

図6　身装画像データベースの検索画面　　図7　「廂髪」の挿絵の検索結果例

が、1920年代以後には耳を髪で隠す耳隠しが、というように、女性の髪型は年代をよく反映している。近代の髪型区分は、年代判定のひとつの項目としてメタデータに取り入れることのできる要素であり、撮影年不明の写真の手がかりとして有効である[21]。

　本システムの開発[22],[23],[24]を担当したのは、国立民族学博物館の丸川雄三氏である。

3-4-3　本画像データベースの国際化

　まずは、メタデータの英語への翻訳を開始し、「身装画像コード」の各コードに含まれる用語、合計約550用語の翻訳を、ネイティブスピーカーの助けも借りながらおこなった。用語の翻訳の目的は、外国人によるアクセスを容

易にすることのほか、アノテーションのための用語としても機能させることにある。

　この研究成果[25),26)]の中心となったのは、共同研究員の鈴木桂子氏である。用語の翻訳にあたって、われわれが直面した問題は、とくに次の2点だった。

　　1）　英語の文化的文脈では同等のものが見あたらない場合。たとえば「縁側」をどう翻訳するか。
　　2）　時代や国によって言葉のもつ意味が変化したり、異なる場合。たとえば「呉服」は、本来の絹織物の意味から和服用反物の総称となり、現在は和服そのものも呉服と解釈する場合もある。そのため、「呉服店」を"kimono shops"と呼ぶことがあるが、正確には"kimono textile shops"である。しかし、"textile shops"は、近代（18世紀以降）のアメリカ英語圏では"dry goods stores"が、同時代のイギリス英語圏では"draper's shops"、"drapery shops"が使われたという、英語の歴史性や地域性への留意が必要となる。

　このような課題をかかえながらも、身装画像コードに含まれる約550用語の英語翻訳を一応完成し、システムを作成した。このシステムのアイデアを提案・作成した[27),28)]のは、共同研究員の津田光弘氏である。

　なお、システムを作成するにあたっては、予算の関係から、現在、民博から発信している《身装画像データベース》システムに物理的な改良を加えることはできない、という制約があった。

　すでに公開されている日本語による《身装画像データベース》は、XMLデータを扱うAPI（Application Programming Interface）を備えており、APIの動作によって、検索と検索結果の表示を実現している。このAPIを別のサーバーから利用できれば、検索に関する一連の機能は果たせるのではないかと考え、その仲介役を果たすプログラムとグラフィカル・ユーザー・インターフェイス（GUI）を作成した。統合GUIのシステム構成は、図8の通りである。

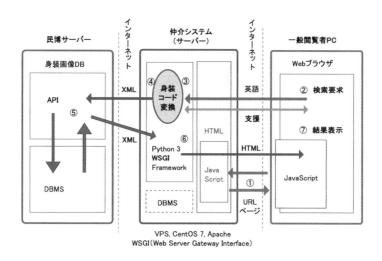

図8　統合GUIのシステム構成

　つぎに、"Female Students"（女学生）で検索した結果の1例（図9）を示す。上部に記述されているのが、挿絵に付与された複数の身装画像コードであり、各コードに含まれる日本語の用語とその翻訳である。続いて、アノテーションの付与について記す。

　画像に描かれた事物を指示するためのアノテーションは、外国人のみならず、現代の日本人にとっても、時代を経たために理解の及ばない事物については有効であると考える。

　描かれているすべての事物について指示する必要はないが、図10のように、日本髪というひとつの概念のなかに、いくつかの型が認められる場合などはアノテーションが必要である。左から銀杏返し、島田、丸髷の髪型であることを指示している。

　《身装画像データベース》の国際化については、緒についたばかりだが、翻訳の範囲の決定、および検索結果画面等のレイアウトについて、早急に方向性を定めたい。

　なお、国際版の《身装画像データベース》は、立命館大学アート・リサーチ

Shinsou Image Code: D7re: [Upper Society Daughters as Models] 令嬢モデル;
D7jog: [Female Students] 女学生; D2so: [Sokuhatsu, Women's Hairstyle after
the Meiji Period (Tategata/Taller Shapes for the Earlier Period)] 束髪(前期縦型
の); Vyu: [Yukata (Light-Weight Cotton Kimono)] ゆかた; Vob: [Obi (Fabric
Belts)] 帯; D3ob: [How the Obi Belt is Tied; The Position of the Obi] 帯の締め
方；帯の位置; Wou: [Folding Fans; Uchiwa (Rigid Summer Fans); Electric Fans]
扇子；団扇；扇風機; H311: [Private Rooms; Small Rooms (not for Sleeping);
Boudoirs] 私室；小部屋(寝具のないこと)；ブドワール; H000: [Lighting;
Lighting Fixtures] 照明；照明具(一般)

図9　検索語"Female Students"（女学生）の検索結果画面

図10　アノテーションの結果が示された画面

図11　立命館大学アート・リサーチセンター　ヴァーチャル・インスティチュート

センターのプラットフォームの機能をもつヴァーチャル・インスティテュート[29]を入口とする予定である。すでに4本のデータベースはこのサイトからもアクセスが可能である（図11）。

　民博では、諸般の事情ですぐには手のつけられない課題の解決の可能性を、今後は、このサイトを通して探っていきたい[30]。

4　おわりに

　本デジタルアーカイブは、2019年に民博と著作権を共有し、今後も、公開を継続していく目処はついた。しかし、後継者と資金の問題は本プロジェクトにとって深刻な案件である。

　本デジタルアーカイブの創始者であり、データベース全体のメタデータおよびデータ作成に、とくに近代関係のコンテンツには心血を注いだ民博の大丸弘名誉教授は、残念ながら2017年に鬼籍に入られた。このように、メン

バーの高齢化は避けられないが、本デジタルアーカイブは、時代の流れに即して進化していかなければならない。

　現在の大きな課題は、本デジタルアーカイブの標準化等である。《衣服・アクセサリー標本》と《身装画像データベース》の取り組みの現状は記したが、どちらも国際的に利用価値の高いデータベースであるため、実現に向けて着実に進んでいきたい。画像のIIIF化からクリエイティブ・コモンズの導入も含んで研究を開始し、具体的な方針を早急に立てたい。そのためにも、後継者および資金についての糸口を見つけなければならない。

　手元にはまだ、多くの未公開のデータがある。これらの公開と並行しながら、衣文化拠点としてのポータルサイトの可能性もさぐっていきたい。現在、文化学園大学を中心として、服飾分野の機関横断型デジタルアーカイブが、人材育成も含めて構築されようとしている[31]。このような活動ともうまく連携がとれれば、ネット上の身装文化がより豊かになり、デジタルヒューマニティーズの世界に一歩でも近づけるのではないかと考えている。

　注
1)　http://htq.minpaku.ac.jp/databases/mcd/mcdprj.html(最終アクセス：2020年1月31日)
　　プロジェクトのメンバーは次の通りである。代表・高橋晴子(国立民族学博物館外来研究員)、樫永真佐夫(国立民族学博物館教授)、久保正敏(国立民族学博物館名誉教授)、猿田佳那子、鈴木桂子(立命館大学教授)、大丸弘(国立民族学博物館名誉教授)、田中昌美(甲子園短期大学教授)、谷本滋(星薬科大学)、津田光弘(イパレット代表)、中川隆、八村広三郎(立命館大学名誉教授)、南真木人(国立民族学博物館准教授)(代表を除くメンバーは五十音順)。本プロジェクトは、研究者のみならず、システム・エンジニア等、データベース作成に必要な人材で構成され、文理連携が図られている。ならびに、多くのデータ作成協力者に支えられている。
2)　http//www.minpaku.ac.jp(最終アクセス：2020年1月31日)
3)　日本図書館情報学会研究委員会編(2010)『シリーズ図書館情報学のフロンティア第10巻　図書館・博物館・文書館の連携』勉誠出版，109-128.
4)　高橋翠(晴子)(1977)「服装専門分類表の試み──大阪樟蔭女子大学衣料情報室の

場合」『ドクメンテーション研究(現・情報の科学と技術)』27(8), 369-374.

5） 大丸弘・高橋晴子(1985)「服装専門検索語辞書(MCDシソーラス)の構造」『国立民族学博物館研究報告』10(3), 681-723.(http://doi.org/10.15021/00004396)(最終アクセス：2020年1月31日)

6） 大丸弘(1991)「MCD身装概念コード表——MCDシソーラス」『ファッションキュメンテーション』(1), 47-112.

7） 大丸弘(1984)「衣服標本属性論——MCD標本シソーラス(1)固有属性」『国立民族学博物館研究報告』9(3), 533-570.(http://doi.org/10.15021/00004424)(最終アクセス：2020年1月31日)

8） 大丸弘(1991)「固有属性分析による衣服標本カタログ」『国立民族学博物館研究報告別冊』(13), 5-50.(http://doi.org/10.15021/00003628)(最終アクセス：2020年1月31日)

9） 高橋晴子(1983)「海外における服装および服装関連標本資料のシソーラス」『日仏図書館研究』(9), 1-12.

10） http://terminology.collectionstrust.org.uk/ICOM-costume/(最終アクセス：2020年1月31日)

11） http://www.cidoc-crm.org/(最終アクセス：2020年1月31日)

12） 中川隆(2019)「衣服・アクセサリーデータベースのCIDOC=CRMへのマッピングの試み」『身装文化デジタルアーカイブ研究会』2019年10月4日, 国立民族学博物館.

13） http://www.cidoc-crm.org/sites/default/files/cidoc_crm_version_5.0.4.pdf(最終アクセス：2020年1月31日)

14） https://confluence.ontotext.com/download/attachments/33325240/mapping+manual+for+endpoint+site+draft+0.98a.pdf?version=1&modificationDate=1386147054000(最終アクセス：2020年1月31日)

15） http://www.asahi-net.or.jp/~ax2s-kmtn/internet/rdf/REC-turtle-20140225.html(最終アクセス：2020年1月31日)

16） http://www.cidoc-crm.org/Resources/the-unimarc-bibliographic-format(最終アクセス：2020年1月31日)

17） 高橋晴子(2007)『年表 近代日本の身装文化』三元社, X-XV.

18） https://ja.wikipedia.org/wiki/1939%E5%B9%B4#6%E6%9C%88(最終アクセス：2020年1月31日)

19） 高橋晴子(2005)『近代日本の身装文化 ——「身体と装い」の文化変容』三元社, 212-303.

20) 大丸弘・高橋晴子(2019)『近代日本の新聞連載小説の挿絵でみる近代日本の身装文化』三元社, 6-27.

21) 高橋晴子(2012)「近代日本の身装画像デジタルアーカイブにおける「髪型」に基づく年代判定」『アート・ドキュメンテーション研究』(19), 3-15.

22) 丸川雄三(2013)「身装画像データベース「近代日本の身装文化」の構築」『じんもんこん2013論文集』, 233-238. (https://ci.nii.ac.jp/naid/170000079301(最終アクセス：2020年9月30日))

23) 丸川雄三(2015)「身装画像データベース「近代日本の身装文化」の公開と運用：公開用ウェブインタフェースと研究者の参加を促す編集環境の実現」『じんもんこん2015論文集』, 233-238. (https://ci.nii.ac.jp/naid/170000151258(最終アクセス：2020年9月30日))

24) 丸川雄三(2020)「研究資料デジタルアーカイブズの活用におけるウェブシステムの研究──身装画像データベース公開用APIの設計と詳細」『アート・ドキュメンテーション研究』(27・28), 62-74.

25) 鈴木桂子(2018)「〈身装画像データベース「近代日本の身装文化」〉のためのターミノロジーの英語翻訳」『身装文化デジタルアーカイブ研究会』2018年8月28日, 国立民族学博物館.

26) Haruko Takahashi, Kozaburo Hachimura and Keiko Suzuki (2019) An Image Digital Archive on the Clothing Culture in Japan from 1868 to 1945, ICOM Kyoto2019, September 2, 2019, Inamori hall.

27) 津田光弘(2018)「画像の配信と表示の考察──IIIFを使ってできること」『身装文化デジタルアーカイブ研究会』2018年8月28日, 国立民族学博物館.

28) 津田光弘(2019)「身装文化の横断表示の検討」『身装文化デジタルアーカイブ研究会』2019年10月4日, 国立民族学博物館.

29) https://www.arc.ritsumei.ac.jp/v_institute.html(最終アクセス：2020年1月31日)

30) 高橋晴子・鈴木桂子・津田光弘・八村広三郎(2020)「ヴァーチャル・インスティテュートの可能性──「身装」文化デジタルアーカイブの更なる活用に向けて」『ARCセミナー』2020年1月15日, 立命館大学.

31) 金井光代(2018)「服飾分野における機関横断型デジタルアーカイブ構築に向けて」『デジタルアーカイブ学会誌』2(2), 56-59. (https://doi.org/10.24506/jsda.2.2_56(最終アクセス：2020年9月29日))

Scene

ミュージアムとアートのDA

第11章

オープンなデジタルミュージアム
多様な価値の共存と高い規模拡張性

金子晋丈

1　はじめに

　記録をデジタル情報として残し、コミュニケーションをデジタル情報を介して行うことが日常的になって久しい。記録を残すことやコミュニケーションを行うことが文化活動の基本的行為とするならば、現在の状況は文化活動のデジタルトランスフォーメーションが進んでいると言えよう。しかし、デジタルミュージアム、デジタルアーカイブという言葉は、デジタルを伴わないミュージアムの世界観、アーカイブの世界観を引きずり続けていないだろうか？　目下のところ、デジタルミュージアムという言葉から連想される典型は、既存の博物館や美術館の中に設置されたデジタルデバイスである。例えば、限定的な展示スペースに設置されたタブレット型デバイスは、展示品を詳細かつインタラクティブに説明する道具立てとして機能する。同様に、デジタル技術を用いた遺跡等の三次元復元展示や、展示品にスマートフォンをかざして詳細情報を得る仕掛けも、これまでにない展示を可能にしていることは否定しない。だが、これらは文化資源の理解を促すための一つの手段にデジタル技術を用いるものであり、旧来型の展示の延長線上にある一手法の域を出ない。すなわち、文化資源の対象や文化資源との触れ合い方にデジタル技術が本質的な変容を与えることができていない。

　文化活動のデジタルトランスフォーメーションとは、単にデジタル技術を

既存の日常世界やミュージアム世界、アーカイブ世界に採り入れるのではなく、デジタル技術固有の特徴を最大限生かして日常世界やミュージアム世界、アーカイブ世界を再定義し、新しいデジタル技術による文化活動が可能なエコシステムを形成することである。すなわち、文化活動のデジタルトランスフォーメーションでは、ミュージアム機能のみの再定義では十分ではなく、アーカイブ機能や、文化の流通機能、文化を認識する機能についても合わせて再定義、再構築する必要がある。

　筆者が文化活動を支えるエコシステムの核とするのは、ボーダレスな文化情報の流通の促進である。特に、次の3点をすべて兼ね備えることがエコシステムたり得る条件と考えている。1点目は、個々の文化情報における価値の多様性を尊重し、価値観や意味づけの固定化、強要、一貫性を求めないことである。2点目は、文化情報への接触に対する自由度を個人に委ねながら、中央的なメカニズムによらずにグローバルな文化情報を緩くグループ化して巨視的な文化活動のダイナミクスの把握を可能にすることである。3点目は、グローバルにあらゆる文化情報が価値を形成可能な高い規模拡張性を有することである。

　文化は、人間一人ひとりの活動の総体として形作られるのであり、一人ひとりの活動を支える価値観に対する自由を奪っては、文化活動たり得なくなる。一方で、人間は社会の中で活動しており、ありとあらゆる社会の環境的要素、特に情報に、価値判断を左右される。情報の整理は、多様な価値観や知識を持つ個々人に画一的に構造化された既存の知識体系や意味に基づいたお仕着せ的な提示であってはならず、新たな文化を生み出す素地になるべきである。

　筆者が考える真のデジタルミュージアムでは、まず、インターネットとデジタルストレージが組み合わさり、人類の保有する文字通り古今東西のデジタルの文化情報に各個人がアクセス可能である。文化情報の価値付けはオープン化され、所有者に限らずありとあらゆる個人が保有する知識や経験を生かして情報の価値付けに参画する。価値付けは、データからの価値の抽出と

関連付けの2つのプロセスで実現される。関連性の解析に言語や意味を用いず数理解析を導入することで、これまでの情報統合ではなし得ない規模拡張性の高いボーダレスな文化情報の巨視的な視点での整理を可能にする。さらに、関連付けの方式において一方向にしか辿れないWorld Wide Web（WWW）のハイパーリンクから脱却することで情報探索範囲の自由な設定を可能にし、個人の背景知識に応じた柔軟性の高い情報提示を実現する。筆者はデジタルミュージアムの実現に向け、インターデータネットワークを提案している。インターデータネットワークでは、文化情報の価値付けをVirtual File（以下、VF）が、関連付けをCatalogue（以下、CAT）が実現する。さらにCATがハイパーグラフ（一般的なグラフは2つの頂点をつなぐ枝の集合として構成されるのに対して、ハイパーグラフは複数（2以上の任意個）の頂点をつなぐ枝の集合として構成され集合を表現できる）を形成し数理解析を可能にする。これらのメカニズムを自律分散管理のかたちで実現することにより、一極集中点の存在しないシステムとなる。VFとCATの動作の詳細については、第4項で述べる。

　以下では、文化情報の流通がボーダレスに展開しない現状を第2項でまとめる。第3項でインターデータネットワークの設計を述べ、その基本的動作を第4項で述べる。最後に第5項でインターデータネットワークにおけるデジタルミュージアム像について述べる。

2　これまでの文化情報の流通

　本項では、デジタル文化情報（データ）の利活用がボーダレスに展開しない現状について分析する。

　データの所有者は、利用者が明確に見えないため、所有するデータの利活用に関する投資ができない状況に陥っている。保存システムは場所やメディアの確保、管理にコストがかかる。さらにコストをかけてメタデータを整備するが、そもそも存在が知られていない、利用者の選択するメタデータと所

有者が整備したメタデータが合致しないなどの理由から、直接的な利用拡大に結び付くことは少なく、継続的な費用負担が徐々に難しくなる。データを長期的に維持し将来の収入に期待しようとする場合は、データ保存においてはメディア間マイグレーションコスト、機器更新コストが発生するだけでなく、想定利用形態の変化に追随するためのシステム変更コスト、システム間マイグレーションコスト、時代とともに変遷するキーワードに対応するためにメタデータの維持管理も必要となってくるため、徐々に利活用の意識が失われ、低コストにデータを保有することに目的が変化し、時代変化によりデータの価値すらも失ったり、増え続けるデータに埋没してしまう。

　一方、利用者は、そもそも期待するデータの存在の有無すら知らず、無数にある発信サーバーのどこを探せばいいわからない。利用目的と所有者のデータ管理形態が合致している訳ではないためキーワードがメタデータに合致せず、どのように探せばいいわからない。また、探し当てたデータに利用者が自分で新たなメタデータを与えて管理していても、ほかの利用者がこのようなメタデータを再利用することはできない。近年広く普及している検索技術も、利用者が探索対象を言語化(特徴量等による記号化を含め)できない、視点の違いによりキーワードが相違する、時代によりキーワードが変遷するといった事象が発生すると有効に機能しない。

　グローバル規模でのデータの総量が増えた結果、所有者と利用者のデータ利活用における乖離が拡大し続けている。この状況が続くと、所有者はデータの積極的な利活用を諦めデータを処分する方向に舵を切り、利用者は探す行為すらも諦めてしまう。すなわち、データの利活用は時間を経ても解決することはなく、時間が経てば経つほど、データの価値の低下、散逸が発生し、本来得ることができたデータ利活用によるさまざまな経済的、社会的、文化的恩恵の機会を失ってしまう。

　このような所有者と利用者のデータ利活用に関する乖離に関し、さまざまな議論や試みがある。Europeanaは、参加機関のデータの存在を発信するために一覧可能なディレクトリを構築している。存在が知られないと始まらな

いという課題に対する一応の解決策だが、2017年時点で5,100万件を超える資源にアクセスが可能になるだけでは人間は適切な情報処理ができない。

　膨大なデータに対する情報探索として検索技術が存在する。検索の効率化のために、ネームスペースやメタデータスキーマを定義する試みがなされているが、ボーダレスな分野の広がりを想定するとメタデータの議論は行き詰まってしまう。価値基準の多様性と汎用性の両立をネームスペースやスキーマに求めようとすると、データが位置付けられる分野を明らかにする必要が出てきたり、データがどの分野に位置付けられるのかをどのように周知するのかといった別の課題が発生し、システム構築の行き詰まりにつながっている。

　W3Cが推進しているLinked (Open) Data(以下、LOD)を用いたデジタル資源化では、資源情報や関係性の表現情報をURIで表現することで、所有者を跨いだ「構造化された」デジタル資源に対して検索クエリを発行できるとしている。価値付け、価値判断の多様化の視点から捉えると、LODを用いたとしても、検索クエリが有効に機能するには関係表現の定型化(構造化)という前提があり、今後普及に伴い前述のメタデータと同様の課題が発生する可能性が高い。また、LODが形成するグラフ空間を用いた関連情報の探索が期待されているが、グラフ空間の利用にのみ注目が集まり、グラフ情報の取得に課題があることはあまり注目されていない。資源情報がURIで記載されているため、資源情報を収集するにはWWW空間をクロールして資源情報をかき集める必要があり、現実的には、Google等の限られた超巨大企業の協力が必要不可欠となり、抜けや漏れのない収集が保証されるわけではない。

　文化情報の流通を広義に捉えると、YouTubeやTwitter、Facebook等のSNSにおいては、さかんに文化情報のやりとりが行われ、データの掘り起こし、情報の流通、消費が行われている。これは、キュレーションがオープン化されており、データ所有者とデータ利用者、キュレーターの明確な役割分担や垣根がなく、利用者、所有者が時と場合に応じてキュレーターとなって活動し、結果としてデータ消費が促進されているからである。しかし、これらSNSでは、ビデオ、テキスト、画像などデータフォーマット種別により

サービスが分断され、それぞれがユーザー獲得を競ってサービスの囲い込み
が発生している状況であり、ボーダレスな情報流通が進んでいない。実際に、
commoncrawlによるウェブ空間の中心性に関する解析によれば、ソーシャル
ネットワークサービス運営企業とGoogleのドメインがウェブ上のデジタル
データを相互に接続する中心的なノードとなっており、ドメインレベルでこ
れらの企業がほぼトップ10を占めており、SNSやデータフォーマット種別、
産業分野、さらには時代によってデータが分断されている状況である。技術
的には、データフォーマット種別に起因して処理内容が大きく異なっている
こと、APIや情報の保存形態そのものがプロプライエタリなものになってお
り、これらを現状のまま統合することや統合されたデータを整理して提示す
ることは難しい。また、データの資産性を考慮するとSNSにすべてのデー
タを委ねるというアプローチも取りづらくなっている。

　以上をまとめると、データの価値や意味、用途を一つひとつ定義して構造
化された情報統合・利活用を図るアプローチは、多様な価値観により意味間
の整合性を取ることが困難になり、規模拡張性の課題を抱える。また、情報
を収集するためにクロールが必要となるWWWのハイパーリンクのメカニ
ズムも規模拡張の阻害要因となっている。文化情報の価値をオープン化する
アプローチは、情報流通の活性化をもたらすが、ボーダレスなデータ流通と
客観的な情報整理を可能にするメカニズムが必要不可欠である。

3　インターデータネットワークの設計

　筆者は、前項で述べた課題を解決するために、文化情報の価値をオープン
かつボーダレス、大規模に流通するメカニズムとしてインターデータネット
ワークの設計を進めている。筆者が設計を進めているインターデータネット
ワークのモデルを図1に示す。インターデータネットワークは、データ間の
関連をWWWで用いられているハイパーリンクやRDFで表現するのではな
く Catalogue（CAT）で表現し、CATが構成するハイパーグラフ構造を用いる

ことで、数理解析に基づいて巨視的な情報提示を実現する。CATの大きな特徴は、複数の関連データを一つのCATとしてまとめられる点、誰が作成したCATであってもそのCATで関連付けられた複数のデータを即座に求められる点、CATが構成するグラフにおいて枝の属性種別を限定しない点にある。

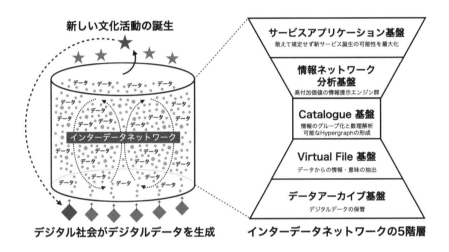

図1　インターデータネットワークの概念モデル

　一般に、価値付けや価値基準が多様化しシステムの規模が拡張すると、コンピューター処理において価値や意味の一貫性が取れなくなり、情報統合が困難になる。意味の一貫性が取れないとは、端的には、自然言語表現がもたらす意味の曖昧性をコンピュータが識別子としての文字列から判断できないということである。例えば、Aさんにとっての「apple」は果物のリンゴを表すが、Bさんにとっての「apple」はコンピューター会社を表すという齟齬が発生するということである。このような課題は、扱うデータがボーダレスに広

がれば広がるほど発生しやすくなる。そこで、インターデータネットワーク
は、言語表現が有用な精緻な価値判断を行う微視的な情報探索と、言語表現
の曖昧性が顕在化するボーダレスにあらゆるデータが混在する空間における
巨視的な情報探索を切り離すことで、システムの規模拡張性を実現する。具
体的には、巨視的な情報探索においては、CATが構成するハイパーグラフ
の数理解析によって資源を分類整理する。CATは言語表現された属性情報
を有するが、巨視的な情報探索時にはこの情報を無視し枝の存在のみを情報
として利用して数理解析を行うことで、微視的探索と巨視的探索のシームレ
スな両立を図る。

　データの発信はこれまで所有者、もしくは限定されたキュレーターに委ね
られてきた。キュレーターは、特定の利用者もしくは所有者の目的に特化し
た情報分析を行ってきた。そのプロセスや分析結果は学術情報を除いてほと
んど開放されず、その分析結果の再利用性は乏しく、結果的に情報の再利用
性が低かった。そこで、インターデータネットワークでは、データの価値化
のプロセスをオープン化し、データに触れて価値を理解した利用者がいわゆ
る市民キュレーターとしてその価値をそれぞれ発信し、潜在的なデータ利用
の道を拓く。オープン化により市民キュレーターの活動が活発化することは、
SNSにおけるインフルエンサーの存在からも明らかであり、分野横断的な利
活用が促進される。特筆すべきはキュレーション結果の再利用性を高めるた
めに、2つのプロセスに分離することである。具体的には、データそのもの
のキュレーション（Virtual File化）と複数VF間の関連付けに関するキュレー
ション（CAT化）に分離する。キュレーションを分離することで、CAT化に
おいて、ほかの市民キュレーターが作成したVFを再利用することができる。
さらには、市民キュレーターの著作権を担保しながら、VFやCATを部分改
変して流通することを可能にすることで、各VFやCATの再利用性を高める。

　インターデータネットワークでは、データの価値判断のプロセスもオープ
ン化する。CATが構成するハイパーグラフの解析は、解析結果の提示を単
一の組織や方式によって実現するのではなく、誰もが自由に解析のアルゴリ

ズムを構築・利用できる。ある事業者はCATが構成するハイパーグラフ全体の解析結果の提供を行い、ある事業者はある分野に特化し、ハイパーグラフの部分空間の解析をより精緻に行うことが可能である。

　情報の流通を促進する際に課題となるのが、データサイズである。特に、価値付けのオープン化、価値付けを部分的に再利用するにあたって、オリジナルのデータに手を加えると、データサイズが膨らみ、データ転送やデータ保存にコストがかかる。そこで、インターデータネットワークでは、データの価値の流通に、価値のエッセンスだけを抜き出した軽量なプレビューファイルであるVFを作成する。VFには、データの価値としてタイトルやデータの利用用途や特徴を記述し、価値の流通を実現する。CATもVF同様に軽量である。

　インターデータネットワークでは、自律分散型のシステムとして上述のメカニズムを構築する。具体的には、インターデータネットワークは、5つの階層により構成されている。下の階層から順に、データの保存を担うデータアーカイブ基盤、データの価値抽出を担うVF基盤、VFのグループ化を担うCAT基盤、CATが構成するハイパーグラフの分析基盤、およびサービスアプリケーション基盤である。各層はそれぞれ独立に自律分散的に動作し、各層の情報の所有権を明確化するとともに、誰もが自由に各層でのアクティビティを実現でき、サービスとして他者に提供できる。

4　インターデータネットワークの動作

4-1　Virtual Fileと Catalogue

　Virtual Fileは、データから情報や意味を抽出して作成する軽量なファイルである。VFはデータのエッセンスだけに注目したプレビュー機能や抽出された情報や意味（タイトル、キーワード等）、VFの作成者情報、データへのアクセス情報、一般的なメタデータを併せ持つ。情報・意味の抽出とは、潜在的に無数の情報や意味を有するデータから、ある視点において特徴的な情

図2　インターデータネットワークにおける Virtual File の例

報を見い出すことである。従って、同じデータを異なる視点で捉え、異なる意味の抽出ができる場合、それらはそれぞれ異なる VF となる(図2)。例えば、映画の本編とトレイラーの関係が情報・意味の抽出の一例である。VF は、epub形式をベースにしたフォーマットで記載し、VF単体で可搬可能で自由にやりとりが可能である。VFの作成はオープン化されており、データの所有者に限定されず、作成する VF の数に制約はない。各VFはグローバルユニークな ID を有する。

　Catalogue は、関連情報のグループ化により作成される。CATは、1つ以上の意味的つながりやコンテクストを共有する関連のある複数の VF を 1 つのグループとして表現する。関連が異なれば異なる CAT とする。CATは、グループの意味を表すタイトルやキーワード、含まれる VF の ID 群、CAT の作成者情報が含まれる。CAT は、グループを形成することを主目的としており、関連を示す適切な言語化は必須ではない。CAT 内の VF を一覧することで、利用者は新しい情報への手がかりを得るだけでなく、各VFにおいて抽出された意味を見比べることでその意味理解の深化も期待できる。書店やセレクトショップの機能に類似する。CATの作成はオープン化されており、

CATにはどのようなVFもひとまとまりにすることができる。CATに含まれるVFはCATの作者が作成したVFに限定されず、VFが参照するデータのメディアタイプにも限定されない。作成可能なCATの数に制約はない。また、各CATはグローバルユニークなIDを有する。

4-2 Virtual File と Catalogue によるハイパーグラフの構成

インターデータネットワークでは、各VFやCATの作成がハイパーグラフを形成する。WWWにおけるハイパーリンクやRDFなどの一般的なグラフは2つの頂点をつなぐ枝の集合として構成されるのに対して、ハイパーグラフは複数(2以上の任意個)の頂点をつなぐ枝の集合として構成される。VFはインターデータネットワークにおけるハイパーグラフの頂点を形成し、CATはハイパーグラフのハイパー枝を形成する。インターデータネットワークにおけるハイパー枝にはグローバルに一貫性のある属性情報を定義しない。これは、CATに記載された意味やコンテクストの詳細を隠蔽することを意味し、これにより規模拡張性を実現する。ハイパー枝につながる頂点を見つけることが、頂点であるVFの発見を意味する。またある頂点において、その頂点を含むハイパー枝を見つけることがハイパー枝であるCATの発見を意味する。すなわち、CATから含まれるVFへの参照とVFからそれを含むCATの参照が可能である。インターデータネットワークでは、CAT作成時に、VFとCATのグローバルユニークなIDを用いて、この参照関係をインターネット上に自律分散管理の形で自動的に保存する。具体的には、VFおよびCATの作成者の管理するサーバーにマスターデータが保存され、CATに被参照されるVFの作成者の管理するサーバーに、参照しているCATのIDが保存される。

市民キュレーターは、データから抽出された意味を運搬するVFを作成し、ある観点に基づいて複数集め、これをグループ化し、グループ毎にそれぞれ別のCATに記述する(図3)。各CATはグローバルユニークなIDを有し、VFのIDが列挙され、グループの意味を表すタイトルが付けられる。CATの作

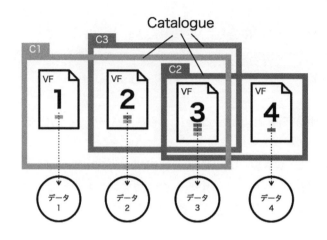

図3　Virtual File と Catalogueによるハイパーグラフの例

成の際には、内包されるVFを管理する各サーバーに通知が届き、VF側に被
参照CAT IDのテーブルが構成される。ハイパーグラフの構築を担っている
のは、市民キュレーターによるVFとCATの作成である。そして、CATの参
照によって得られたVFの一覧、得られたVFが参照されているCATの一覧
の取得、得た別のCATをさらに参照することによってVFを取得……という
手順を繰り返すことで、利用者の興味の拡大に合わせてハイパーグラフのあ
る連続する部分空間の網羅的な探索が可能となる。

4-3　ハイパーグラフの数理解析

　4-2では、CATとVFを辿ることによって、ハイパーグラフの部分空間の
探索ができることを示したが、巨視的に関連情報を捉えるには十分ではな
い。部分空間の探索をコンピューター処理とすることで、利用者の興味に合
致した情報集合に関して網羅的かつ精緻な探索が実行できる。WWWではハ
イパーリンクを一方向にしか辿れないため、検索エンジンのクロール処理は
常にWWW空間の全探索が必要であるのとは異なり、インターデータネッ

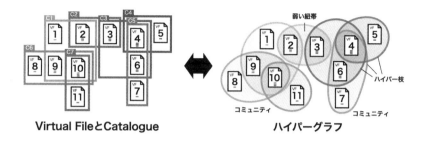

図4　ハイパーグラフのコミュニティ分析(例)

トワークが形成するハイパーグラフは双方向に辿れるため、部分空間の網羅的な探索を容易に実現できる。部分空間のコンピューター探索技術としては、ハイパーグラフの数理解析やキーワード検索が上げられる。本項では、数理解析について述べる。ハイパーグラフの部分空間に対して、例えばコミュニティ分析を行うと、関連する情報群を機械的に分類することができる。分類に用いるのは、ハイパー枝によって接続された頂点の疎密情報である。簡単な例(図4)では、VF4やVF10が多くのCATに参照されているため、VF4とVF10はよく知られた情報であることが分かり、その参照の広がり(VF3-VF7、VF1-VF2とVF8-VF11)が関連情報の分野、意味の大きなまとまり(コミュニティ)を表す。隣接する異なるコミュニティやコミュニティをつなぐ弱い紐帯(VF2-VF3)を提示することは、関連情報の巨視的な位置付けの容易な把握につながる。市民キュレーターによるVFとCATの追加によってハイパーグラフは自然と変化するが、定期的に数理解析を行うことで、用語や意味の再定義を行わなくてもコミュニティの変化にスムーズに追随した情報提示が可能となる。

4-4　サービスアプリケーション

　インターデータネットワークにおいてサービスアプリケーションは、特に規定しない。これは、インターネットがコンピューター間の相互接続の方式

だけを取り決めインターネット上のサービスを限定していないのと同様の考え方である。アプリケーションをあえて規定しないことで、新しいサービスの誕生の可能性を担保し、時代に応じたアプリケーションの変化に対して柔軟に適応し続けることができる。

5 インターデータネットワークが実現するオープンなデジタルミュージアム

筆者がインターデータネットワーク上に実現するデジタルミュージアムは、ミュージアム主催者が用意した文化資源を主催者が用意したストーリーや世界観に従って固定的・半固定的に展示するものではない。徹底した多様性、具体性、柔軟性、探求性、インタラクティブ性を備えたものが筆者の考えるデジタルミュージアムである。具体的には、まず、個々人が各人の興味関心、体験に基づいて作り上げる具体的で実体のある文化世界を VF と CAT を使ってありのままに「展示」する空間を無数に作り出す。次に、無数の展示空間は個人の興味関心を反映した利用者自身の VF や CAT と数理的な解析を組み合わせてダイナミックに利用者にパーソナライズしたかたちで分類整理される。そして、利用者はサービスアプリケーションを介して、この無数の展示空間の中から、利用者の興味関心に従って展示空間を選択し展示されている経験や情報に触れることで、具体性に富んだミュージアム体験を得る。すなわち、どこで何がいつどのように展示されているかわからないセレンディピティなミュージアム体験ではなく、未知との遭遇や未知のものの体系付けを、個人の興味・関心の延長線上に常に発生させることが筆者の考えるデジタルミュージアム体験の本質であり、インターデータネットワークはこれを可能にする。

6 おわりに

本章では、デジタルトランスフォーメーションしたミュージアムの実現

に向けて筆者が設計するインターデータネットワークについて述べた。ハイパーリンクやLODを介した情報発信や言語情報に依存した探索技術では、文化情報のように多様な価値付けや価値判断の共存が求められるデジタルデータの規模拡張性を伴う流通は困難であり、新たなメカニズムが求められる。インターデータネットワークは、これまでアプリケーションサービスとして位置付けられていたキュレーション活動をデータ流通の根幹として捉え、その活動を最大化させるとともに、時代による価値付け・価値判断の変化に柔軟に追随可能なメカニズムとして設計している。本章では、インターデータネットワークの考え方とその基本的な動作、およびインターデータネットワーク上に構築されるデジタルミュージアム像について述べた。今後も、各技術の詳細の研究を進めていく予定である。

第12章

国立博物館所蔵品統合
検索システム「ColBase」

過去・現在・未来

村田良二

1　はじめに

　国立文化財機構(以下「機構」という)は、2017年3月27日に機構内の4つの国立博物館(東京、京都、奈良、九州)の所蔵品のデータを、再利用可能なCC-BY相当のライセンスで公開するシステム「ColBase」を一般に公開した。掲載するデータは約13万件、このうち16,000件以上の作品で画像を公開しており、画像の総数は45,000枚を超えている(2020年4月現在)。機構ではこれまでにも、4博物館の所蔵する国宝・重要文化財を高精細画像と多言語解説で公開する「e国宝」を運用してきたが、これとは内容、性格とも大きく異なるシステムであり、機構としては初めての試みとなった。本章では、この「ColBase」開発の経緯や、システムの概要、公開に至るまでの議論を紹介し、今後の展望についても触れたい。

2　「ColBase」以前

　機構内4博物館の統合的な所蔵品データベースの検討は、2014年度末から2015年度にかけてスタートした。まずはこの時点での状況を概観しておきたい。

東京、京都、奈良、九州の各国立博物館のうち、東京を除く3館について
はすでに所蔵品データベースが何らかのかたちでWeb上に公開されていた。
各館が独自に構築したものであり、特に調整などは行われていなかったが、
所蔵品の基本的な情報と、公開可能な場合は画像も掲載されていた。しかし
東京国立博物館については、所蔵品のデータとしてはWebサイト上のコン
テンツの一部として「名品ギャラリー」で600件程度の情報を公開しているほ
かは、「画像検索」および研究テーマに基づく各種のデータベース（「古写真」
や「博物図譜」など分野が限定されている）のみで、所蔵品全体をカバーする
ようなデータベースは公開されていなかった。これは、東京がほかの3館に
比べて突出して所蔵品の件数が多いこともあり、公開に耐える水準でのデー
タの整備が十分に行き渡っていなかったというのが主な原因である。冊子体
の所蔵品目録は1970年代に刊行されたものが最後で、その後は分野ごとの
図版目録は継続的に刊行されていたものの、全所蔵品の情報を公開するため
の事業は行われていなかった。

　公開されたデータの利用については、従来著作権法が認める範囲を超える
場合は各館の窓口に申請あるいは申込みが必要であったが、東京国立博物館
は2011年から、また奈良国立博物館は2016年から、一定の条件を満たせば
手続きなしで自由に利用できるという枠組みを設けており、データのオープ
ン化に向けた動きも始まっていた。

　「はじめに」でも触れた「e国宝」は、4博物館の所蔵品のうち国宝と重要文
化財を対象として、高精細画像と多言語による解説文を掲載したウェブサイ
トである。2001年に最初のバージョンを公開し、2009年に大幅にリニュー
アルした。こちらのデータはオープンなライセンスとはしていないが、それ
までにない水準で高精細画像を公開したことで話題となった。しかし所蔵品
全体からすれば、国宝・重要文化財は件数の上では1%にも満たない。関係
者からは、特に数が多く公開が遅れていた東京国立博物館について、ごく簡
単なリストだけでも公開が求められていた。

　一方、機構と近い独立行政法人である国立美術館では、すでに2005年か

ら「所蔵作品総合目録検索システム」を公開しており、同様のサービスを機構に期待する声も少なからずある状況であった。

3 着手の経緯

2011年3月11日に発生した東日本大震災は、博物館分野にも大きな被害をもたらした。

被災した地域では大量の文化財が取り残され、消失の危機にあったため、これらの文化財を救出する「文化財レスキュー」活動が行われ、機構も大きく関わったが、この活動を通じて、文化財に関するデータの重要性が改めて認識されることとなった。データがなければ、被災した館や地域にどんなモノがあったかわからなくなってしまう。簡単なリストだけでもデータがあれば、それをもとにレスキュー活動を行うことができる。自館の内部だけにデータを保持するのではなく、データをほかの場所に保管することや、一般に公開しておくことが、災害時に役立つ可能性について認識されるようになった。

他方、機構内の各博物館はそれぞれWebサイトで公開するものとは別に独自に業務用に所蔵品データベースを構築しており、さまざまな業務に使用するようになっていた。職員からは、機構内の他館のデータにアクセスできないか、あるいは業務システム自体を統合できないかといった意見が出てくるようになった。しかし実際には、業務のあり方自体が各館で異なっており、システムだけを取り出して統合することは現実的ではなかった。

こうした状況の中、2014年7月に文化財防災ネットワーク推進本部が機構内に設置され、これをきっかけに各館の所蔵品データの連携や防災対策について検討を始めることとなった。翌年から4博物館のデータベースの担当者が定期的に会合を持ち、すでに国立美術館が運用していたような総合的なベータベースの公開と、各館データを互いに他館に保管する方法について議論した。このデータベース公開の検討が「ColBase」開発の直接的な出発点である。当初は防災の観点から将来的に機構外の文化財データを扱うことも検

討したが、現在の体制・制度では困難であり、また文化庁の運用する「文化遺産オンライン」がすでに存在していたこともあり、機構内の所蔵品のデータを公開することに注力することとなった。

4　仕様の調整と開発

　統合的な公開データベースを開発することが決まってからの作業は、具体的にシステムの仕様を調整していくことであった。すでに「e国宝」を開発・運用した経験もあったため、「e国宝」との違いを意識しながらの作業であった。大まかな枠組みとしては、基本的なデータ構造、データ項目、画像の仕様、データ管理の方法、利用者向けの機能とインターフェースといったことについて議論を進めた。

　基本的なデータ構造としては、個々の作品のレコードは親子関係を持つことができるかたちとした。各館とも所蔵品には管理のための番号が付けられており（列品番号、収蔵品番号などと呼ぶ）、これが基本的な管理の単位となっているが、現実には1つの番号に複数の物品が含まれていることも多い。このため、1つの番号に対応するレコードの下位に、より細かい単位のレコードを作れるようにする必要があった。また、各館の所蔵品のデータは「コレクション」というまとまりで管理できるようにした。各館の所蔵品は基本的に1つのまとまりを構成しており、このまとまりの中では番号の重複などが起きないように管理されている。しかし、いわゆる所蔵品のカテゴリーに入らないものの文化財とも言える物品が存在する場合もあり（事務的には図書扱いとなっている古典籍や、単なる物品扱いとなっている古写真など）、将来的にこれらを扱うことが可能となるよう、館ごとに1つ以上の「コレクション」を登録することができるようにした。これには、構想の初期段階では機構外の組織も視野に入れていたことも影響している（例えば大学の部局ごとに独立したコレクションがあるケースなどを想定した）。ただし実際の運用では、現時点では各館が登録しているコレクションはそれぞれ1つずつ

（いわゆる所蔵品のみ）となっている。

　ColBaseの開発を進めた時期には、ちょうど博物館の展示室における題箋等の多言語化が強く求められていたこともあり、ColBaseにおいても多言語化対応を行うこととなった。とはいえ、すべての作品について外国語データがあるわけではないため、日本語のレコードを軸として、外国語のデータがある作品については外国語のデータを登録できるかたちとした。データ整備の進捗に合わせ、公開当初は日英のみとし、2018年に中国語および韓国語のデータを追加した。

　データ項目についても各館の違いを吸収できるよう最大公約数的に調整した。開発当初のデータ項目は表1の通りである。

　各館の元データを実際に投入する際には、さまざまな調整を行った。例えば時代については日本語の時代名（「江戸時代」等）と世紀（「18世紀」等）を別の項目にしている館もあれば、1つの項目にしている館もある。1つになっているものを分離するのは困難なため、ColBaseではまとまった「時代世紀」という項目とし、別の項目にしている館のデータは機械的に整形して1つの項目に変換した。一方、こうした機械的な調整ができない場合もある。例えば制作地については、多くの作品が日本で作られたものであるが、データとして「日本」などと入力されておらず空欄のままになっている場合が多い。これは展示室の題箋や目録に記載する場合に、日本のものであることが明らかなことが多いためである。しかし、だからといって空欄を機械的に「日本」で埋めることには問題があり（日本でない場合もあるので）、結局元のデータをそのまま反映している。そのため残念ながら検索で制作地に「日本」と指定しても、日本で作られた作品すべてがヒットするわけではなく、データに「日本」と入力されている作品がヒットするだけである。「時代範囲」についても同様で、制作年代が判明していたとしても必ずしも入力されているわけではない。これらはColBaseの課題というよりは、元データを作る時に展示等の業務上の必要性が優先されてしまうことによる、各館でのデータ整備の課題で

表1　ColBaseのデータ項目(開発当初)

項目名	内容
ID	レコードのID。
機関ID	所蔵館のID。
コレクションID	作品が所属するコレクションのID。
コレクション内ID	コレクションごとにユニークなアイテムID。
親レコード	部分のレコードである場合、親レコードのID。部分のレコードでなければNULL。
機関管理番号	所蔵館における管理番号。収蔵品番号、列品番号等。
言語	2文字の言語コード(「ja」等)。
文化財指定	「国宝」「重要文化財等」の指定種別。
分類	「絵画」「書跡」「彫刻」等の分類。
名称	作品の名称。
名称よみ	名称の読み。日本語のみ。
員数	数量の表示。「10巻」「六曲一双」等。
作者	作品の作者。役割語があってもよい。「葛飾北斎筆」等。
制作地	制作された地域。
出土地	考古などの出土品の出土地。
時代世紀	制作された時代と世紀。「江戸時代・18世紀」等。
時代範囲	時代の範囲を始点・終点の西暦で指定。
品質形状	材料、技法等。「銀研出蒔絵」「唐織」等。
法量	大きさ、寸法。
銘文等	作品本体に書き込まれた文字。
寄贈者	所蔵館への寄贈者名。
所蔵者	所蔵館名。
解説	散文による解説。
URL	各館の公開データベースの該当作品のページへのリンク。
画像	作品の画像(複数登録可)。
公開・非公開	公開フラグ。調整中のデータを非公開にすることがあるため。

ある。

　表1にある通り、画像は作品ごとに複数登録できるようにした。彫刻など
の立体作品であれば複数の角度の写真を、複数枚が組となった絵画であれば
それぞれの写真を登録できるようにした。サイズは長辺が500〜1,000ピクセ
ル程度で、画面で見て作品の姿がわかる程度のものとした。また作品に対す
る誤解が生じないよう、古い画像(修理前のものなど)は除外し、トリミング
等の調整をしたものを対象とすることとした。

　初期データは調整した後一括して開発業者が投入することとしたが、運用
開始後にもデータを追加、更新、削除など管理していく必要があるため、管
理用のインターフェースも用意した。各館の担当者に管理用のアカウントを
発行し、管理画面にログインして操作する。この際、誤って他館のデータを
操作することがないよう、権限を割り当てて担当するデータのみを操作でき
るようにした。基本的には管理画面上で入力フォームからデータを追加・更
新する。多数の作品を追加、更新することも考えられたので、一括アップ
ロードの方法も用意した。しかし実際には元データからの調整は手間のかか
る作業であり、一括アップロードを行うことは運用開始後ほとんどなく、主
に明らかな誤りを手作業で修正するにとどまった。各館で運用するデータ
ベースは日々更新されているため、時間が経つにつれて徐々にずれが生じる
ようになり、これが大きな課題となった。

　利用者向けの機能としては、ごくシンプルな検索と閲覧を中心とした。単
純なキーワードによる検索と、項目を指定しての検索ができるようにし、検
索結果一覧から作品を選択するとその詳細を表示する。詳細画面では名称や
解説文などの文字データと画像のサムネイルを表示し、画像を選択すると拡
大表示する。画像が多いとこの画面だけでは探しづらいため、画像一覧の画
面も用意した。このようにごく一般的な流れで作品を探すことができるが、
一方で検索だけでは文化財に詳しくないユーザーにとっては「とっかかり」が
ない。そこでトップページにアクセス数の多い作品を表示するランキングを
表示し、合わせて画像のある作品からランダムに選択した作品のサムネイル

図1　公開当初のColBaseトップページ

を並べるというデザインにした。しかしランキングについては、上位に表示されるものにアクセスが集まるため、結局ほとんど入れ替わることがなく、運用を続けるうちにユーザーを誘導する上ではあまり有効ではないと考えられるようになった。

　システムは外部委託により2016年度に開発した。年度末の2017年3月、さまざまな課題を残しつつも一般に公開した(図1)。

5　ライセンスに関する議論

　博物館のデジタルアーカイブに限らず、インターネット上のデジタルコンテンツをより利用しやすくする「オープンデータ」の動向についても検討が必要であった。「e国宝」では特別なライセンスを指定せず、二次利用については各所蔵館に問い合わせるよう案内するにとどめていたが、「ColBase」開発の時点では我が国でもオープンデータをめぐる議論が盛んになっており、ライセンスのあり方について検討する必要があった。政府の「デジタルアーカ

イブの連携に関する実務者協議会」（2015〜2017年）が2016年3月に公開した中間報告においても「（…）デジタルコンテンツもオープンにすることが可能なものについては、各分野や機関の実情を踏まえながら、できる限りオープンにすることが、アーカイブの利活用促進のためには望ましい」[1]とされ、機構のような政府デジタルアーカイブはオープン化を強く求められていくであろうという認識もあった。

　前述の通り、東京および奈良の2館ではすでに一定の条件を満たせば手続きなしで画像を利用できる枠組みを用意していた。しかし一方では、この2館も含めいずれの館も有料での画像提供も並行して行っており、オープン化によって自己収入が減少することへの懸念もあった。各館のスタンスの違いなどもあったが、結局は画像サイズを限定することでバランスを取ることとなり、その結果が「長辺500〜1,000ピクセル」というサイズである。1,000ピクセルは一般的な商業印刷の品質である350dpiで印刷すると7.3cm程度であり、学術論文の挿図等にはある程度使えるが、画像を主とする内容の商業印刷には不足、という水準である。独立行政法人化して以降、博物館は画像等の知的財産を活用して自己収入を得ることを政府から求められており、このサイズはデータのオープン化の流れとの間で揺れ動いていることの反映とも言える。

　結局ColBaseの利用規約は政府が雛形として用意している「政府標準利用規約（第2.0版）」[2]を利用することとなった。この規約はクリエイティブ・コモンズの「CC-BY」と互換であり、国際的にも理解しやすいものとして採用を決めた。

　博物館における画像提供のあり方については、適切な受益者負担による博物館活動への財源確保や、文化財に対する理解の促進、画像利用の実態把握といった様々な観点から、必ずしも無条件にオープン化することが博物館の使命に沿うものとは限らないという議論もある[3]。ColBaseの公開は画像のオープン化に大きく踏み出す一歩となったが、今後も提供のあり方についての模索は続くだろう。

6 リニューアルと OAI-PMH

　2018年7月、機構に新たな組織として文化財活用センターが発足した。組織名の通り、文化財をより積極的に活用することを目指し、文化財を楽しむためのコンテンツ開発、国立博物館所蔵品の貸与促進、文化財の保存環境に関する助言・支援、文化財のデジタル資源化の推進と情報発信、という4つの柱を中心に活動を開始した。「e国宝」と「ColBase」はそれまで本部事務局が所管していたが、発足と同時に同センターの所管となった。データの修正や画像の追加は順次行っていたが、同年には一部の館のデータについて中国語と韓国語を追加した。また、画像についても再検討し、長辺3,000ピクセル程度に順次置き換えていくこととなった。利用者のデバイス、特に携帯端末の画面の高解像度化が進んでいること、諸外国のデジタルアーカイブにおいてもやはり高解像度化が進んでいることから見直しをしたものである。同時に、「ColBase」では利用者が手続きなしに画像を二次利用できることとしたため、誤った使い方(例えば修復前の写真が現在の状態と誤認されるなど)をされることのないよう掲載する画像をしっかり取捨選択することも、各館の間で改めて確認された。

　こうした見直しとともに、システムの改修が避けられない課題として、データ更新の問題があった。各館のデータベースでは日々追加や修正が発生しており、管理画面上から手動で修正する方法には限界があった。そこで、メタデータ収集の手段として広く使われている OAI-PMH を利用して各館のデータベースでの更新を自動的に反映する仕組みを整備することとなった。これには「ColBase」のシステムだけでなく、各館のデータベース側でもリポジトリ機能の追加が必要である。既存の公開システムを持たない東京国立博物館の場合、新たに内部システムとの橋渡しをする仕組みを整備しなければならなかった。そこで、2019年度に各館のシステムと「ColBase」を同時に改修することにした。「ColBase」は公開画面のインターフェースの見直しも行い、ほぼ全面的なリニューアルとなった。

OAI-PMHによりメタデータを収集する場合、収集するメタデータの
フォーマット、すなわちXMLスキーマを決めなければならない。博物館
の所蔵品のために利用できるXMLスキーマとして、Getty Research Institute
によるCDWA-Lite[4]とICOM CIDOCによるLIDO[5]が選択肢にあがった。
CDWA-Liteは実績がありシンプルで、LIDOはやや複雑であるため、CDWA-
Liteを推す意見もあった。しかしCDWA-Liteは2010年以降メンテナンスさ
れておらず、Gettyのウェブサイトでもこれを引き継ぐものとしてLIDOが案
内されている。また表現力の面でも、日本の文化財のメタデータに特徴的な
内容を盛り込むためにはLIDOのほうが柔軟性があり、多言語化にもスキー
マの設計として対応していた。これらのことから「ColBase」でのデータ収集
にはLIDOを用いることとした。

　この「日本の文化財のメタデータに特徴的な内容」でLIDOを適用する上で
特に工夫が必要だったのは、文化財指定（「国宝」・「重要文化財」など）と員数
（「10巻」・「六曲一双」など）である。文化財指定は日本では展示の際などに
は必ず表示されるが、同様の制度が必ずしも諸外国にあるわけではなく、ス
トレートに適用できるLIDOの要素はなかった。そこでこれを分類の一形態
と捉え、classification要素のtype属性を「designation」とすることで、通常の分
類と区別して記述することとした。

　員数もまた、日本の文化財の目録では必ず記述されるが、西洋美術な
どでは記載されない場合も多く、これもそのまま使える要素がLIDOに
はない。そこでやや苦しいが、寸法などを表すobjectMeasuermentsSetを
用いることとし、値の対象（普通の寸法であれば「縦」・「横」など）を表す
extentMeasurements要素に「number」と記述することで、それが員数であるこ
とを明示する方法をとった。

　「ColBase」のシステム改修は2019年度を通して行われ、2020年2月にリ
ニューアルされたシステムを公開した。OAI-PMHは本章執筆時点では東京
のみ稼働を始めているが、残り3館も順次稼働する予定である。一般向けの
トップページでは形骸化していたランキングを廃止し、画像のある作品のラ

図2　リニューアル後のColBaseトップページ

図3　リニューアル後の詳細画面

ンダム表示のみにして、サムネイルを見やすいレイアウトにした(図2)。詳細画面や画像表示も見直し、より見やすいデザインに一新した(図3)。

　このほか、作品ごとの解説文を複数掲載できるようにした。作品の解説は、展示の題箋や目録や音声ガイドといったさまざまな目的で作られることがあり、これらのソースを活用できるようにしたものである。また音声データなど画像以外のバイナリデータも登録できるようにした。リニューアル直後に

は東京国立博物館の音声ガイドのデータを掲載しているのみであるが、他にも掲載可能なデータを整備できれば追加していくことになるだろう。

7 「ColBase」のこれから

今後予定されている動きとしては、奈良文化財研究所の所蔵品データ追加がある。当初は機構内の博物館だけを対象としていたが、東京および奈良の文化財研究所でも様々な資料や文化財を所蔵している。機構の所蔵品の総合的なデータベースとしては当然これらも収録するべきであり、まずは奈良文化財研究所について作業を始めているところである。

コンテンツの拡充という面では、すでに対象となっている博物館所蔵品についてもまだまだ整備が必要である。現状ではデータの品質や詳細度に大きなばらつきがある。特に東京国立博物館は件数が多く、展示などに使われることの少ない作品のデータは整備が進んでおらず、画像のない作品も多い。データの多言語化も同様である。これらのデータ整備は継続的に行っていく必要がある。また音声データ以外のさまざまなバイナリデータ、例えば三次元計測データなどの公開についても引き続き検討したい。

デジタルアーカイブのさまざまな活用が広がる中、データベース間の連携も進んでいる。「ColBase」では公開翌年の2018年3月に国立国会図書館サーチおよび文化遺産オンラインとデータ連携を開始した。国立国会図書館サーチではOAI-PMHのリポジトリとして参加する一方、文化遺産オンラインでは「ColBase」のAPIを利用してデータを取得する方法となった。さらに翌2019年2月にはジャパンサーチ試験版との連携を開始した。こちらはシステムから抽出したデータを手動で一括投入する方法となった。

これら外部のシステムとの連携はリニューアル後も継続する。しかし連携先ごとにデータ提供の方法が異なることや、手作業での更新は、引き続き解決を要する課題として残っている。これまで「ColBase」側では一つひとつの連携先と調整しながら対応してきているが、OAI-PMHを始めとする標準的

なデータ提供手段とその利用のためのドキュメントを整備した上で、広く活用できるようにするのが本来の道筋であろう。

　しかしここで、いわゆる「ポータル」の役割を整理していくこともまた必要である。各館、各研究所はそれぞれにデータベースを運用しているのであり、「ColBase」のようなポータルとどのように役割分担していくかについては、まだ明確な答えは出ていない。一方には「各データベースがそれぞれのニーズに合ったサービスを自由に展開し、ポータルは検索手段にとどめるべき」という考え方があり、他方には「外部のためのAPI提供などの共通的なサービスはポータルにおいて集約するべき」という考え方がある。またコンテンツのライセンスについても、「ColBase」は「政府標準利用規約（第2.0版）」としたが、各館のシステムがすべてこれを適用できるわけではない。そのため同じコンテンツがポータルと各データベースとで異なるライセンスで提供されることになり、混乱のもとになりかねない。ライセンスのあり方については、前述の有償提供との関係も含め、ユーザーにとってわかりやすいかたちをさらに探っていくことが必要である。

　博物館におけるデジタルアーカイブの役割は、これまでは情報公開を主眼にしてきたように思う。つまり蓄積された公的なコレクションの情報に対して、一般の人々がまずアクセスできるようにすることを中心的な課題としてきた。これはこの先も重要な役割であり続けるはずだが、オープンデータが広がり多数のシステムが互いに連携を深めていく中においては、利活用を促す工夫がさらに求められるに違いない。現代の人々による創作のための材料やインスピレーションを提供すること、教育や娯楽のための素材を提供すること、つまりは博物館自身では生み出せないような新しい価値の創出に積極的につなげていくことが、今後の大きな目標となるのではないか。

　このように、公開から3年を経た現在でも「ColBase」には多くの課題が残っている。収録データの質と量の両面での向上を地道に続けながら、インターフェース等の機能面やライセンスを含め、機構として提供するべきサービスのあり方を全体として前進させていかなければならないと考えている。

注

1)　知的財産戦略本部(2016)『デジタルアーカイブの連携に関する実務者協議会中間報告』
(http://www.kantei.go.jp/jp/singi/titeki2/digitalarchive_kyougikai/jitumu/h28_chukanhokoku.
pdf)(最終アクセス：2020年3月31日)

2)　政府標準利用規約(第2.0版)(https://www.kantei.go.jp/jp/singi/it2/densi/kettei/gl2_
betten_1.pdf)(最終アクセス：2020年3月31日)

3)　宮崎幹子(2019)「博物館・美術館における画像公開──オープンデータ、オープ
ンアクセスと文化財写真の意義」『アート・ドキュメンテーション通信』(123).

4)　CDWA-Lite(https://www.getty.edu/research/publications/electronic_publications/cdwa/
cdwalite.html)(最終アクセス：2020年3月31日)

5)　LIDO(http://cidoc.mini.icom.museum/working-groups/lido/what-is-lido/)(最終アクセ
ス：2020年3月31日)

第13章

文化遺産オンライン試験公開版の構築

丸川雄三

1　はじめに

　文化遺産オンラインの試験公開版[1]は2004年4月27日に一般公開を開始した[2]。文化庁と国立情報学研究所が共同で運営する文化財のポータルサイトであり、美術館や博物館、資料館などの全国各地のミュージアムが、その所蔵作品や資料の情報を登録しインターネットで発信することができる無償の公共サービスである[3]。この試験公開版の立ち上げにあたっては、初期の情報登録に参加したミュージアムなどの各機関から所蔵作品情報および画像の提供を受け、文化遺産オンラインの共通項目に合わせて様々な変換と編集を加えた上で登録する作業が必要であった。また公開の1年前には、関係者に向けてデモ用のプロトタイプを構築する必要もあった。

　文化遺産オンラインの試験公開版とそのプロトタイプの構築、ならびに初期情報登録のためのデータ調整などの実務を担当した立場から、システム構築およびメタデータ作成支援の概要を紹介し、文化財デジタルアーカイブズの活用における課題と可能性について考える。

2　プロジェクトとの出会い

　筆者と国立情報学研究所高野明彦研究室(以下、高野研究室)との縁は、その前職である東京工業大学の特許情報処理(JAPIO)寄付研究部門で連想計算エンジンGETA[4]を活用した検索サービスの研究開発に関わることから始まる。同寄付研究部門は2003年3月までの2年時限であったため、お世話になっていた客員教授の岩山真先生に次の就職先を相談したところ、高野研究室のプロジェクト研究員枠へ推薦してくださった。岩山先生は当時、日立製作所が研究開発を進めるGETAプロジェクトチームの一員であり、そのチームを国立情報学研究所に教授として着任されるまで率いていたのが高野先生であった。面接を経て、筆者は2003年4月から高野研究室でプロジェクト研究員として働くことが決まった。

　その頃の高野研究室は、全国にある大学図書館の蔵書を連想検索できるWebcatPlus[5]の開発と一般公開を2002年の10月に果たしたばかりで、文化遺産オンライン構想に基づく文化財ポータルサイトの計画に参加するにも絶好のタイミングであったと思われる。これからウェブサイトの企画制作の打ち合わせをするからすぐに来てくれと高野先生から電話で呼び出されたのは、着任を間近に控えた2003年3月下旬のことであった。

3　文化遺産オンラインのプロトタイプ「物集」

　プロジェクトは企画段階を経てすでにプロトタイプの制作に入っており、打ち合わせではデザインの方向性とウェブサイトの名称が話し合われた。掲載対象は日本全国各地にある美術館や博物館、資料館などのミュージアムが所蔵する資料や作品である[6]。日本の各地にある貴重な文化財に、インターネットで気軽にふれることができるウェブサイトとして、内容の豊かさや楽しさを伝える方向でデザインを進めることになった。ウェブサイトの名称については、東京国立博物館資料部情報資料室・髙見沢明雄室長(当時)の発案

で「物集（もずめ）」が採用された。

　筆者の役割はこのウェブサイトを具体的に動作させるプロトタイプシステムの構築である。ウェブ制作については前職でJavaScriptを駆使した特許検索用のウェブサービスを試作した経験しかなかったが、GETAを使った連想検索システムの構築にもある程度は通じていたため、引き受けることにした。

3-1　周囲の支え

　文化庁の担当者にプロトタイプを披露する説明会は2003年5月のゴールデンウィーク明けに設定された。ウェブ制作会社には突貫でデザイン制作を進めてもらい、4月半ばにはHTMLが完成し手許に届いた。また高野先生の取り計らいで日立製作所のGETAチームの全面的な協力を得ることができた。今一修博士にはWebcatPlusのCGIプログラムの提供を受け、HTMLテンプレートの使い方を教わった。GETAによる連想検索と詳細ページという構成上も共通点が多く、見通しが大幅に明るくなった。「物集」の骨格部分はほとんどがこのプログラムに依拠しており、WebcatPlusのカスタマイズ版と言うのが正確なところである。また連想検索結果における不整合が生じた際には、GETA本体を実装した西岡真吾博士の協力で、最適なパラメータ値を得るとともに筆者が書いたコードの間違いを見つけることができた。当時のGETAチームのリーダーであった丹羽芳樹博士からは、連想検索のために調整された用語辞書の使い方について指南を受けた。また着任早々圧力のかかる仕事に直面していた筆者に、折にふれて温かい言葉をかけてくださった。

　このような周囲の手厚いサポートにより、4月のゴールデンウィーク前にはHTMLの組み込みとGETAへのテストデータの登録を完了し、休日返上の追い込み作業で何とか説明会でのデモに間に合うところまでシステムを仕上げることができた。なおプロトタイプ版に組み込んだ所蔵作品情報は、東京国立博物館から提供を受けた名品476件の画像とテキストである。文化庁の関係者を前にした高野先生による説明会は、国立情報学研究所19階の会議室で予定通り開催され、結果は上々であった。

3-2 試験公開版の整備が正式に決まる

　その後の審議等を経て、国立情報学研究所が提案した文化財ポータルサイトの整備が正式に決定した。これが「文化遺産オンライン(試行版)」(以下、試験公開版)である。当初提案していた「物集」というウェブサイト名は残念ながら専門調査会での議論の末に廃案となってしまったが、サービスの実現に向けてゴーサインが出たことにまずはほっとした。筆者はプロトタイプを構築した経緯もあって、高野研究室のプロジェクト研究員の立場で引き続きシステム構築に関わることが決まった。

　しかしここからがまた苦難の連続であった。試験公開版の開発にあたり要求仕様を明らかにする必要があったが、本開発においては計算速度に定評のある連想計算エンジンGETAの組込みを前提としていたこともあり、システム全体に求める応答性能を仕様には盛り込んでいなかった。構築を担当することになったウェブ制作会社(以下、制作会社)ではGETAとの連携しやすさとスケジュールを優先し、実装系としてプロトタイプでの実績を重視してPerlを採用していた。またプログラムはチームでの開発に向いたオブジェクト指向で書かれることになった。結果的に実行速度の面ではプロトタイプよりも重たいシステムとなり、これが後に大きな問題となるのであった。

　データの準備状況にも問題が生じていた。文化遺産オンラインでは通常の検索のほかに「時代から探す」、「分野から探す」、「地域から探す」の3つの入口を設ける構成とすることが決定しており、公開する作品情報にそれぞれの統制語彙を対応付ける必要があった。公開に向けて協力を要請していた美術館や博物館などの各機関(参加館)には、それぞれ独自のフォーマットによる情報の提供を文化庁から依頼し、了解を取り付けてはいたが、その上にメタデータの変換作業までお願いすることは当然のことながら不可能であった。そのため提供された所蔵情報を取りまとめて登録用に変換する作業についても、システム構築と合わせて国立情報学研究所が引き受けることになっていた。

4　システム構築を進める

　制作会社の担当者は、それまでに連想計算エンジンGETAを組み込んだシステム構築の経験を持ち合わせてはいなかった。連想検索においては、自由入力のテキストによる全文検索とともに、ユーザが興味のある作品にチェックを入れて、その作品から関連が深いと思われる作品を検索できるところに特徴があり、試験公開版のウェブインタフェースおよびバックエンドシステムには作品選択とGETAとの連携のための機能が必要であった。当時はまだGETAのドキュメントも十分なものではなく、担当者とともに一つひとつ挙動を確認し、プログラムコードとパラメータの基本設計を進めた。

　並行して公開用サーバの準備を進める必要もあった。国立情報学研究所の千葉分館に新たにサーバを3台用意し、そのセットアップも筆者が担当した。

　GETAによる連想検索システムの運用実績を考慮して、サーバ用のOSはFreeBSDを採用することが決まっていた。必要なミドルウェアとしてはGETAのほかに形態素解析器のChaSen（茶筌）とデータベースのPostgreSQL、プロトタイプで使用したPerlとそのモジュール一式であった。バージョンごとに整合性を確認し、数度の調整やアップデートを経て構成を確定した。なお実行速度を考慮しmod_perlを用いる選択肢もその後に検討されたが、制作会社に導入実績がないことから結果としては採用されなかった。また当時の記録を見ると、導入したサーバ機器に搭載されていたSCSIへのFreeBSDによるアクセスが一部不安定であったため、安全を見て転送速度を320MB/sから160MB/sに落とすような細かなBIOSの変更なども行っていた。セットアップや調整のために、千葉分館には幾度も足を運ぶことになった。

　プログラムの実装は2003年の9月頃から本格化し、β版がサーバ上で動き始めたのは12月上旬であった。公開に向けて参加館の実データを実際に組み込み、関係者も参加してテストを行い、検索や表示などが正常に機能しているかどうかを確認した。不具合や改善点があれば、昼も夜も関係なくフィードバックを担当者にメールで送り、逐次、システムに反映を進め

た。初期には連想検索に関係する箇所の問題が多く、検索の対象とする項目や、形態素解析器の品詞フィルタ、ストップワードの設定などの調整を行った。また検索結果一覧から再検索を行う操作や、作品詳細ページの「おすすめ5作品」を表示する機能などに絡む不具合もあったが、集中的な対応により、いずれも比較的短い時間で解消することができた。

　そのほか実際のデータを組み込むことで判明した、表示のくずれなどへの対応もあった。当時はブラウザごとに挙動の違いが大きく、データを追加する過程で想定以上に長い作品名などが出現して初めて問題が感知されるようなケースもあった。これらは不具合が表出する条件がわかりさえすれば、HTMLの修正や表示上の文字数の制約などで解決が可能なものである。そのためシステムの安定稼動においてはそれほど深刻な問題とは受け止められないことも多い。しかし表出の仕方や場所によってはサービス全体の信頼性を著しく損ないかねない深刻なものもあり、制作会社の担当者とともに、優先度を上げて公開前にできるだけ洗い出しておくことに注力した。

5　情報登録の実際

　システム構築と並行して、試験公開版に掲載する作品情報を準備する必要もあった。試験公開版の公開当初に所蔵作品情報を登録した参加館は表1に掲載した17館であり、作品登録件数は2,987件であった。

　図1は試験公開版のトップページである。現在のものと見た目は異なるが、サイト構成はほぼそのままである。専門知識を持たない一般の利用者にもなるべくアクセスしやすいように、「時代から探す」、「分野から探す」、「地域から探す」の3つの入り口を設けている。さらにすべての作品に画像が登録されており、作品の解説などと併せて、内容が平易に伝わるよう配慮している。

　この構成を実際に機能させるためには、時代、分野、地域などの各項目に対応するメタデータを、作品情報にあらかじめ付与しておく必要がある。図2は名古屋市博物館の変換例を示したものである。このような変換作業のほ

表1　試験公開版における参加館の一覧

名称	登録件数
福島県立美術館	80
福島県立博物館	38
国立歴史民俗博物館	32
国立西洋美術館	27
東京国立近代美術館	511
東京国立博物館	476
東京文化財研究所	99
文化庁文化財選集	349
国立情報学研究所	85
中山道広重美術館	295
名古屋市博物館	84
徳川美術館	75
三重県立美術館	310
京都国立近代美術館	22
京都国立博物館	393
国立国際美術館	5
神戸市立博物館	106
合計	2,987

図1　文化遺産オンライン試験公開版

提供元データ（名古屋市博物館）

①名称	土偶付深鉢
②名称よみがな	どぐうつきふかばち
③員数(数量、単位)	1点
④材質・構造・技法	縄文土器　勝坂式
⑤サイズ	口径24.1cm 高42.3cm 土偶部分高14.7cm
⑥制作年(時代・年代)	縄文時代中期
⑦文化財指定区分	
⑧制作者・筆者・著者名等	
⑨該当画像サムネイル名	142-088s.jpg
⑨該当画像ファイル名	142-088.jpg
他②名称(英語表記)	Deep jar with clay figure
他③制作者等(英語表記)	
他④年代等(英語表記)	Middle Jomon period.
他⑤資料番号	142-88
他⑥分類区分	考古　中部(除、愛知・岐阜・静岡)・関東地方　縄文時代

登録用作品情報

文化遺産コード	235011000002
所蔵館コード	235011
識別コード	142-88
名称	土偶付深鉢
名称カナ	どぐうつきふかばち
員数(数量・単位)	1点
材質・構造・技法	縄文土器　勝坂式
サイズ	口径24.1cm 高42.3cm 土偶部分高14.7cm
ジャンル	考古
時代	縄文時代中期
ジャンル大区分	考古
ジャンル中区分	土器・土製品類
時代区分(始点)	縄文
地域中区分	日本

図2　作品情報の変換例(名古屋市博物館)

か、すべての登録作品について画像を表示するため、作品画像の確認、変換および登録の作業も必要となる。ウェブサイトのコンセプトでもある作品情報のわかりやすい表示のために必要な作業は、当初の見込みを大きく越えるものであった。

6 編集作業にかかる手間

文化庁が取りまとめた登録用の初期データは、所蔵作品情報を格納したExcelデータならびに画像データであり、参加館ごとに異なるフォーマットで記述されていた。美術品から考古資料、古典籍、天然記念物など、内容も多種多様であった。これらの情報を統一されたフォーマットに入れる作業を参加館の担当者に依頼することはできない。実際の変換作業は、国立情報学研究所コンテンツ課(当時)と高野研究室が主に担当することとなった。

登録に向けたデータ編集作業は、一部を外部に委託する形で順次進めていた。各参加館の初期データを文化遺産オンラインの共通項目へと当てはめるだけではなく、分野、時代、地域などのメタデータを付与する作業も含まれていた。一定の専門知識のある担当者が内容を確認しながら、一つひとつ慎重に手作業で行っていた。

しかし対象とする作品の種類は多岐にわたり、情報の記述形式もさまざまである。またコンテンツ課の担当者は、編集結果のすべてのデータに目を通し、問題や疑問があれば差し戻しをする必要もある。初期データは参加館から文化庁を通して入稿されるが、どうしても五月雨式にならざるを得ず、試験公開版の公開を急ぐ状況下で、編集作業の進め方を見直さなければならないことは明らかであった。

7 編集作業の要件整理とExcelのマクロ

当初、筆者はシステム構築を主に担当する予定であったが、この状況を受

図3　初期登録用データ作成支援ツール
のGUI例

表2　メタデータ自動付与の条件設定と
実行結果例

条件1	条件2	分野メタデータ	該当件数
ジャンル=考古	材質・構造・技法=[土器|須恵|陶器|瀬戸|渥美栗]	考古・土器・土製品類	8
ジャンル=考古	材質・構造・技法=[青銅|鉄]	考古・金属製品類	4
ジャンル=考古	名称=埴輪	考古・土器・土製品類	1
ジャンル=考古	名称=石	考古・石器・石製品類	2
ジャンル=考古	名称=経塚	考古・土器・土製品類	1
ジャンル=工芸	ジャンル=[陶磁|磁器]	工芸・陶磁	14
ジャンル=工芸	ジャンル=古刀	工芸・金工	3
ジャンル=工芸	ジャンル=新刀	工芸・金工	2
ジャンル=工芸	ジャンル=鐔	工芸・金工	5
ジャンル=工芸	ジャンル=武具	工芸・金工	4
ジャンル=工芸	名称=梨子地	工芸・金工	1
ジャンル=工芸	ジャンル=漆工芸	工芸・漆工	4
ジャンル=絵画	ジャンル=日本画	絵画・日本画	21
ジャンル=文献	ジャンル=図書	歴史・文書・書籍	9
ジャンル=文献	ジャンル=文書	歴史・文書・書籍	10
ジャンル=文献	ジャンル=書跡	その他の美術・書	3
		合計	92

けてコンテンツ課と協力して情報編集作業にも関与を深めることとなった。そこでそれまで外部の担当者に一任する形となっていた編集作業の要件を立て直すこととした。すなわち、①提供された情報を余さず正確にわかりやすく表示すること、②時代、分野、地域などの検索のためのメタデータをなるべく検証可能な方式で付与すること、③編集はExcelで行うこととし手作業を少なくすること、であった。

　これらの要件を満たしつつ、限られた時間で情報を整理し編集するために、Excelに備えられているVisual Basic for Applications（VBA）を用いて10種のマクロを作成した。ほかの実装系を使用することも考えたが、方針の③にもあるように、Excelは作業環境としては必須のものであり、そこから離れてしまうとこれまで積み上げてきた作業自体が成立しなくなる恐れがあった。

　図3はそのうち文化遺産情報生成用マクロのフォーム例である。ユーザフォーム機能によるGUIを備え、項目間のデータを結合する機能なども組み込まれている。表2は、検索用メタデータ生成用のマクロにおいて、当時実際に実行した変換の例である。提供元データの項目ごとに条件を指定することで、文化遺産オンラインの分野名が自動的に付与される。後の検証のため、条件と実行記録をログに残す機能も備えている。メールの振り分け機能をイメージしていただければわかりやすいかと思う。このほかにも正規表現によるテキスト処理を提供するフォーム、半角文字を全角に変換するフォー

ム、画像情報のパスと画像データの照合用フォームなどを用意した。

　作成したマクロは、筆者のほかにコンテンツ課の担当者が使用し、結果として以降の情報編集作業を効率化することができた。文化庁や参加館の担当者、委託先の担当者のチェックなども経て、登録用データの初版がすべて完成したのは公開を目前に控えた2004年4月22日であった。

8　一般公開に向けて

　年末年始をはさんだ一連の追い込み作業により、ウェブサイトの基本機能と登録情報については目途が付いてきた。しかし検索の応答速度については全く手つかずのままであった。3月に入りその状況を重く見た高野先生は、専用のソフトウェアによる性能試験の実施を決定した。筆者は想定されるアクセスパタンをシナリオ化し、公開を想定したテストを実施した。1日あたり最大10万ページビューを見込み、同時ユーザ数を150まで段階的に増やして様子を見たところ、同時50ユーザを越えたあたりで遅延が生じ始めた。公開開始後にアクセスが集中すれば、応答に障害の出る状況が予想される結果である。性能の大幅な向上のためには、システムを根本から作り直さなければなかった。しかし当初の仕様にはない要件であり、スケジュール上もそれは不可能であった。制作会社の担当者とも何度も打ち合わせを行い、対策を検討した。

　ハードウェアによる解決策は、複数のサーバを並列化するロードバランサの導入であったが、当時、専用機はとても高価であり、運用も簡単ではない。早々に検討から外された。現在の商用クラウドサービスであれば、同様の機能を必要な時にだけ利用するようなことも比較的容易にできるのであろうが、もちろんそのような選択肢もなかった。

9　ひとすじの光明

　公開を1か月後に控えた2004年3月23日、高野先生との打ち合わせでま
ずは動的なウェブページをできる限り静的なHTMLに置き換える方針が決
まった。CGIプログラムからHTMLを書き出すスクリプトを作成し、ウェブ
サイトのリンクを書き換えることで対応ができるため、技術的にも十分に対
応可能な方法であった。しかし詳細表示の負荷自体は全体の中での割合がそ
こまで大きなものではないため、根本的な解決にはまだ遠かった。

　そろそろタイムリミットというある日の打ち合わせで、制作会社の参加者
からアイデアが出た。それはウェブサイトのページを機能ごとに別のサーバ
に割り振り、トップページのリンクで負荷を分散させるというシンプルな方
法であった。ロードバランサとは比較にならないほど原始的な手法であり、
「そういう方法もある」という程度の発案だったと思う。しかし藁にもすがる
気持ちであった筆者にとってはひとすじの光明となる素晴らしいアイデアに
であった。スケジュールが押していて手戻りが許されない状況の中で、何よ
りシンプルで技術的な見通しが明るいところが一番の利点であった。制作会
社の担当者はそのほかの不具合への対応作業や追加のコンテンツを掲載する
などの編集作業に追われており、また発注仕様をあまりに越えた内容でもあ
るため、負荷分散システムの開発は筆者が行うことにした。制作会社側には、
動的なウェブページを書き出すスクリプトの作成と、負荷分散システムに合
わせてCGIプログラムを調整する作業への協力をお願いした。

10　負荷分散システムの実装

　負荷分散システムの準備は次の方針で進めた。すなわち、①できる限り動
的なページを静的なページへと置き換えること、②複数台のサーバを利用し
て、ウェブサイトへのアクセスを分散させること、③システム全体の整合性
を保つこと、である。動的なページの置き換えについては制作会社が引き受

けてくれた。複数台のサーバについては、WebcatPlusの次期システムとして千葉分館で試運転中のサーバから、10ノードを一時的に間借りすることができた。性能と台数は十分である。あとはシステムの統合である。この仕組みの要点は、全く同じ機能と内容を備えたウェブサイトを複数のサーバ上に展開し続けることにある。いわばウェブサイトの「分身の術」である。運用中にシステムやデータを更新した場合に、それぞれのサーバに展開するウェブページとデータベースとGETAのインデックスとを同期させる必要があり、同期がずれてしまうとウェブサイトとしては破綻する。サービスの信頼性を損なうようなことがあればプロジェクトは失敗であり、責任は重大である。

　破綻なくかつ確実に動作する負荷分散システムを、期限までに間違いなく構築しなくてはならない。高野先生とこの方針を確認し、計画を実行に移したのが2004年4月12日であった。試験公開版の仕上げ作業が並行して続く中、睡眠を削りながらの突貫作業である。必要な機能を一つずつ完結させてきちんと積み上げることが求められた。筆者の少ない経験と能力も考慮に入れて、システムを要素ごとに分解しそれぞれPerlとshellで実装することにした。さらにその複数のプログラムを組み合わせ、10台のサーバ間で連携と同期を取る手順を確実に管理し実行するために、Makeによる統合を行った。追い込み作業中は咳が止まらず肋骨を疲労骨折することにもなったが、文化遺産オンライン試験公開版の負荷分散システムを、公開初日までに何とか仕上げることができた。

11　文化遺産オンラインの公開

　2004年4月22日の午後、文部科学省で記者発表が行われ、試験公開版はいよいよ4月27日に河合隼雄文化庁長官による確認を経て一般へ公開されることが公表された。国立情報学研究所では登録する作品情報の最終確認を急ピッチで進め、前日の26日までに何とか対応を終えていた。負荷分散システムを組み込んだ試験公開版（分散版）は、ぎりぎり26日の夜に完成した。

数々の準備を経て、試験公開版は2004年4月27日16時30分に一般への公開を開始した。27日時点では報道もほとんどなく、システムは順調に応答をこなしていた。しかし翌28日は朝からNHKのニュースのほか各社メディアで報道が始まり、サーバによっては負荷が上昇し徐々に応答の遅れが生じる状態となった。そのため負荷分散システムのモードを切替え、DBを1ノードから全5ノードへ一気に増やし、公開後24時間のアクセス傾向を参考に負荷の高いサーバへ振り分けた。これにより応答の遅れも完全に解消され、アクセスの集中する公開初期に文化遺産オンラインを利用者へと確実に届けることができた。その後も外部からの指摘等でデータの修正がいくつか入ったが、分散版の同期更新も破綻なく安定稼動を続けた。アクセスも落ち着いた頃、分散版は半年ほどでその役割を終えた。負荷分散システム用サーバのドメイン名のうちいくつかは、いまも当時のまま残されている。

12　文化財デジタルアーカイブズ活用の課題と可能性

　以上が筆者の経験した試験公開版構築の顛末である。「時代から探す」、「分野から探す」、「地域から探す」といったわかりやすい切り口は、作品との新たな出会いを提供するための場であり、画像を含めた作品情報と検索技術とともにバーチャルな展示空間を構成している。単なるデータベースの公開には留まらないこのような情報発信には、多岐にわたる編集作業と高い応答性能が必要となる。試験公開版の構築作業が当初の想定よりも増大したのもそのためである。

　文化遺産オンラインの公開により、長年にわたって蓄積されてきた所蔵資料や文化財の情報には、大きな活用の可能性のあることが可視化されたのではないだろうか。所蔵資料や文化財を保護し管理する目的で構築されたデータベースや画像を含む「文化財デジタルアーカイブズ」は、いまも各所で成長を続けている。文化遺産オンラインで公開されているのはそのほんの一部だが、利用者にとって日々の暮らしの中での楽しみや学習、教育などに役立つ

「社会資本」であると言えるだろう。

　しかし情報発信に向けた課題は多い。例えば既に完成している所蔵資料のデータベースがあったとしても、これを公開することは管理上の利点や安全性が確認されない限りは簡単ではない。その上で公開を進めるには、活用の観点から新たな情報発信を発想し創造することが必要になると考える。データの変換やメタデータの付与など手間のかかる作業を支援し、情報発信をより容易にする編集技術の確立は、文化財デジタルアーカイブズの活用を進める上でも重要なテーマである。本章で紹介したExcelマクロの例は、その場限りの素朴なツールではあったが、専門的な知識や技量をそれほど必要としない編集支援システムの可能性を示しているようにも見える。発信の目的に合わせた情報編集の手法がより洗練され広がることで、未だ公開されていない文化財デジタルアーカイブズの活用につながり、社会資本の一層の充実を私たちにもたらすのではないだろうか。

　公開のためのシステム構築とサービスの運用も大きな課題である。開発当初の予算や体制をその後も維持できるとは限らず、また情報セキュリティなど運用に求められる要件は増えるばかりである。試験公開版における負荷分散システムによる対応事例は、運用上の困難な問題にもさまざまな解決方法のあることを示している[7]。基盤となるソフトウェアを誰もが自由に利用できるオープンソース文化のおかげで、汎用ツールと基礎的な情報技術の組み合わせによりかなりのことができるのである。サービスの持続可能性を常に高く保つためには、システムを状況に応じて臨機応変に組替えられるような構成にしておくことも有効であろう。

13　おわりに

　文化遺産オンラインの「奮闘記」を書いてみないかとのお誘いを受け、試験公開版を構築する過程で生じた問題や対応方法を、当時を思い出しつつ披瀝した。このような大きな意義のあるプロジェクトに関わる機会を与えてく

だったことに、高野先生、文化庁、国立情報学研究所、GETA/WebcatPlus
チーム、制作会社など、各方面の関係者の方々にあらためて深く感謝する次
第である。

　文化遺産オンラインは、参加館が無償で利用できる情報公開用プラット
フォームである。所蔵作品情報や企画展の告知を1件からでも掲載できるた
め、小規模な館の情報発信にも向いている。さらに参加館独自のウェブサイ
トを最大で3つまで立ち上げることができるホームページ機能なども備えて
いる。掲載内容の編集権は参加館側にあり、そのため利用にあたって許諾を
交す必要もない。費用や手間をかけずに情報発信を強化したいと考えている
ミュージアムにとって、文化遺産オンラインは先ず活用に値すると思われる。
安定した運用と持続可能性を第一に、今後も公開用ウェブサイトと参加館向
けクラウドサービスの両方について改善を図ることができればと思う。

　所蔵作品の情報化を進めることは、保存や管理、調査研究などの日常業務
を進める上でも今や必須の要件になりつつある。一方で公立私立を問わず人
員や予算などの体制が整っているミュージアムは限られており、例えば所蔵
作品の高精細画像の作成や整理、公開にまでは手が回らないのが実情であ
る。文化遺産オンラインのように情報公開を支援する取り組みはあっても、
ミュージアムの情報化そのものを支える恒常的なプログラムはほとんどない。
筆者は地域研究に関する学術写真・動画のデジタル化とデータベース化を支
援する事業[8]にも従事しているが、ミュージアムの所蔵資料を対象とした情
報化を支援する事業などがもしあれば、所蔵作品に関するデジタルアーカイ
ブズの活用と発信もより広範に進むのではないかと考えている。

　貴重な文化財を次の世代またその次の世代へと受け継ぐ運動に終わりはな
い。その時々の最新技術を活かした取り組みをまとめておくことは、先を見
通し続けるためにも意味があることだと思う。

　試験公開版のリリースから16年が経ち、国内ではJapanSearchを筆頭に文
化財の情報発信は再び盛り上がりを見せており、世界的にもこれから尚一層
の発展が期待される。文化遺産オンライン試験公開版構築の経験が、今後の

参考になれば幸いである。

注

1)　正式な名称は「文化遺産オンライン（試行版）」であるが、本章では当時の現場の雰囲気を再現するため、開発担当者が通称としていた「試験公開版」を使用している。

2)　高野明彦（2004）「『文化遺産オンライン』試験公開版システムの概要」『文化庁月報』2004年7月号.

3)　文化庁（2004）「文化遺産オンライン（試行版）の公開に向けて」『文化庁ホームページ』（https://www.bunka.go.jp/seisaku/bunkazai/hokoku/online_shiko_kokai.html）（最終アクセス：2020年10月3日）

4)　汎用連想計算エンジン（GETA）（http://geta.ex.nii.ac.jp/geta.html）（最終アクセス：2020年10月3日）

5)　WebcatPlus（http://webcatplus.nii.ac.jp/）（最終アクセス：2020年10月3日）

6)　このほかに国指定等文化財に指定されている天然記念物なども含むが、文化遺産オンラインの運営では便宜上これらを併せて「作品」と呼んでおり、本章の以降の用例もそれに倣っている。

7)　ただし応答性能の問題は、本来であれば仕様策定や要件定義の段階で対処すべきものである。関係者の並々ならぬ尽力と理解により直前に分散版を準備し辛くも乗り切ることができたのは、開発を主導した高野先生の適切な判断と差配の下でなされたチーム全体での作業の結果であった。

8)　「地域研究に関する学術写真・動画資料情報の統合と高度化」（https://www.minpaku.ac.jp/research/activity/project/other/kaken/16H06281）（最終アクセス：2020年10月3日）

第14章

ヨコハマ・アート・LOD
その成り立ちと構成

相澤　勝・小林巌生

1　横浜市芸術文化振興財団とデジタルアーカイブの取り組み

　公益財団法人横浜市芸術文化振興財団(以下、財団という)は、横浜の芸術文化活動の振興を目的とした横浜市の外郭団体であり、横浜美術館や横浜みなとみらいホール、横浜能楽堂、横浜にぎわい座、横浜赤レンガ倉庫1号館、横浜市民ギャラリー、横浜市民ギャラリーあざみ野、大佛次郎記念館などの施設の管理・運営を行っている。本章では、横浜美術館が取り組んできた、デジタルアーカイブの取り組みを前半に示し、後半では財団が運営する施設の情報収集と統合および公開をヨコハマ・アート・LODとして述べる。

　デジタルアーカイブとは、「デジタルで記録し、データベースに保管、そしてネットワークに公開すること」であるとすれば、財団で最初にデジタルアーカイブを構築したのは横浜美術館であろう。横浜美術館の「美術情報センター」は「情報化」をキーワードに設置された部署であり、「美術情報ギャラリー」と「美術図書室」を運営した。「美術情報ギャラリー」は、来館者が自由にアクセスできる無料ゾーンにあり、数種の情報機器から動画・画像・データベースなどの美術情報を提供した。現在は「場」としての役割を終えて閉室、その機能は「美術図書室」に統合されている。以下に横浜美術館が取り組んで

きたデジタルアーカイブの概要を示す。

① 1989年　美術情報システム（所蔵作品情報、全国展覧会情報）

　財団のデジタルアーカイブは1989年、横浜美術館開館から公開を始めた。
外部施設とネットワークで結ばれた小型汎用コンピューターで「美術情報シ
ステム」が稼働。「所蔵作品情報」、「作家情報」、「全国展覧会情報」、「国内外
の主要美術館・画廊情報」、「図書書誌情報」の5種のデータベースを提供した。
「所蔵作品情報」は横浜美術館が所蔵する絵画、彫刻など3,375件の情報であ
り、「作家情報」と連携したデータベースであった。「全国展覧会情報」は、登
録した700件の「国内外の主要美術館・画廊」で開催する展覧会の情報であり、
年間約2,400件を収集した[1]。

② 1995年　インターネット広報と横浜美術館ウェブサイト試行

　インターネットを活用した情報発信の取り組みは、1995年の横浜美術館
映画会上映会イベントのHTMLデータ公開に遡る[2]。その1年後、横浜美術
館が運用するサーバー上にウェブサイトを構築、公開した。インターネット
環境を全国の学校・施設に提供する100校プロジェクトを推し進める情報処
理振興事業協会の支援を受けてのことである。コンテンツは、英語版も用意
し、広報や利用案内だけでなく、インターネットを活用した情報発信、市民
交流の実験を試みた[3], [4]。

③ 1999年　横浜美術館公式サイト公開（電子所蔵品目録、全国展覧会情報
　　一覧）

　「電子所蔵品目録」、「全国展覧会情報一覧」、「全国美術館・画廊情報」、
「ビデオライブラリー」、「美術図書室情報」等のデータベースを公式サイトで
公開。「電子所蔵品目録」は、所蔵作品6,300件、1,000画像を含む画像検索シ
ステムであった[5]。美術情報システムの「全国展覧会情報」は、「全国展覧会
情報一覧」へと変容を遂げるが、1989年以降入力を続けてきた展覧会情報は

継承することができた。その後、各美術館・博物館サイトの充実に加え、検索エンジンサービスの精度向上により、2006年まで17年間続いた展覧会情報アーカイブは役目を終えることになる。

④　2005年　ヨコハマ・アートナビ公開

アートの電波塔「ヨコハマ・アートナビ」とは、財団が運営し、横浜の芸術文化情報を広く集めて提供するサイトである。1991年にフリーペーパーを創刊、2005年にウェブサイトを公開した。2008年にはデータベースを導入、過去のアートイベントデータも検索対象となり、アーカイブとして活用できるようになった。

⑤　2010年　ヨコハマ・アート・LOD公開

横浜美術館、横浜みなとみらいホール、横浜にぎわい座、横浜能楽堂、大佛次郎記念館といった、美術・音楽・落語・能・文学を扱う財団の専門館はもとより、多彩なジャンルの市内約300施設を網羅し、月400件のアートイベント情報を更新している。

2　ヨコハマ・アート・LOD

財団では、地域において文化芸術に関する情報の収集とアウトリーチを担っている。財団が扱う情報は多岐にわたり、地域で行われる芸術文化に関わるイベント情報、美術館や博物館など同財団が管理している文化施設に関わるコレクションの目録、地域にゆかりのあるアーティストやクリエイターのデータベース、補助金や助成金の情報などが含まれる。

ヨコハマ・アート・LOD[6]は、これらすべての情報をデジタルアーカイブとして統合し、横断検索を可能にすることを目的にスタートした。ヨコハマ・アート・LODの実現に際しては、解決を求められた課題が多数あったが、本章では情報の構造化とシステム化、データの利活用に関する技術的な

点に絞って、その成り立ちと構成を述べる。

3　情報の構造化

　財団では事業ごとに独自の情報を扱っている。それぞれが扱う情報の種類や粒度は異なっており、また、採用しているデータベースシステムも統一されていない。このような条件のもとで、情報を統合して活用することは容易ではない。各システムが格納する情報の構造の差をなくして、データ活用するための技術的なアプローチは複数あったが、ヨコハマ・アート・LODでは、LODを採用することでこの課題を解決した。

　LOD(リンクト・オープン・データ)はLinked Open Dataの略であり、ウェブのリンク機能を有するオープンデータである。オープンデータでないものを含める場合、Linked Data(リンクト・データ)と呼ぶこともある[7]。LODの仕組みは、現在では世界中の図書館の書誌情報の連携[8]、研究機関を跨いだタンパク質の解析情報の共有[9]、世界中の美術作品のデジタルアーカイブの連携など[10]、異なる主体によって構築される分散協調型のデータベースプロジェクトで多く採用されている。

　Linked Dataでは、情報の構造化にRDF(Resource Description Framework)を用いる。RDFは、あらゆる事物をトリプルと呼ばれる「主語→述語→目的語」の構造に分解して情報を記述する仕組みを持つ[11]。この仕組みにより、主語に関連する情報(トリプル)を多数連結していくことで、複雑な内容を表現できる。

　作成したLinked Data(RDFデータ)は、ワールド・ワイド・ウェブのアーキテクチャ上に公開することで、URI(Unified Resource Identifier)を用いて参照できるようになる。これにより、データ間のリンクは「主語→述語→目的語」の関係の中でハイパーリンクとして表現される。例えば、ある美術作品の作品URIがあるとする。そこを起点にRDFリンクを辿って探索を開始するとしよう。「作品の作者は誰か、作られたのはいつか、どこに所蔵してあ

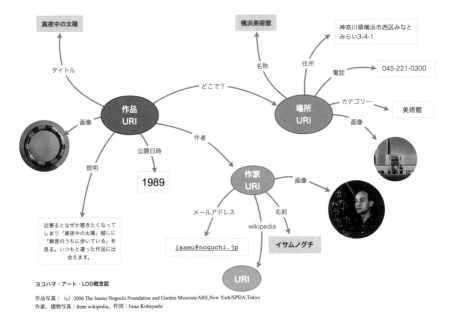

ヨコハマ・アート・LOD概念図

作品写真： (c) 2006 The Isamu Noguchi Foundation and Garden Museum/ARS,New York/SPDA,Tokyo
作家、建物写真：from wikipedia、作図：Iwao Kobayashi

図1　ヨコハマ・アート・LOD概念図

るのか、実際に作品を見たいが、開館時間は何時から何時までか、同じ作家のほかのコレクションはあるのか」等、リンクを辿りながら必要な情報が得られる。図1の『作品URI』、『作家URI』、『場所URI』は、それぞれが独立したデータがあることを示している。この時、『作品URI』のデータに、作家と場所に関する関連情報が記述されていたならば、URIを辿ることでリンク先のデータが使える。このように、Linked Dataは、データがウェブに公開されていたならば、異なるURIのデータであっても、リンク構造を理解して情報が利用できる特徴がある。

　RDFデータを取得する方法は、ウェブ上でURLを指定して参照する方法の他に、RDF専用のデータベースに取り込んで、SPARQLと呼ばれるRDF専用のクエリ言語を用いて利用することができる[12]。RDFデータベースでは、取り込もうとする元の情報がどのような種類や粒度であったとしても、

データがトリプルとして構造化されていれば格納可能である。SPARQLでは、先の例で示したような、美術作品と作者、所蔵館、開館情報等といった、異なるURIで公開されている複数のRDFデータのリンク構造を活かした操作が可能である。

　ヨコハマ・アート・LODでは、URIを直接指定してRDFデータを利用する方法に加えて、RDF専用のデータベースも構築しており、公開するすべてのデータを格納している。そして、これらのデータは、誰でも自由に利用できるSPARQLエンドポイントを公開している[13]。

4　ヨコハマ・アート・LODの構築

4-1　ヨコハマ・アート・LODの情報源

　ヨコハマ・アート・LODが扱う情報は、財団が管理している文化施設毎に種類や粒度が多様である。元となる情報を作成・管理している部門も独立して活動しており、各組織・施設が運用するデータ管理システムもそれぞれに異なる。そのため、既存の情報システムを運用しながら各システムのデータを統制するような統合データベースシステムの構築、あるいはそれぞれのシステムのデータを連携させることは非常に難しい。

　本節では、ヨコハマ・アート・LODが複数の組織・施設の情報システムからデータ連携を実現した方法を述べる。始めに、データ連携元となる情報システムの状況を以下に示す。

① 　横浜美術館[14]

　横浜美術館のコレクション管理は、プロプライエタリなコレクション管理システムを採用している。目録データの出力は、CSVで出力できる機能を有している。美術館のウェブサイトでは、目録情報をCSVデータで出力後、ウェブ公開用のデータベースシステムに取り込み、コレクション検索サービスを公開している(図2)。また、個々の作品ページでは作品に関するLinked

図2　横浜美術館のウェブサイト「コレクション検索」

Data を公開している（公開作品点数 12,913 点）。

② 大佛次郎記念館[15]

　大佛次郎記念館の所蔵品管理システムは、Omeka[16]と呼ばれるオープンソースのコンテンツ管理システムを採用している。Omeka は、米国の大学の研究所で開発された軽量のコンテンツ管理システムであり、Linked Data によるデータ公開・共有を意識した作りとなっている。オープンソースということもあり、中小規模の多くの文化施設で広く利用されている。本館も横浜美術館同様に、個々の所蔵品のページで Linked Data を公開している（公開作品点数 3,301 点）（図3）。

③ ヨコハマ・アートナビ[17]

　ヨコハマ・アートナビは、地域の文化・芸術に関するイベント情報を収集して公開するウェブサイトである（図4）。月間 400 件超のデータを収集しており、これまで収集したイベント情報は 70,000 件を超える。加えて、横浜市内

図3　大佛次郎記念館ウェブサイト「所蔵資料」

図4　ヨコハマ・アートナビWebサイト「アートイベント」

の文化施設や公会堂などイベントが開催されるような場所の情報も扱っている。情報システムにはオープンソースのCMSであるWordPressをベースに、Linked Dataの出力機能をカスタマイズして使用している。

このほか、財団が独自に構築したデータベースシステムやExcelファイルで管理されているデータが存在する。ヨコハマ・アート・LODで扱う情報の種類とそれらを扱うシステムの内訳を表1に示す(2020年7月28日現在)。

表1　ヨコハマ・アート・LODで扱う情報と出力元

	ヨコハマ・アートナビ	横浜美術館	大佛次郎記念館	横浜市民ギャラリー	横浜市民ギャラリーあざみ野	データ数
導入システム	WordPress	プロプライエタリ	OMEKA	WordPress	WordPress	
イベント情報	✓				✓	80,595点
作家情報		✓			✓	2,079点
所蔵品情報		✓	✓		✓	15,642点
施設や場所の情報	✓			✓		1,774点

表が示すように、さまざまな情報やシステムのバリエーションが存在し、情報システムを構築した企業も複数社にわたる。これらの企業に対し、各システムをLinked Dataに対応するよう改修を依頼することは難しく、諸条件がある中で整合性の取れたLinked Dataの構築こそが、ヨコハマ・アート・LOD実現のための大きな課題であった。

4-2　データ監修役とデータ収集の仕組み

ヨコハマ・アート・LODの実現に対して重要な役割を担ったのがデータ監修役である。データ監修役は、データ連携の全体像(＝概念モデル)を描き、

データ収集元の各システムから出力されるデータの構造(＝データモデル)を定義する役割がある。

　ヨコハマ・アート・LODの概念モデルは、財団が管理するそれぞれのシステムからLinked Dataを出力し、専用のデータ収集プログラム(クローラー)がそれらを自動収集してRDFデータベースに格納する設計を用いている。ここでポイントとなる点は、専用のクローラーの存在である。クローラーは、財団の各組織によって公開されたLinked Dataを定期的に巡回し、データに変更があった差分だけを取り込んでRDFデータベースに格納する仕組みを持つ。その際、各システムは、クローラーに差分を検知させるために、RSSを応用したデータの追加、更新、削除状況を一覧化した検知データを独自に作成して配信している(図5)。

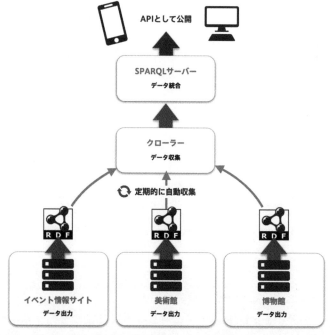

図5　ヨコハマ・アート・LODにおけるクローラーの働き

4-3 ヨコハマ・アート・LODのデータモデル

データモデルの定義もデータ監修役の重要な役割である。本章で言うデータモデルとは、RDFデータの主語となる事物がどのような述語を持つのか、述語をどのような「語彙」で表現するのか、そして、ほかの主語(URI)へのリンクをどのように含めるべきか、このような要素を精緻に定義したものを指す。ここで示す「語彙」もまたデータの構造化を考える上で重要な要素となる。

RDFデータにおける語彙とは、用法が規定された用語の集合であり、データを作成する際に正しい語彙を参照することで、言葉の揺れや意味的な解釈の振れ幅が制御され、データとしての相互運用性が確保される。Linked Dataの世界では、用途に特化した語彙や汎用的な語彙などさまざまな語彙が多数存在する。新規にデータモデルを検討する場合には、まずは使える語彙がないか調査するとよいだろう。ヨコハマ・アート・LODの語彙は、最も著名なメタデータの1つであるDCMI Metadata Terms[18]やGoogle等検索エンジンを運営する各社が推奨しているschema.org[19]などを組み合わせて構成している。

これまで述べてきたように、Linked Dataではデータ間のリンクが情報の価値や活用の可能性を高める重要な要素となる。そのため、ヨコハマ・アート・LODではイベント情報、場所情報、所蔵品情報、作家情報のそれぞれにURIを付与して、相互にリンク構造を持たせることで情報の価値を高めている。図6から図9に各データモデルを示す。

本来ならば、イベントデータの「主催者」や「出演者」等も個々の事物として扱い、リンクさせたいところであるが、現状では実現できていない。イベントデータのほかには、コレクション情報を作品と作家情報にリンクできるよう設計しており、特に横浜美術館のコレクションデータやヨコハマ・トリエンナーレの作家データについては、米国のGetty財団が提供しているULAN(Getty Union List of Artist Names)とDBpediaへのリンクを実現している。

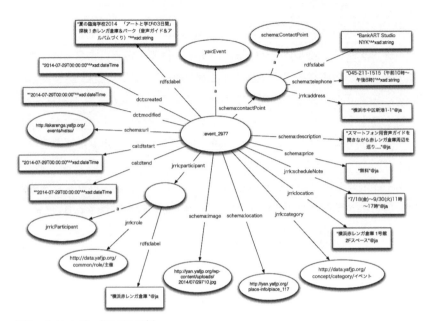

図6　イベントデータモデルの例

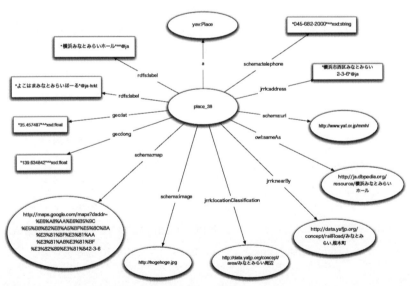

図7　場所データモデルの例

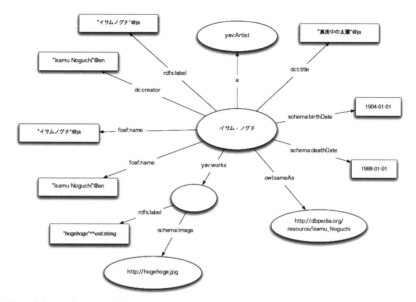

図8　作家データモデルの例

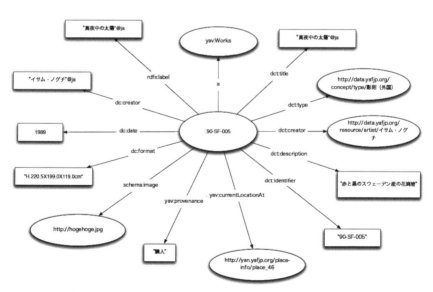

図9　所蔵品データモデルの例

表2　ヨコハマ・アート・LOD、ULAN、DBpediaの主なデータ項目比較

	ULAN	DBpedia	横浜美術館	横浜市民ギャラリーあざみ野
名前	✓	✓	✓	✓
生年没年	✓	✓	✓	
国籍	✓	✓		
性別	✓			
職業(ジャンル等)	✓	✓		✓
生地没地	✓	✓		
備考(ショートバイオ)	✓	✓		✓
典拠	✓			

　Getty財団では、芸術に関する専門用語や作家名等の典拠情報をLinked Dataとして公開しており、地名などの固有名詞を収録した「TGN」、文化・芸術に関する一般的な用語を収録した「AAT」、そして、作家名や組織名などの固有名詞を収録した「ULAN」は著名なデータとして国際的に利用されている。他方のDBpediaとは、Wikipediaに含まれる膨大かつ多様な情報から機械的に構造化データを抽出してLinked Dataとして公開しているプロジェクトである。各言語版があり、日本語版は特定非営利活動法人リンクト・オープン・データ・イニシアティブによって運用されている。

　ULAN、DBpediaは、いずれにおいてもヨコハマ・アート・LODが提供している作家データと比べて情報の項目数が多く、内容も詳細に記述されていることに加え、多言語で提供されていることが大きな特徴である(表2)。そのため、ヨコハマ・アート・LODではこれらの外部データとリンクすることによって、不足する情報を補完するとともに、外部の情報源から得たデータを比較する等、データ利用が可能となっている。

4-4 データの利活用について

　ヨコハマ・アート・LODが扱うデータは、公的な目的で収集整理された
データである。ヨコハマ・アート・LODが公開するRDFデータは、財団が
運営しているヨコハマ・アートナビ(図10)で利用するほか、オープンデータ
として社会に還元して活用してもらうために、データの利用ライセンスに
はクリエイティブ・コモンズのCC-BYを用いている。つまり、ヨコハマ・
アート・LODでは、データの出所を明らかにすれば、誰でもどのような目
的でも自由にデータを使うことができる特徴がある。

　データを利用してもらうためのライセンス選択は、オープンデータを進め
る上で重要な要素となるが、近年はCC-BYよりさらに一歩進んで、CC0(著
作権放棄)が採用されるケースも見られる。つまり、出所すら表示義務がな
く、真に何の制限もなく利用してよいということになる。例えば、EUで進
められているデジタルアーカイブの統合プロジェクトEuropeanaでは、公開
するメタデータはすべてCC0またはパブリックドメインで扱う方針を示し
ている[20]。また、Wikimedia財団によるフリーかつオープンなデータベース

図10　ヨコハマ・アートナビ

構築プロジェクトである Wikidata も同様に、CC0 またはパブリックドメインのデータのみ扱う方針を示している[21]。

　CC-BY では、利用するデータの出所記載が求められるが、実は突き詰めて考えて行くとそれが難しいケースが多々ある。例えば、ヨコハマ・アート・LOD で扱っているコレクションの目録データやイベントのタイトル、開催日時、開催場所などは事実の情報であり、これらには著作権は発生しない。また、古い作品で作家の死後70年(日本の著作権法では70年、他国では別の設定がある)経過している作品についてはパブリックドメインとして位置付けられる。それに対して、あらためて CC-BY を主張することに疑問を感じるという点からも、近年のオープンデータ界隈では CC0 またはパブリックドメインのほか、新たなライセンスの意思表示としてライツステートメント等を用いるケースが増えてきている[22]。

　現在のヨコハマ・アート・LOD は CC-BY ではあるが、比較的自由にデータを利用することができる。こうした取組が功を奏し、これまでもさまざまなアプリや外部のウェブサイトでデータが利用されている。一例を挙げると、神奈川県の文化芸術情報ポータルサイトである「MAGCUL[23]」(図11)ではヨコハマ・アート・LOD からイベント情報を収集して掲載内容を充実させている。

5　おわりに

　ヨコハマ・アート・LOD では、これまでにイベント情報から美術館のコレクションまで多様なデータを Linked Data で公開してきた。現在は「横浜にぎわい座」の寄席の演目と演者のデータの Linked Data 化を進めているが、まだ未対応のデータや課題も多い。例えば、海外では美術館・博物館が所蔵する高解像度の作品画像データや3Dスキャンしたモデルデータのオープンデータ[24]の公開例が散見されるが、ヨコハマ・アート・LOD では画像データのオープンデータ化は実現できていない。

図11　MABCULのイベント情報ページ

　また、オープンデータでは、文化施設の営業日や開館閉館時間、混雑状況、
ホールやギャラリー、練習室などの文化施設の予約状況のデータなど、状況
がダイナミックに変化するリアルタイム性が求められるデータもニーズが高
い。このようなデータが、SPARQL等のAPI経由で利用できるようになれば、
実生活や観光分野との連携に期待が持てる。美術館や博物館では、コレク
ションデータのLinked Data化を進めているが、これらに加えて来歴や貸出
記録を詳細にデータ化して、他館と連携させることも有用性が高いと考えら
れる。この実現のためには、Linked Dataのみならずブロックチェーンのよ
うな分散台帳の技術を組み合わせて考える必要があり、今後の取組として検

討を進めていきたいところである。

　ワールド・ワイド・ウェブの創始者であるティム・バーナーズ＝リーがオープンデータに関するする講演「The next web[25]」をTEDで行ったのが2009年である。その中で、彼はデータによるウェブ「ウェブ・オブ・データ」を作ろうと呼びかけていた。その頃の米国では、オバマ大統領が就任し、これに呼応するかのようにオープンガバメント、オープンデータという政策の柱を高々と掲げていた。当時、筆者らはそれら対して日本から羨望のまなざしを向けていたが、日本でもオープンデータの活動として、何らかを実行すべきであると思い立ち、ヨコハマ・アート・LODプロジェクトをスタートさせた。

　2016年には「官民データ活用推進基本法」が施行され、政府機関や自治体を中心にオープンデータに対する認知は広がりを見せつつある。国立国会図書館のWeb NDL Authoritiesやジャパンサーチなど先進的なLinked Dataシステムが複数登場していることはこれからの活動に対する励みとなる。

　これまで人類は交流と相互作用の上に文化や芸術を発展させてきた。いま、デジタル時代において、その交流と相互作用の場はウェブに拡張されている。そんな時代のデジタルアーカイブの姿とはどういうものだろうか。単に目録をデジタル化するだけではなく、部門や組織を超えて、また、時には分野や国を超えて相互にデータを連携させることで全体として機能できることが求められるのではないか。Europeanaでは検索窓に何か言葉を入力すれば瞬時に世界中の芸術作品や文化財について知ることができる。これこそが、一つの理想の姿なのだとすれば、まさに、Linked Dataの提唱者ティム・バーナーズ・リーが描いた「ウェブ・オブ・データ」という世界感と合致する。

　この壮大な理想を実現するためには「横浜」の力だけでは及ばない。ワールド・ワイド・ウェブがそうして発展してきたように、データをできるだけ綺麗に整備してウェブに公開する、そして、そこには他所へのリンクを含める、そうした、一つひとつの小さな営みが相互に絡み合って徐々に大きくなり、そして、気が付けば全容を捉えきれないほど大きく発展しているのである。

注

1) 相澤勝(1995)「横浜美術館の美術情報」『情報処理学会研究報告情報システムと社会環境(IS)』1995(77(1995-IS-055)), 19-26.(http://id.nii.ac.jp/1001/00039674/)(最終アクセス：2020年8月21日)

2) (1996)「INTERNET YELLOW PAGES Vol.17 Museum 美術館特集」『INTERNET magazine』1996年6月号, 311.

3) Offline Meeting(http://www.avcc.or.jp/goodsite/goodsite/offline.htm)(最終アクセス：1999年4月23日)／Internet Archive (https://web.archive.org/web/19990502212353/http://www.avcc.or.jp/goodsite/goodsite/offline.html)(最終アクセス：2020年8月21日)

4) 第1回公共ホームページコンクール(http://www.avcc.or.jp/avcc98/re01.html)(最終アクセス：1999年2月21日)／Internet Archive (https://web.archive.org/web/19990221191207/http://www.avcc.or.jp/avcc98/re01.html)(最終アクセス：2020年8月21日)

5) 中野不二男・二上一夫・金子正嗣・相澤勝(2000)「徹底討論　資料のデータベース化も「知的生産」である」『季刊・本とコンピュータ』2001年春号, 93-104.

6) YOKOHAMA ART LOD,(https://artnavi.yokohama/lod/)(最終アクセス：2020年7月27日)

7) Bizer, C., Heath, T. and Lee, T. B.(2011) Linked Data: The Story so Far, *Semantic Services, Interoperability and Web Applications: Emerging Concepts*, 205-217.

8) Yoose, B. and Perkins, J.(2013) The Linked Open Data Landscape in Libraries and Beyond, *Journal of Library Metadata*, 13(2-3), 197-211.

9) 込山悠介・番野雅城・鑓水優行・加藤文彦・大向一輝・武田英明・清水謙多郎(2014)「生命科学の複数LODの統合による目的別タンパク質分子間相互作用Linked Open Dataの構築」『人工知能学会論文誌』29(4), 356-363.

10) Alexiev, V.(2018) Museum Linked Open Data: Ontologies, Datasets, Projects, *Digital Presentation and Preservation of Cultural and Scientific Heritage*,(Ⅷ), 19-50.

11) 神崎正英(2005)『セマンティック・ウェブのためのRDF／OWL入門』森北出版, 224.

12) 加藤文彦・川島秀一・岡別府陽子・山本泰智・片山俊明(2015)『オープンデータ時代の標準Web API　SPARQL』インプレスR&D, 240.

13) エンドポイントのURL：http://data.yafjp.org/sparql(最終アクセス：2020年10月8日)

14) http://inventory.yokohama.art.museum/(最終アクセス：2020年10月8日)

15) http://osaragi.yafjp.org/(最終アクセス：2020年10月8日)

16) https://omeka.org/(最終アクセス：2020年10月8日)

17）　https://artnavi.yokohama/（最終アクセス：2020年10月8日）

18）　https://www.dublincore.org/specifications/dublin-core/dcmi-terms/（最終アクセス：2020年10月8日）

19）　https://schema.org/（最終アクセス：2020年10月8日）

20）　Usage Guidelines for Metadata（https://www.europeana.eu/en/rights/usage-guidelines-for-metadata）（最終アクセス：2020年7月27日）

21）　Wikidata:Licensing（https://www.wikidata.org/wiki/Wikidata:Licensing）（最終アクセス：2020年7月27日）

22）　数藤雅彦（2020）「Rights Statementsと日本における権利表記の動向」『カレントアウェアネス』（343）.

23）　https://magcul.net/（最終アクセス：2020年10月8日）

24）　Smithsonian 3D DIGITIZATION（https://3d.si.edu/）（最終アクセス：2020年7月27日）

25）　The next web（https://www.ted.com/talks/tim_berners_lee_the_next）（最終アクセス：2020年7月27日）

第15章

アート・プロジェクトの現場で取り組むアーカイブの試み

井出竜郎

1 はじめに

　近年は芸術祭やビエンナーレ／トリエンナーレの名を冠する地域・社会と関わるアート活動が全国各地で行われ、「アート・プロジェクト」と総称されている。しかし、その隆盛に比して、活動実績をアーカイブする動きはさまざまな要因で遅れていることが課題である。アート・プロジェクトでは参加者との協働に重きをおいた活動が盛んに行われるために、形に残りにくい表現を調査・評価することが難しい状況にある。

　本章は、筆者が所属する特定非営利活動法人アート＆ソサイエティ研究センターが、アート・プロジェクトを対象として2010年より取り組んでいるアーカイブ事業「P+ARCHIVE（ピープラスアーカイブ）」を紹介する。さらに、その経験を通じて、アート・プロジェクトの運営主体におけるレコードマネジメント（記録管理）の重要性を明らかにするとともに、実態と問題点、可能性を考察し、プロジェクトの現場におけるアーカイブのあり方を提言したい。

2 アーカイブセンターでの資料収集

　2000年代に入って「アート・プロジェクト」が全国的に広がった。アート

&ソサイエティ研究センターはこの潮流を受けて、プロジェクトの背景やプロセスの記録を整理・保存し、活用に供することを目的に、東京都の文化発信プロジェクト（現・アーツカウンシル東京）との共催事業として2010年にP+ARCHIVEの活動を開始した。地域・社会と関わるアートに関連する書籍をはじめ、個別プロジェクトのカタログ・資料などを収集・整理し、アーツ千代田3331に所在するアーカイブセンターにて資料を一般公開する活動を継続している[1]（図1）。アーカイブセンターの資料の登録件数は2020年1月時点で2,097件を数え、市民・学生・研究者などが情報収集する拠点となっている。収集した資料の多くが一般流通していない刊行物、いわゆる灰色文献であり、活動報告を目的として発行され、無料配布されることも多いことから国会図書館への納本は徹底されていない。全国で刊行されている記録集を網羅的に収集できている訳ではないが、全国のアート・プロジェクト資料がそろう国内でも有数のコレクションとして、関西や北海道といった遠方から研究目的で訪問する利用者も増えてきている。

　アーカイブセンター内では、全国的に広がっているアート・プロジェクトの地域的な特徴を踏まえて都道府県別の分類で配架している。資料はダブリン・コア（情報資源のメタデータ記述の標準語彙）[2]に準拠した目録項目によって管理しており、ウェブサイトで公開している収集ガイドライン[3]に沿って収集している。アーカイブセンターの運営とともに検証を重ねたガイドラインは、特に近年の動向を知るために1980年代以降のアート表現に関わる分野における活動の記録集や報告書など、活動の背景を理解しやすい冊子資料を収集対象としている。ただ、小規模な団体は広報のためのチラシやパンフレットなど1枚物の資料しか発行できない場合もあり、例外的にエフェメラ（一過性資料）[4]として収集している。

　アーカイブセンターに所蔵している資料のデータは、ウェブ上でもアクセスできるように「アーツカウンシル東京ROOM302アートプロジェクト資料検索サイトβ版」（SEARCH302）で公開している（図2）。トップページから、フリーワードやプロジェクト名の入力、あるいはアーカイブセンターの書架

図1　アーカイブセンター内観写真

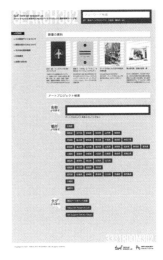

図2　アーツカウンシル東京
ROOM302アートプロジェクト
資料検索サイトβ版[5]

の分類に準じた都道府県名ボタンによって
検索できるように設定している。一部の資
料は表紙の画像をサムネイルとして表示し、
検索結果画面での視認性を高めている。

3　アート・プロジェクトの特徴

　アーカイブの対象としているアート・プロジェクトには、その定義や評価
をめぐって、さまざまな議論がある。それについては本章の範囲を超えるの
で、詳述しないが、アーカイブの必要性が高まっている背景を知るために一
部の論考について短く触れたい。

　アート・プロジェクトは、村田真によると、1990年代に美術館の施設や
制度の外へアートを展開させ、市民の参加をベースとして行われる「脱美術
館」的な活動から形成されていったという[6]。その後、2000年に始まった「大
地の芸術祭 越後妻有アートトリエンナーレ」[7]の成功に代表されるように、
全国各地でアート・プロジェクトの試みが広がり、予算や参加アーティスト

などの規模もプロジェクトによって非常に多様な展開が見られる。大地の芸術祭のような地方型や後述するMorpheのような都市型、海外のアーティストを招聘した国際芸術祭や地元作家が中心のもの、中にはアート・プロジェクトと冠しているが音楽や工芸が中心であるものなど、名称として広がりつつも定義はいまだ定まっていない。

　加治屋健司は2016年の論考において、前述の村田らによって重ねられてきた考察を読み解き、「アートプロジェクトは、サイトスペシフィックな性質、協働作業、プロセスの提示、事業の継続性、弱い社会批評性によって特徴づけられることを示した上で、(中略)空間的な配置への志向、運営体制の重視、社会的な文脈との距離という考え方を背後に持つ」と整理している[8]。海外でもサイトスペシフィック、つまり土地や地域に根ざした作品制作や、プロセスを重視した表現活動は盛んに行われているが、日本のアート・プロジェクトは、事業の継続性や、それを支える運営体制を重視する傾向にあることが指摘されている。加治屋も参照した『アートプロジェクト 芸術と共創する社会』を監修した熊倉純子は、作品を制作するアーティストを中心とした活動から、プロジェクトという「仕組み」が加わったことで、人々との交流が生まれ社会との関わりを持ち始めていると指摘する[9]。ではそのアート・プロジェクトの「仕組み」の担い手は誰になるのだろうか？　熊倉は実行委員会(行政、学校、NPO、企業など複数の主体によって結成)とアートNPOの存在を挙げており、特に長期的な視野を持った活動主体としてアートNPOが存在感を増していると述べている[10]。アートNPOの全国的ネットワークであるNPO法人「アートNPOリンク」が実施する調査によれば、2003年には535団体だったものが2010年に4,141団体、2016年には4,272団体にのぼっており[11]、数値の上でも大幅な増加傾向を読み取ることができる。増加するアート・プロジェクトの背後には、マネジメント能力を持つアートNPOの存在が欠かせなくなっているようだ。

　以上の視点から、アート・プロジェクトを支えるのは、アートNPOなどのプロジェクト・マネジメント組織、行政機関、スポンサー、ボランティア

など、アーティストによる創作を実現させる多数のステークホルダーの協働であることがわかる。作品や記録写真には表出しないステークホルダー同士の関係性や意思決定のプロセスを知りうるアーカイブは、将来にわたって活動を伝え評価していくために必要になるだろう。以降でP+ARCHIVEの活動を通じて考察していきたい。

4 アーカイブ構築の最初の試み「Morphe」

P+ARCHIVEのパイロット事業として、2011年度にアートイベント「Morphe（モルフェ）」に関する資料の収集とアーカイブ化に取り組んだ（図3）。Morpheは1995年〜2000年にかけて、東京・青山を中心に開催された都市型アート・プロジェクトである。ギャラリーを中心に、ブティック・喫茶店、自動車ショールームなどを会場として展示やパフォーマンスが展開され、参加作家のほか、関わったステークホルダーは非常に多かった。

Morpheは青山にミヅマ・アート・ギャラリーを開廊した三潴末雄、AKI-EXギャラリーの秋薫里らによって1994年に立ち上げられ、1995年〜2000年まで仲瀬古佳伸が総合ディレクションを務めた事務局によって継続された。複数のステークホルダーが協働するアート・プロジェクトの原型とも言える側面を持っていた。事務局はMorpheのデザインを担当したアゾーン・アンド・アソシエイツ代表の杉原寛によって維持され、保管していた約6,000点の資料の寄託を受け、目録作成、デジタル化、公開に向けた権利処理を経て、公開の許諾を得られた資料からアーカイブセンターにて公開している。2011年12月7日〜15日には、このアーカイブ活動の成果を一般公開する展示「Back To The Morphe 1995-2000」を開催し、文書・画像・音声・映像などさまざまな資料を並べてMorpheの活動の軌跡を紹介した。最終日にはプロジェクトの中心人物である三潴末雄と仲瀬古佳伸によるトーク・セッションを開催し、多くの参加者とともに当時の活動を紐解いていった。

Morpheの資料の特徴としては、いまほどインターネットが普及していな

かった時期ということもあり、意思決定のプロセスや参加者同士の関係性を知ることができる貴重な一次資料が、書簡やFAXといったかたちで多数残されている点がまず挙げられる。また、Morpheには今日の現代美術を代表する作家が多数参加しており、参加作家の初期キャリアやアート・プロジェクトの黎明期を伝える資料として、さらなる調査研究の素材となり得るものである。2017年に伊丹市美術館でMorphe参加作家であるO JUNと棚田康司の展覧会が開催された際には、2名のアーティストの初期キャリアの記録として当アーカイブから写真の資料提供を行い、カタログに掲載された。このように、活用事例も生まれてきている[12]。

　Morpheアーカイブはオンラインでデジタルアーカイブを公開したことも1つの成果である(図4)。このデジタルアーカイブはDrupal(オープンソースのコンテンツ管理システム(CMS))によって構築された。2011年当時は日本国内でもDrupalを使ったデジタルアーカイブの事例も少なかったため、テーラー兼業のエンジニアがボランティアベースで苦労を重ねてシステムを組み上げた。デジタルアーカイブでは、作家・会場・開催年から検索することができ、1990年代の青山という限られた時間と空間で展開された濃密な活動を多角的に辿ることができる。一部ではあるが、作家から許諾を得られた資料についてはデジタル化画像をウェブサイト上に公開している。当事者に対する画像掲載の許諾は書面で行ったが、すでに開催から10〜15年ほど経過した時点でアーカイブ構築を開始したため、権利保持者の把握やデジタルアーカイブの説明、連絡先の取得など許諾確認は多大な労力を要した。資料の画像を公開することで情報量は格段に上がるが、同時に権利処理の難しさも大きく、デジタルアーカイブにおける表裏一体となった利点と課題を確かめられたプロジェクトとなった。

5　アート・プロジェクトの現場での課題

　筆者自身がアート＆ソサイエティ研究センターに加わった2012年度には、

図3 「現代アートの記録と記憶」プロジェクト Morphe'95-2000 活動の記録。PDFデータをダウンロード可能[13]

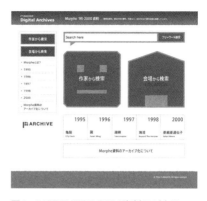

図4　MORPHE'95-2000資料デジタルアーカイヴ[14]

アーティスト日比野克彦の「種は船 in 舞鶴」プロジェクト（以下、「種は船」）において、プロジェクトを「走りながら」アーカイブしていく実験的なアーカイビングプロジェクトに取り組んだ（図5）。「種は船」は、日比野の代表的なモチーフである朝顔の種の形をした自走式の船を作り、京都の舞鶴港から途中の各地の港に寄港しながら新潟港まで航海するプロジェクトである。通常は各寄港地でその場限りのイベントのために製作し廃棄されてしまうような創作物もできる限り失うことなく効率的に残していくために、レコードマネジメントの考え方を取り入れた。本プロジェクトは、レコードマネジメント・コンサルタントを長年務めた記録管理の専門家である齋藤柳子の協力の下、事業運営を円滑に進めるために様々な実践を行った。齋藤は研究ノート「アート・プロジェクトの記録管理──プロジェクトを進行させながらアーカイビングする試み」をまとめ、次の問題点を指摘する[15]。

① 必要な記録が作成されていない。口頭伝達だけで記録が伴わない。
② 電子メールの一斉配信により、伝達する必要のない宛先まで情報が

漏えいした。

③ 記録の属人化により、どこに何が保存されているのかわからず、探しまわる。

④ プロジェクト終了時には、未整理の資料の山が事務所に残る。

⑤ 開いてみないと内容が不明な電子ファイルが多くある。

⑥ 作品のサイズが大きくて収蔵場所がなく放置され、埃まみれで劣化し始めたものが倉庫に一旦運ばれるが、参照することが難しい。

　ここで指摘されている問題には、日比野個人や「種は船」のマネジメントを担当した一般社団法人torindo[16]にとどまらず、実際のところ多くのアートNPO事務局が直面している課題だろう。筆者は2014年〜2015年にかけてアート・プロジェクト実施団体に資料の保存状況やアーカイブに対する考えを聞くインタビュー・プロジェクトに取り組んだ[17]。このインタビューを参照しながら、齋藤の指摘する問題点を考察する。

　前述の一般社団法人torindoの代表である森真理子は、自身の組織が3名（インタビュー当時）の小規模な組織であるため、データを共有せずに個人でPC内に持っていても何とかなっていると述べている。齋藤が指摘しているように、事務局のスタッフが少人数であるがゆえ、口頭での共有や記録の属人化がうかがえる。その場限りの一過性のイベント開催も多いアート・プロジェクトの現場はスピード感を持って動くため、創作の中心となるアーティストとの会話の中でプロジェクトの節目になるような重要な決定がなされることも多い。森のインタビューから読み取れるのは、スタッフは事務局オフィスの中よりも現場で活動していることが多いため、記録としての文書がオフィス内に残りにくく、「走りながら残す」必要があるという点である。プロジェクトの現場で発生する記録を効率的に活用するのは、レコードキーピングの考え方との親和性が高い[18]。「種は船」での実践やインタビューを通じたヒアリングで得られた知見はアート・プロジェクトの現場に即したアーカイブ手法の開発につながっていく。

図5 『種は船 in 舞鶴』アーカイブプロ
ジェクト 活動の記録2012。PDFデータ
をダウンロード可能[19]

6　アーカスプロジェクトでの試み

　同インタビューでは茨城県守谷市で実施されるアーカスプロジェクト[20]
の朝重龍太と石井瑞穂にもヒアリングを行った。アーカスプロジェクトは、
国内外からアーティストを招聘し滞在制作するアーティスト・イン・レジデ
ンス事業(A.I.R.)で、1994年に創設された。日本のA.I.R.の草分け的な存在
で海外での評価も高く、近年は滞在アーティストの公募申請が600件を超え
るという。20年以上に及ぶ歴史の中で国際的に活躍するアーティストの初
期キャリア形成への貢献は計り知れない。アーカスプロジェクトの成果を今
後に残し、活用していくために、まず資料の現状調査から取り組んだ。

　アーカスプロジェクトでは滞在アーティストに作品を残していくことを求
めないことが1つの特徴であり、完成作品に代わって滞在アーティストたち
のリサーチや制作過程の活動記録が多く残されている。活動拠点であるアー
カススタジオには、経理・法務・契約など証拠性の高い文書、1点しかない
アーティスト資料、写真フィルム、メディア・クリッピングなど多数の資料
が残されていることが明らかになった。一方で、それらの資料は保管に適さ
ないない北側に面した保管庫内に未整理の状態でロッカーに収められており、
資料を体系的に整理し保存環境を改善することが喫緊の課題であった。この

ような意見交換を通じてアーカイブ構築の必要性を共有したことから、2016年度に共同でアーカイブ・プロジェクトを開始した。アーカスプロジェクトは現在も活動を続ける組織であるため、非現用となった初期の資料から着手し、それらを目録にまとめ、写真資料など劣化しやすい貴重資料は保存容器に移し替えていった。資料群としてまとまって保管されていることは研究利用の価値が高く、散逸を防ぐためにも資料の存在を明らかにしていくことを目指している。権利処理の難しさや予算の都合から高度なデジタルアーカイブの構築は難しいが、まずはISAD（G）（国際標準記録史料記述一般原則）に基づく検索手段（Finding Aids）を公開することで資料情報へのアクセスを提供する手段を検討している。

7　人材育成のための諸活動

　アートNPOの組織基盤はまだ弱く、アートNPOリンクが2016年に行ったアンケート調査でも社員数が20人未満の組織が全体の半数近くを占め、3分の1以上は常勤職員がいない組織であり、少人数のNPOが多いことが読み取れる[21]。組織の中でも人員の入れ替わりが多く、アート・プロジェクトが開催されるごとに各地の現場に携わる「渡り鳥」的な働き方をしているフリーランスのアートマネージャーが運営を支えている一面もある。組織の中でも重要なポジションにいるスタッフの場合は行政や地元住民とのつながりも根付いていて、その人的ネットワークを後任に引き継ぐことが難しい。人員の移動で、ノウハウや人のつながりが継承されず、また資料が属人化していることがセキュリティホールになりかねない。森はインタビューで「契約関係がアート・プロジェクトの現場では緩いのではないか」と述べており、最低限の記録としてメールでやりとりして残すようにはしていると言う。NPOデータバンクのアンケートや自身の調査から低賃金で働くアートNPOの労働実態を研究している吉澤弥生は、非正規雇用がアート領域の労働の担い手になっている、いわゆる「やりがいの搾取」を指摘しており[22]、熱意を持っ

たスタッフが問題を孕みつつもアート・プロジェクトを支えていると言える
だろう。基盤の弱い小さな組織にとっては、情報の管理責任は現場で活躍す
るスタッフの「気配り」によって担保されているのが現状だと考えられる。こ
のような実態を踏まえた上で、可能な限り組織としてアカウンタビリティを
高めるために資料を共有し保存すること、またそのノウハウが広く共有され
ることが必要だろう。

　P+ARCHIVE事業においては、前項までに紹介してきたアーカイブセン
ター運営、アーカイブ構築の実践と合わせて、アーカイブに関わる人材育成
も重要なミッションとして取り組んできた。2010年度から2012年度までの3
年間は、毎年レクチャー＆ワークショップを開催し、アーティスト、アーキ
ビスト、研究者など多様なゲストを招きながらアート・プロジェクトのアー
カイブしていくための必要なスキルやノウハウについて議論を重ね、普及に
努めてきた。また、2012年度には国際
シンポジウム「地域・社会と関わる芸術
文化活動のアーカイブに関するグローバ
ル・ネットワーキング・フォーラム」を
開催した(図6)。このシンポジウムでは
米国、ドイツ、韓国、日本からアート・
アーカイブの専門家を招聘してアーカイ
ブに関する手法を相互に共有し、アー
ト・アーカイブの抱える課題や展望を議
論することを目指した。

　レクチャー＆ワークショップやシンポ
ジウムを通じて参加者とともに意見交換
を重ねることで、いままでは検討されて
こなかったアート・プロジェクトの領域
におけるアーカイブに関する有意義な知
見が得られたと思う。一方で、アーカイ

図6　ドキュメンテーション──国際シ
ンポジウム 地域・社会と関わる芸術文化
活動のアーカイブに関するグローバル・
ネットワーキング・フォーラム。PDFデー
タをダウンロード可能[23]

ブという領域はアカデミックな印象が強いためか、参加者はアーカイブの研究者や学術分野で活動している人が多く、本来このようなノウハウを届けたいアート関係者の参加が少ないことが悩ましい課題であった。また、これらのイベントの会場が東京であることから関東近郊からの参加者が多く、記録を印刷物として配布したり、PDF公開をしているものの、全国で展開しているアート・プロジェクトの現場には届きづらかった。

8　アーカイブの実践手法を提供するツール開発

　このような課題を踏まえ、「種は船」でのアーカイブ構築の実践で得られた知見をまとめ、齋藤ら各分野の専門家の協力を得てアート団体の現場のニーズに対応した実用的なツールとして『Art Archive Kit(アート・アーカイブ・キット)』を2013年度に刊行した(図7)。本キットはワークシート形式になっており、ステークホルダーや組織体制を把握する「準備編」、運営プロセスに沿って資料の発生時期を把握できる「進行表」、具体的な資料保存のノウハウをまとめた「実践編(紙資料／デジタル資料)」、作成資料を業務別に分類した「業務分類表」で構成されている。ワークシートに示されたプロセスに沿って段階的に取り組むことで、現場でアーカイブを構築できるように工夫し、2010年度に作成した『アート・アーカイブ ガイドブック』(PDFでウェブ公開)と合わせてノウハウを提供することを目指した。

　キットはアーカイブの専門家やアート以外の組織からもわかりやすいと評価を得られたが、一方で翌年にヒアリングを行った際には、本来の対象としているアート・プロジェクト関係者からは難易度が高いという印象や、自分たちが慣習的に続けているやり方を変えることへの躊躇があるというフィードバックも得られた。アート・プロジェクトの現場ではレコードマネジメントの専門用語が馴染みにくいことは齋藤も認めていて、必要に応じてやさしく言い換えて説明する必要性を指摘している。その試みとして2015年度にキットへの入門ハンドブックとしての位置付けで『アート・アーカイブの便

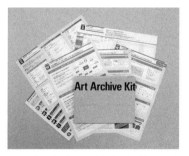

図7　Art Archive Kit（アート・アーカイブ・キット）。PDFデータをダウンロード可能[24]。

図8　アート・アーカイブの便利帖。PDFデータをダウンロード可能[25]

利帖』をまとめた（図8）。書き込み式のページを入れてアーカイブを自分ごととして考えられるようにデザインし、アカデミックな印象になりがちなアーカイブの活動を、できる限り平易な表現で伝えるように努めた。このような試みを継続し、専門家との協働を生み出しやすい環境を作っていくことも必要だと考えている。

9　アート・プロジェクトのアーカイブはどうあるべきか

　アート・プロジェクトにおけるアーカイブの実態は、特にイベントや経過を記録した写真の数が多く、その結実として「記録集」というかたちでドキュメンテーションにまとめられる傾向が強い。しかし、冊子として残る記録集は編集された活動のエッセンスであり、必ずしもアート・プロジェクト総体の記録にはならない。記録集はアーカイブの一角を担う重要な資料であることに疑いはなく、アーカイブセンターでも中心的なコレクションとなっている。同時に、プロジェクトの進行過程で発生する文書やかたちに残りにくい出来事や交流の記録がどこまで残せるのか、ということも問うべき課題だろ

う。嘉村哲郎はインターネットという情報源が普及した現在では、創造過程で生成される非物理的な資料の収集と組織化への影響を指摘しており、従来のアート・アーカイブで物理的に保管されてきた書簡や手稿、日記に変わり「電子メール、ブログ、SNS、ブラウジング履歴は、芸術資料のアーカイブでは重要な役割を果たす」と述べている[26]。近年は「アーカイブ」という用語がアート・プロジェクトの現場にも浸透しつつあるが、単純に記録手法や記録集の作成業務と混同されていることもしばしば見受けられる。アーカイブという言葉の普及は歓迎すべきことだが、それが記録集だけに帰納されずに、嘉村が指摘するように「芸術資料は多様な性質を有することから、さまざまな方法や視点からの利用に応えられる普遍性を保持しつつ[27]」、アート・プロジェクト特有の特徴を捉えることができる広い視野でのアーカイブの構築も考えていくべきだろう。

また、加治屋は継続性を意識するあまり画一化・パターン化する問題点を指摘している[28]。毎年のように日本で新しくプロジェクトが始まり、ある意味で飽和に近い状態になりつつある日本のアート・プロジェクトは、今新たなフェーズに向かう過渡期に立っているとも言えるだろう。そういった観点からも、1990年代から20年、30年かけて広がったこの潮流を、後世にしっかりと検証・研究評価・利活用できるようにアーカイブとして残すことは大きな意義がある。アート・プロジェクトの運営を助けるレコードマネジメントの手法を学んでいくこと、資料を散逸させずに残すこと、そしてそれを体系だった形でアーカイブとして後世に伝えていくこと。そのためにアート関係者とレコードマネージャー、アーキビストが円滑なパートナーシップを組み、ともに課題を共有し合い解決手段を導き出せる共通言語を普及させていくことが欠かせないだろう。

アート・プロジェクトは常に新しい創造のために前向きに活動しており、活動を振り返るアーカイブを考えることは後回しになりやすい。しかし、適切な記録管理は円滑な組織運営を助け、活動のアイデンティティをチーム内で共有しやすくなる。それによって組織の持続性が高まることを大きなメ

リットとして伝えて行くことで、レコードマネジメントとアーカイブの必要性を共有してきた。P+ARCHIVE事業の継続によって各地でアーカイブに対する意識の裾野を広がり、アート・プロジェクトの現場にもアーカイブに対する熱意が高まってきていることを実感している。

　これまでの活動では、アーカイブ分野の専門家から理論や原則を学び、アート・プロジェクトをアーカイブする手法を検証し、それを現場でトライアルを重ねながら実践していくことだった。今後は、これまでの実践によって培ったアーカイブ手法をさらに洗練させるだけでなく、公開することで新たな創造に波及するアーカイブの好循環を生み出すことに取り組むフェーズに進んでいきたい。その循環の構造を強く厚くしていくことで、将来的にアート・アーカイブにおいてより充実したコンテンツを持つデジタルアーカイブが広がっていくことにつながるだろう。かたちに残りにくい表現の場であるアート・プロジェクトにおいてデジタルアーカイブは活動の多様な側面を発信していく手段として有効だと考えている。しかし、これまでの章でも触れてきたように人材・資金・技術・知識といったさまざまなリソースが不足しているアート・プロジェクトの実施団体にとって導入が難しいのが現実である。その中でも実践可能な手段を求めていくために、アート・プロジェクト実施団体とデジタルアーカイブのエキスパートたちとの橋渡し役となり、現場のニーズに寄り添った活動を継続していきたい。

注

1) 2014年度より、P+ARCHIVEは共催活動名から法人が主催するアーカイブ事業の名称となり、アーカイブセンター運営は共催から委託事業に移行した。

2) 国立国会図書館【参考】メタデータ関連用語(https://www.ndl.go.jp/jp/dlib/standards/meta/glossary.html#Dublin_Core)(最終アクセス:2020年1月31日)

3) ウェブサイトで公開するガイドライン(https://www.art-society.com/search_302/guideline)(最終アクセス:2020年1月31日)

4) 川口雅子(2007)「美術館におけるアーカイブの位置と可能性」『美術史学会シンポ

ジウム「学芸員の逆襲——ミュージアムの過去・現在・未来」』(https://www.bijutsushi.jp/bujutsu-hakubutsu-iinkai/07-4-21-simposium-kawaguchi.pdf)(最終アクセス:2020年10月17日)

5)　「アーツカウンシル東京ROOM302アートプロジェクト資料検索サイトβ版(SEARCH302)(https://www.art-society.com/search_302)(最終アクセス:2020年1月31日)

6)　村田真(2001)「「脱美術館」化するアートプロジェクト」『アートと社会のえんむすび1996-2000——つなぎ手たちの実践』萩原康子・熊倉純子編,ドキュメント2000プロジェクト実行委員会,8-20.

7)　大地の芸術祭(http://www.echigo-tsumari.jp)(最終アクセス:2020年1月31日)

8)　加治屋健司(2016)「地域に展開する日本のアートプロジェクト——歴史的背景とグローバルな文脈」『地域アート 美学／制度／日本』藤田直哉編著,堀之内出版,95-134.

9)　熊倉純子(2014)「アートプロジェクト概説」『アートプロジェクト——芸術と共創する社会』熊倉純子監修,水曜社,15-30.

10)　前掲注(9)。

11)　櫻田和也(2017)「報告:アートNPOの運営実態調査」『ARTS NPO DATABANK 2016-17——アートNPOの基盤整備のためのリサーチ』樋口貞幸制作統括,特定非営利活動法人アートNPOリンク,55-91.PDFデータをダウンロード可能(http://arts-npo.org/artnpodatabank.html)(最終アクセス:2020年1月31日)。

12)　(2017)『OJUN×棚田康司「鬩(せめぐ)」展公式カタログ』伊丹市立美術館,140.

13)　本章で紹介する発行物はすべて下記ページよりPDFデータをダウンロード可能(https://www.art-society.com/parchive/publications)(最終アクセス:2020年1月31日)。

14)　Morphe '95-2000資料デジタルアーカイブ(http://parchive.xsrv.jp/drupal/morphe/about)(最終アクセス:2020年1月31日)

15)　齋藤柳子(2015)「アート・プロジェクトの記録管理——プロジェクトを進行させながらアーカイビングする試み」『レコード・マネジメント』6,記録管理学会,110-126.

16)　一般社団法人torindo(http://torindo.org)(最終アクセス:2020年1月31日)

17)　P+ARCHIVEインタビュー・プロジェクト(https://www.art-society.com/parchive/activity/interview)(最終アクセス:2020年1月31日)。以下、文中のインタビュー内容の記述はすべて上記ページを参照している。

18) 前掲注(15)。

19) 『種は船 in 舞鶴』アーカイブプロジェクト 活動の記録 2012（https://www.art-society.com/parchive/project/tanefune/tanefune_book.html）（最終アクセス：2020年10月9日）

20) アーカスプロジェクト（http://www.arcus-project.com/jp）（最終アクセス：2020年1月31日）

21) 前掲注(11)。

22) 吉澤弥生(2017)「アート／労働／ジェンダー」『ARTS NPO DATABANK 2016-17 ——アートNPOの基盤整備のためのリサーチ』樋口貞幸制作統括, 特定非営利活動法人アートNPOリンク, 103-107. PDFデータをダウンロード可能（http://arts-npo.org/artnpodatabank.html）（最終アクセス：2020年1月31日）。

23) ドキュメンテーション——国際シンポジウム 地域・社会と関わる芸術文化活動のアーカイブに関するグローバル・ネットワーキング・フォーラム（https://www.art-society.com/parchive/program_learning/symposium2012/documentation_symposium.html）（最終アクセス：2020年10月9日）

24) Art Archive Kit（アート・アーカイブ・キット）（https://www.art-society.com/parchive/project/resources/kit.html）（最終アクセス：2020年10月9日）

25) アート・アーカイブの便利帖（https://www.art-society.com/parchive/project/resources/benricho.html）（最終アクセス：2020年10月9日）

26) 嘉村哲郎(2015)「CA1852 芸術資料とアーカイブ／ドキュメンテーション」『カレントアウェアネス』(324), 18-22. 同記事はウェブサイトでも公開（https://current.ndl.go.jp/ca1852）（最終アクセス：2020年1月31日）。

27) 前掲注(26)。

28) 前掲注(8)。

あとがき

　デジタルアーカイブという言葉の誕生から、まもなく四半世紀を迎えようとしています。思えば、デジタルアーカイブという言葉を知らなかった学部生時代、親しい教授から頼まれた写真をひたすらフィルムスキャナでデジタル化し、画像整理していた時期がありました。後にその言葉を知ってから、これはデジタルアーカイブの一つなのだと意識するようになり、この分野に興味を持つようになりました。

　アートのデジタルアーカイブは、長らく美術館や博物館のコレクションを中心としたデジタル化と閲覧のイメージが強く先行していましたが、本書ではアートのデジタルアーカイブは様々なジャンルに広がっていることを意識して、その中心的存在である美術館・博物館はもちろんのこと、舞台や音楽、服飾、現代アート、そしてそれらの活用に至るまでの多様なシーンを扱う内容をめざしました。

　本書を読んでくださった皆さんは、アートのデジタルアーカイブは、今では誰でも一人ひとりが取り組むことができるものであり、その対象は多様なシーンに存在していることを感じて頂けたのではないでしょうか。また、2020年はデジタルトランスフォーメーションのキーワードとともに多様な業種でデジタルとオンラインが注目された年でもありました。アートに関するデジタルアーカイブは、まだまだやるべきことも多く、その可能性と発展性に満ちあふれていると感じています。本書が、少しでも日本のアートのデジタルアーカイブに新たな次元を切り開くためのきっかけとなれば幸いです。

『デジタルアーカイブ・ベーシックス』シリーズ史上、最も重量がある第4巻は、出版に至るまで数多くの皆様からのご支援・ご指導を頂きました。また、勉誠出版の坂田亮様には、最後まで細かな原稿の点検、編集に至るまでサポートをして頂きました。

　そして、第4巻が書籍として形にできたことは、日々の業務に勇往邁進しつつ、ご執筆頂いた著者の皆様のご尽力の賜物だと思います。この場を借りて心より感謝申し上げます。

2020年10月

編集委員会を代表して
第4巻編集責任者
嘉 村 哲 郎

執筆者一覧

監　修

高野明彦(たかの・あきひこ)

1956年生まれ。国立情報学研究所教授、NPO法人連想出版理事長。

専門はプログラム変換、連想情報学、アーカイブ情報学。

主なWebサイトに『Cultural Japan』(2020年)、『法隆寺金堂壁画ビューア』(2020年)、『渋沢敬三アーカイブ』(2012年)、『想―IMAGINE Book Search』(2005年)、『新書マップ』(2004年)、『文化遺産オンライン』(2004年)がある。

責任編集

嘉村哲郎(かむら・てつろう)

1980年生まれ。東京藝術大学芸術情報センター助教。

専門は情報学(文化情報学、博物館情報学)。

著書・論文に『入門　デジタルアーカイブ――まなぶ・つくる・つかう』(分担執筆、勉誠出版、2017年)、『Linked Data――Webをグローバルなデータ空間にする仕組み』(共訳、近代科学社、2013年)、「日本人洋画家情報の基礎分析を中心とした美術分野におけるデータ基盤整備と活用に関する考察」(共同執筆、『アート・ドキュメンテーション研究』26、2019年)がある。

執筆者（掲載順）

青柳正規（あおやぎ・まさのり）
1944年生まれ。学校法人多摩美術大学理事長、山梨県立美術館長ほか。
専門は美術史学・古典考古学。
著書に『人類文明の黎明と暮れ方』（講談社、2018年）、『文化立国論――日本
のソフトパワーの底力』（筑摩書房、2015年）がある。

太下義之（おおした・よしゆき）
1962年生まれ。同志社大学教授、国際日本文化研究センター客員教授、独
立行政法人国立美術館理事。
専門は文化政策、創造都市。
著書・論文に『アーツカウンシル――アームズ・レングスの現実を超えて』
（水曜社、2017年）、「アフター・コロナの文化政策――新型コロナウイルス
の文化芸術への影響と課題」（『Active Archipelago』（https://active-archipelago.
com/column/aftercovid19）、2020年）がある。

田尾圭一郎（たお・けいいちろう）
1984年生まれ。美術出版社「美術手帖」ユニット ビジネス・ソリューション
プロデューサー。
専門はアートプロジェクトの企画、アートによる企業との協働、地域活性。
主な著書・論文に『スウェーデン／Sverige』（美術出版社、2018年）、「ビジ
ネス・アート　アーティストの社会実装がもたらす、新たな作品性」（『アー
ト・イン・ビジネス』有斐閣、2019年）、2020年度「メセナアソシエイト」調
査研究助成がある。

酒井麻千子（さかい・まちこ）

東京大学大学院情報学環准教授。

専門は情報法、著作権法。

主な著書・論文に「美術作品の複製と著作権 ―― 19世紀ドイツにおける絵画・版画・写真をめぐる議論を中心として ――」（『実践女子大学美學美術史學』(31)、2017年）、「18世紀後半〜19世紀前半における絵画の複製と著作権 ―― ドイツ（プロイセン）での議論を中心として ――」（著作権情報センター『第10回著作権・著作隣接権論文集』2016年）がある。

森山朋絵（もりやま・ともえ）

メディアアートキュレーター／東京都現代美術館学芸員。

専門はメディアアート／メディア芸術、映像文化史。

主な企画展に「イマジネーションの表現」、「超［メタ］ビジュアル」、「文学の触覚」、「名和晃平―シンセシス」、「吉岡徳仁―クリスタライズ」、「ミッション［宇宙×芸術］」、文化庁メディア芸術祭海外展（リンツ市）、同国内展（愛知展／長崎展）。主な著書に『映像体験ミュージアム』、『絵コンテの宇宙』、『Meta-Visual（French Edition）』（共著・監修）がある。

平　諭一郎（たいら・ゆいちろう）

1982年生まれ。東京藝術大学特任准教授。

専門は文化・芸術の保存と継承。

主な企画展・著書・論文に「芸術の保存・修復 ―― 未来への遺産」（同名著書編著、東京藝術大学、2019年）、「美術と文化財の遺伝子 ―― 保存修復理念再考」（『東京芸術大学社会連携センターBulletin』(2)、2017年）がある。

中西智範(なかにし・とものり)

1980年生まれ。早稲田大学坪内博士記念演劇博物館　デジタルアーカイブ室所属。

専門は情報処理分野。デジタイゼーション・コーディネーターの役割として当博物館の業務に従事する。

主な著書・論文に「Preserving Digital Motion Picture:the Present Situation and Issues for the Future(邦題：デジタル動画の保存について)(共著、『iPRES2017京都大会　ポスター発表』(https://ipres2017.jp/wp-content/uploads/ver09.pdfp293))、「『演劇博物館収蔵資料デジタル化ガイドライン』の公開と利活用についての取り組み」(共著、『デジタルアーカイブ学会誌』3(2)、2019年)がある。

森下　隆(もりした・たかし)

1950年生まれ。慶應義塾大学アート・センター所員。

専門は舞踏論。

主な著書に『HIJIKATA TATSUMI'S NOTATIONAL BUTOH—AN INNOVATIONAL METHOD FOR BUTOH CREATION』(慶應義塾大学アート・センター、2015年)、『写真集　土方巽──肉体の舞踏誌』(編著、勉誠出版、2014年)がある。

石田麻子(いしだ・あさこ)

昭和音楽大学オペラ研究所・舞台芸術政策研究所所長。

専門は舞台芸術政策研究。

主な著書・論文にJouer l'opéra au Japon: réception et tendances actuelles, Corps et message, Editions Philippe Piquier à Arles, 2018、「日本のオペラ2018」(『日本のオペラ年鑑2018』東成学園、2019年)、日本芸術文化振興会委託『「イングランド及びスコットランドにおける文化芸術活動に関する助成システム等に関する実態調査」報告書』(2018年)がある。

吉原　潤（よしはら・じゅん）

1976年生まれ。昭和音楽大学オペラ研究所准教授。

専門は近現代日本の西洋音楽受容史。

主な著書・論文に『〈戦後〉の音楽文化』（共著、青弓社、2016年）、「1940年東京オリンピック芸術競技実施の準備過程について ―― 音楽競技を中心に ――」（『昭和音楽大学音楽芸術運営研究』(8)、2015年）がある。

高橋晴子（たかはし・はるこ）

1948年生まれ。国立民族学博物館　学術資源研究開発センター　外来研究員。

専門は身装関連情報処理。

主な著書に『挿絵でみる近代日本の身装文化』（共著、三元社、2019年）、『日本人のすがたと暮らし ―― 明治・大正・昭和前期の身装』（共著、三元社、2016年）、『年表　近代日本の身装文化』（三元社、2007年）、『近代日本の身装文化 ―― 身体と装いの文化変容』（三元社、2005年）がある。

金子晋丈（かねこ・くにたけ）

1979年生まれ。慶應義塾大学理工学部准教授。

専門はデータネットワーキング、自律分散型データネットワークシステム、デジタルアーカイヴズ、デジタルシネマ。

主な著書・論文に Catalogue: Graph representation of file relations for a globally distributed environment（With Miyashita, Y. et al.）, *Proc. of the 30th Annual ACM Symposium on Applied Computing*（*ACM*）, 2015、『ザ・デジタル・ジレンマ』（共訳、慶應義塾大学デジタルメディア・コンテンツ統合研究機構、2008年）がある。

村田良二(むらた・りょうじ)

1972年生まれ。独立行政法人国立文化財機構　文化財活用センター デジタル資源担当室長。

専門は博物館情報学。

主な著書・論文に「だれでも楽しめるデジタルアーカイブを目指して——国立文化財機構『e国宝』」(『デジタル人文学のすすめ』勉誠出版、2013年)、「人文系博物館の資料情報とCIDOC CRM」(『TP&Dフォーラムシリーズ整理技術等研究論集』(27-28)、2019年)、「文化財情報の構造と組織化について——データベース化の実践をもとに」(『東京国立博物館紀要』(52)、2017年)がある。

丸川雄三(まるかわ・ゆうぞう)

国立民族学博物館 人類基礎理論研究部。

専門は連想情報学による文化情報発信手法の研究。

これまで手掛けた主なサービスは、『文化遺産オンライン』、『国立美術館遊歩館』、『日本アニメーション映画クラシックス』など。

相澤　勝(あいざわ・まさる)

1962年生まれ。公益財団法人横浜市芸術文化振興財団　総務グループチームリーダー(情報担当)。第1種情報処理技術者。

主な著書・論文に「バーチャル美術館としての美術情報センター」(『学芸員の仕事』岩田書院、2005年)、「横浜美術館の美術情報」(『情報処理学会研究報告情報システムと社会環境』一般社団法人情報処理学会、1995年)がある。

小林巌生(こばやし・いわお)

1977年生まれ。インフォ・ラウンジ株式会社副社長、特定非営利活動法人
リンクト・オープン・データ・イニシアティブ副理事長、一般社団法人オー
プン＆ビッグデータ活用・地域創生推進機構委員。

専門は情報アーキテクト。

主な論文に「スマートシティー先進都市バルセロナ市の取組」(『可視化情報
学会誌』38(150)、2018年)、「ICT政策提言「技術駆動都市ヨコハマ2030」とそ
の作成の舞台裏」(『行政＆情報システム』2017年10月号、2017年)、「ウィキ
ペディアタウン──地域と図書館の新たなかかわり方」(『図書館雑誌』110(2)、
2016年)がある。

井出竜郎(いで・たつろう)

1985年生まれ。特定非営利活動法人アート＆ソサイエティ研究センター所
属、アーカイブ事業「P+ARCHIVE(ピープラスアーカイブ)」ディレクター。

専門は現代美術、アーカイブズ学。

主な著書に『入門　デジタルアーカイブ──まなぶ・つくる・つかう』(分担
執筆、勉誠出版、2017年)がある。

監修

高野明彦(たかの・あきひこ)

1956年生まれ。国立情報学研究所教授、NPO法人連想出版理事長。
専門はプログラム変換、連想情報学、アーカイブ情報学。
主なWebサイトに『Cultural Japan』(2020年)、『法隆寺金堂壁画
ビューア』(2020年)、『渋沢敬三アーカイブ』(2012年)、『想―
IMAGINE Book Search』(2005年)、『新書マップ』(2004年)、『文
化遺産オンライン』(2004年)がある。

責任編集

嘉村哲郎(かむら・てつろう)

1980年生まれ。東京藝術大学芸術情報センター助教。
専門は情報学(文化情報学、博物館情報学)。
著書・論文に『入門 デジタルアーカイブ―まなぶ・つくる・つ
かう』(分担執筆、勉誠出版、2017年)、『Linked Data―Webをグ
ローバルなデータ空間にする仕組み』(共訳、近代科学社、2013
年)、「日本人洋画家情報の基礎分析を中心とした美術分野にお
けるデータ基盤整備と活用に関する考察」(共同執筆、『アート・
ドキュメンテーション研究』26、2019年)がある。

デジタルアーカイブ・ベーシックス 4

アートシーンを支える

2020年11月30日　初版発行

監　　修　高野明彦
責任編集　嘉村哲郎
発 行 者　池嶋洋次
発 行 所　勉誠出版株式会社
　　　　　〒101-0051　東京都千代田区神田神保町 3-10-2
　　　　　TEL：(03)5215-9021(代)　FAX：(03)5215-9025

印　　刷　中央精版印刷
製　　本

ISBN978-4-585-20284-4　C1000

デジタルアーカイブ・
ベーシックス 1
権利処理と
法の実務

著作権、肖像権・プライバシー権、所
有権…。デジタルアーカイブをめぐる
「壁」にどのように対処すべきか。
デジタルアーカイブ学会第2回学会賞
(学術賞) 受賞！

福井健策 監修
数藤雅彦 責任編集
本体 2,500 円 (＋税)

デジタルアーカイブ・
ベーシックス 2
災害記録を
未来に活かす

博物館、図書館のみならず、放送局や
新聞社など、各種機関・企業が行なっ
ているデジタルアーカイブの取り組み
の実例を紹介。記録を残し、伝えてい
くこと、デジタルアーカイブを防災に
活用することの意義をまとめた一冊。

今村文彦 監修
鈴木親彦 責任編集
本体 2,500 円 (＋税)

デジタルアーカイブ・
ベーシックス 3
自然史・理工系
研究データの活用

高等教育機関、自然史・理工系博物
館、研究機関が開発・運用している各
種データベースやWebサイトを紹介し、
天文学、生物学、地球惑星科学、環境
学など、自然科学分野における取り組
みの事例を一望する。

井上透 監修
中村覚 責任編集
本体 2,500 円 (＋税)

入門
デジタル
アーカイブ
まなぶ・つくる・つかう

デジタルアーカイブの設計から構築、
公開・運用までの全工程・過程を網羅
的に説明する、これまでにない実践的
テキスト。
これを読めば誰でもデジタルアーカイ
ブを造れる！

柳与志夫 責任編集
本体 2,500 円 (＋税)

これからの
アーキビスト
デジタル時代の人材育成入門

技術的な観点だけでなく、社会制度としてのアーカイブづくりに貢献できる人材のあり方に視野を拡大。
MLA連携や文化資源の組織化などを担える、デジタル化を前提とする将来的なアーキビストのあり方を論じる。

NPO知的資源イニシアティブ編
本体 2,500 円（＋税）

デジタル人文学の
すすめ

国文学・歴史学におけるデジタルアーカイブや、妖怪データベース、電子図書館やe国宝など、めまぐるしく変化する「デジタル人文学」の環境を、実際の現場から捉え直し、人文学の未来を考える立ち位置と思考の拠り所を提供する。

楊暁捷・小松和彦・荒木浩編
本体 2,500 円（＋税）

文化情報学
ガイドブック
情報メディア技術から「人」
を探る

浮世絵をコンピュータで統計的に解析、伝統芸能の動きをモーションキャプチャで分析…。情報技術の進歩が、新たな文化研究を巻き起こしている。
文理の壁を超える、最先端の研究者たちが集結。

赤間亮・鈴木桂子・八村広三郎・
矢野桂司・湯浅俊彦編
本体 1,800 円（＋税）

アーカイブの
つくりかた
構築と活用入門

企画、デザイン、ツール、法律上の問題など、アーカイブ構築の際にだれもが直面する問題を整理し、それらをクリアするための実践例を紹介。デジタルアーカイブをつくり、有効に運用するための具体的な方法と課題を解説する。

NPO知的資源イニシアティブ編
本体 2,500 円（＋税）

文化情報学事典

個々の領域で独立に行われてきた文化研究という縦の糸を、データ・サイエンスという理系の横の糸で編みあげる文理融合型のアプローチ「文化情報学」の集大成。文化と情報／データにかかわる人々の必携の一冊。

村上征勝編
本体 18,000 円（＋税）

わかる！
図書館情報学シリーズ 1
電子書籍と
電子ジャーナル

「電子書籍」や「電子ジャーナル」など、図書館の枠組みに大きく影響を与える新メディア。その基礎的な技術からメリット・デメリット、図書館における利活用まで丁寧に解説する。

日本図書館情報学会研究委員会編
本体 1,800 円（＋税）

わかる！
図書館情報学シリーズ 2
情報の評価と
コレクション形成

データの海を泳ぐために、図書館情報学が導き出す理論。情報化社会を生きる現代人に必須の「評価基準」とは何か。理論から実践・実例までを備えた、基礎的テキストの決定版。

日本図書館情報学会研究委員会編
本体 1,800 円（＋税）

わかる！
図書館情報学シリーズ 3
メタデータと
ウェブサービス

メタデータによる書誌的記録管理や国際規格の現在を探り、検索エンジンやクラウド・コンピューティングの可能性を探る。

日本図書館情報学会研究委員会編
本体 1,800 円（＋税）

わかる！
図書館情報学シリーズ4
学校図書館への
研究アプローチ

近年の動きとともに多様化する学校図書館のあり方。司書教諭や学校司書など実務者まで含めた執筆陣が、個別具体的な研究の最前線を紹介する。

日本図書館情報学会研究委員会 編
本体 1,800 円（＋税）

わかる！
図書館情報学シリーズ5
公共図書館運営の
新たな動向

評価制度、指定管理者制度、正規・非正規など多様な立場からなる図書館組織、住民との「協働」、個人情報の扱い方、「建築」のあり方や老朽化など、公共図書館が今後直面する問題を提示する。

日本図書館情報学会研究委員会 編
本体 1,800 円（＋税）

ライブラリーぶっくす
司書のお仕事
本との出会いを届けます

司書課程で勉強したいと思っている高校生、大学生、社会人や、司書という仕事に興味を持っている方に向けて、司書の仕事をストーリー形式でわかりやすく伝える一冊。

大橋崇行 著
小曽川真貴 監修
本体 1,800 円（＋税）

ライブラリーぶっくす
司書のお仕事2
お探しの本は何ですか？

司書が実際にどういう仕事をしているのかをストーリー形式でわかりやすく伝えるシリーズの第二弾。
「除架と除籍」、「行政支援レファレンス」等…、専門用語や業務を、現役の司書が解説。

大橋崇行 著
小曽川真貴 監修
本体 1,800 円（＋税）